División autonómica de España

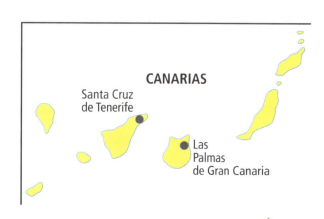

Contigo

Schülerband 3
Ausgabe B in 3 Bänden

C.C. BUCHNERS VERLAG · BAMBERG

Contigo

Schülerband 3
Ausgabe B in 3 Bänden

Herausgegeben von Mónica Duncker und Eva-Maria Hammer
Bearbeitet von Mónica Duncker, Martha Freudenstein,
Britta Halstenbach, Eva-Maria Hammer, Cora Heinrich,
Christine Petersen-Silberg, Anke Schöttler, Carolin Schürger,
Britta Steinhauer und Celia Vásquez

Bitte beachten: An keiner Stelle im Schülerbuch dürfen Eintragungen vorgenommen werden! Das gilt besonders für Lösungswörter und für die Leerstellen in Aufgaben und Tabellen.

1. Auflage 1 [54321] 2016 15 14 13 12
Die letzte Zahl bedeutet das Jahr dieses Druckes. Alle Drucke dieser Auflage sind, weil untereinander unverändert, nebeneinander benutzbar.

Dieses Werk folgt der reformierten Rechtschreibung und Zeichensetzung. Ausnahmen bilden Texte, bei denen künstlerische, philologische oder lizenzrechtliche Gründe einer Änderung entgegenstehen.

© 2012 C.C.Buchners Verlag, Bamberg
Das Werk und seine Teile sind urheberrechtlich geschützt. Jede Nutzung in anderen als den gesetzlich zugelassenen Fällen bedarf der vorherigen schriftlichen Einwilligung des Verlages. Dies gilt insbesondere auch für Vervielfältigungen, Übersetzungen und Mikroverfilmungen. Hinweis zu § 52 a UrhG: Weder das Werk noch seine Teile dürfen ohne schriftliche Einwilligung eingescannt und in ein Netzwerk eingestellt werden. Dies gilt auch für Intranets von Schulen und sonstigen Bildungseinrichtungen.

www.ccbuchner.de

Redaktion: Michaela Silvia Hoffmann
Illustrationen: Heinrich Drescher, Münster
Gestaltung: Jutta Eckel, ideen.manufaktur | dortmund
Druck und Bindung: Stürtz, Würzburg

ISBN 978-3-7661-6963-1

Liebe Schülerinnen und Schüler!

Ihr seid mit dem Spanischen nun schon recht vertraut. *Contigo 3* bietet euch daher neben wichtigen Themen aus der spanischsprachigen Welt methodische Vielfalt und regt zum selbstständigen Arbeiten an. *Contigo 3* hat 6 *Etapas*, von denen jede einen inhaltlichen und einen methodischen Schwerpunkt hat. In *Etapa* 1 werdet ihr euch mit der Frage auseinandersetzen, was Lateinamerika eigentlich ist, und am Beispiel einer lateinamerikanischen Metropole den Umgang mit Statistiken in der Zielsprache trainieren. Das Aufeinandertreffen verschiedener Kulturen und dessen literarische Aufarbeitung stehen im Zentrum der *Etapa* 2. In *Etapa* 3 geht es um Tourismus und Migration und um journalistische Textformen. Die *Etapa* 4 thematisiert die Mehrsprachigkeit in Spanien in Form eines Stationenlernens. *Etapa* 5 befasst sich mit den Rollen von Mann und Frau in Bildern und Texten, u. a. in den Werken von vier sehr bekannten spanischsprachigen Künstlern. Am Ende steht, wie schon in *Contigo 2*, ein Projekt: Dieses Mal geht es um Mexiko.

Ein differenziertes Schreibprogramm, gezielte Rechercheaufträge und Anregungen zum Diskutieren relevanter Themen machen euch inhaltlich und kommunikativ fit für die Oberstufe, lebensnahe und pragmatische Gesprächsmuster ermöglichen euch den direkten Austausch mit Spanischsprechern.

Grammatikalisch ergänzt ihr euer Wissen auf das Niveau B1, im Leseverstehen von authentischen Texten erreicht ihr B1 plus. Den Schwerpunkt der neu zu erlernenden Grammatik bildet die Vertiefung des *subjuntivo*, aber gleichzeitig bleibt Raum, um in zahlreichen Wiederholungsaufgaben das bereits Gelernte zu verfestigen.

Auch in diesem Band helfen euch Strategieseiten, genannt *Manuales de instrucciones*.

Wir wünschen euch viel Spaß und Erfolg beim Spanischlernen mit *Contigo*!

Índice

Seite		Kommunikation	Grammatik	Interkulturelles/Landeskunde
3	*Vorwort*			
8	**Etapa 1** *Latinoamérica*			
10	1 *América Latina hoy*	wiedergeben, was dich jemand gefragt hat	die unpersönliche Form mit *se (pasiva refleja)* die indirekte Rede bei Fragen	Gael García Bernal Salma Hayek
16	2 *Lima, una ciudad en cifras*	sagen, was du gern tun würdest Diagramme und Statistiken beschreiben	der Konditional die indirekte Rede in der Vergangenheit mit Konditional	Wohnen in Lima Probleme lateinamerikanischer Großstädte Wohnen auf Taquile
23	3 *América Latina: un continente y muchas culturas*	wiedergeben, worum dich jemand gebeten hat	der *imperfecto de subjuntivo* die indirekte Rede in der Vergangenheit mit *subjuntivo*	der *Día de los Muertos* in verschiedenen Ländern Lateinamerikas Guatemala
31	4 *Las dos caras de América Latina*	Plakate beschreiben		Gewalt und soziale Probleme in Lateinamerika
36	**Etapa 2** *¿Conquista o invasión?*			
38	1 *El encuentro*	einen Text zusammenfassen über literarische Texte sprechen	Vertiefung: der *imperfecto de subjuntivo como si*	die Eroberung Amerikas Fray Bartolomé de Las Casas die indigenen Kulturen
47	2 *Influencias mutuas: patatas por azúcar*	sagen, was du tun würdest, wenn ...	der irreale Bedingungssatz Wiederholung: der *imperfecto de subjuntivo*	lateinamerikanische Lebensmittel Einfluss der indigenen Sprachen auf den spanischen Wortschatz
52	3 *La historia continúa: la conquista de México*	sagen, was geschehen wäre, wenn ...	der *pluscuamperfecto de subjuntivo* der *condicional compuesto* der irreale Bedingungssatz der Vergangenheit	Hernán Cortés Quetzlcoatl Malinche Emanzipationstendenzen Lateinamerikas
58	4 *El paraíso perdido*		der Relativsatz mit *cuyo, el que, el cual, quien* und Präpositionen	die Yanomami

Índice

Seite		Kommunikation	Grammatik	Interkulturelles/Landeskunde
62	**Etapa 3** *Las Islas Canarias*			
64	1 *Canarias, siete islas entre dos continentes*	Zeitungsartikel kommentieren ein Bild detailliert beschreiben	die Nebensatzverkürzung mit Infinitiv und Gerundium *como* und *porque*	Geschichte der Kanareninseln die Guanchen
70	2 *¿Un paraíso para todos? Inmigrantes en las Islas Canarias*	selbst eine Zeitungsmeldung verfassen eine Bewerbung schreiben ein Lied im Detail analysieren	Wiederholung: der *subjuntivo presente* die *voz pasiva* Wiederholung: Ersatzformen des Passiv	die illegale Einwanderung aus Afrika NGOs
77	3 *Las Islas Canarias: un paraíso para muchos*	über Werbung sprechen selbst ein Werbeplakat gestalten wiedergeben, welchen Rat man dir gegeben hat einen Leserbrief beantworten	Wiederholung: der *imperfecto de subjuntivo*	Vor- und Nachteile des Tourismus César Manrique nachhaltiger Tourismus und Umweltschutz
84	**Etapa 4** *España: varias culturas, lenguas y tradiciones*			
86	1 *Lengua e identidad*	Kurztexte und einzelne Sätze in den Regionalsprachen verstehen	die Nebensatzverkürzung mit Partizip	Verteilung der spanischen Regionalsprachen mit den Regionalsprachen verbundene Stereotype
91	2 *Las lenguas durante la dictadura*		Wiederholung: die indirekte Rede	die Regionalsprachen unter Franco Mercè Rodoreda Ramón José Sender
96	3 *El País Vasco – ¿un país o una comunidad?*	einer Broschüre Informationen entnehmen Kurznachrichten schreiben		das Baskenland der Separatismus die ETA das Guggenheim-Museum in Bilbao
101	4 *Los catalanes prefieren el bilingüismo*	eine Debatte führen		das zweisprachige Schulsystem in Katalonien die Sprachen der EU

cinco 5

Índice

Seite		Kommunikation	Grammatik	Interkulturelles / Landeskunde
106	**Etapa 5** *De hombres y mujeres*			
108	1 *Hombres y mujeres de ayer y de hoy*	den Charakter eines Menschen im Detail beschreiben eine TV-Debatte führen	Wiederholung: der Konditional	Geschlechterrollen gestern und heute männliche und weibliche Klischees und Stereotype
114	2 *La maté porque era mía*	Plakate beschreiben und ein Plakat erstellen	Wiederholung: der *subjuntivo presente*	*violencia de género*
118	3 *Hombres y mujeres en el arte*	Gemälde analysieren und miteinander vergleichen über Kunst sprechen Skulpturen beschreiben ein Interview führen	Wiederholung: die Vergangenheitszeiten *verbos de cambio*	Frida Kahlo Diego Rivera Fernando Botero Mercedes Sosa Federico García Lorca

facultativo

128	**Etapa 6** *Bienvenidos a México*			
130	1 *Los jóvenes*			Jugend in Mexiko wirtschaftliche Lage Mexikos
131	2 *Patrimonios de la humanidad*			kulturelles Erbe Mexikos
134	3 *Los indígenas en México*			indigene Völker in Mexiko
135	4 *Un país megadiverso*			Flora und Fauna Mexikos
136	5 *La emigración y el spanglish*			Mexikaner in den USA Spanglish
139	6 *Cultura mexicana*			indianische Mythen
141	7 *El cine mexicano*			Laura Esquivel
142	8 *El narcotráfico*			Drogenhandel in Mexiko

Índice

Seite		Kommunikation	Grammatik	Interkulturelles / Landeskunde

Manual de instrucciones

143	1 Resumen, Comentario, Opinión – Zusammenfassung, Texterschließung, Stellungnahme
144	2 Analizar textos literarios – Analyse literarischer Texte
145	3 Analizar textos del periódico – Analyse von Zeitungsartikeln
145	4 Hablar de una película – Über einen Film sprechen
146	5 Corregir tus errores – Methoden der Selbstkorrektur
147	6 Trabajar con el diccionario monolingüe – Arbeiten mit dem einsprachigen Wörterbuch
148	7 Escribir una solicitud – Eine Bewerbung schreiben

150	Portfolio zu *Contigo 3*
152	Frases útiles
154	Vocabulario
172	Diccionario español – alemán
187	Diccionario alemán – español
	Bildnachweis

Im Buch begegnen euch folgende Zeichen:

 Das ist ein Lesetext (= texto).

E Das ist eine Aufgabe (= ejercicio).

Hierbei handelt es sich um eine Hörverstehensübung. Zusätzlich liegen auch alle Lesetexte als Hörtexte auf CD vor.

Das ist eine Partnerübung.

Hier arbeitet ihr in einer Gruppe.

Hier sollt ihr selbst einen Text schreiben.

Hierbei handelt es sich um eine Mediationsaufgabe.

Zur Lösung dieser Aufgabe recherchiert ihr im Internet.

Dieses Symbol kennzeichnet Globalverstehenstexte, bei denen ihr nicht jedes Wort zu kennen braucht.

→ Bei der Lösung dieser Aufgabe hilft euch eine Strategieseite.

→ **G** Hier findet sich ein Verweis auf ein Kapitel des Grammatischen Beihefts.

Hier erfahrt ihr Wissenswertes über Land und Leute.

¡Ojo! Hier geben wir euch Tipps für die Bearbeitung der Aufgaben und weisen auf häufige Fehler hin.

facultativo Dieses Symbol kennzeichnet fakultative Texte und Aufgaben.

siete 7

Etapa 1
Latinoamérica

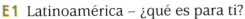

E1 Latinoamérica – ¿qué es para ti?
1. Mira las diferentes imágenes del continente latinoamericano y explica lo que ves.

😊😊 2. ¿Cuáles de estas imágenes te parecen más importantes para describir cómo ves Latinoamérica? ¿Te parece que falta algún aspecto? Habla con tu compañero/-a.

E2 ¿Quién es Latinoamérica?
Haz una lista en tu cuaderno de la gente famosa de Latinoamérica que conoces: políticos, científicos, pintores, escritores, actores, cantantes, deportistas, ... Después comparad en clase. ¿Quién tiene la lista más larga? Apuntad todos los nombres en la pizarra.

Etapa 1

E3 Los países de Latinoamérica

1. ¿Dónde se encuentran los países latinoamericanos? En parejas. Uno/-a mira el mapa de la última página del libro y describe la situación geográfica[1] de algún país de Latinoamérica. Su compañero/-a tiene que decir qué país es y cuál es su capital.

> *Este país está en Centroamérica, entre … y … Limita con …*
>
> *Es … y su capital es …*

Modelo: A   B

2. Latinoamérica / América Latina o Hispanoamérica. Define estas palabras. ¿Qué diferencia hay?

3. ¿Cuáles son los otros países del continente americano? Explica por qué no pertenecen al conjunto de Latinoamérica.

[1] geográfico/-a geografisch

Etapa 1

Paso 1 *América Latina hoy*

 E1 ¿Qué es América Latina?

1. En grupos de 3 o 4 personas, escribid cinco preguntas para vuestros compañeros de clase sobre América Latina.

   Modelo:
   a) ¿Has viajado alguna vez a un país latinoamericano?
   b) ¿Conoces alguna canción latinoamericana?
   c) ¿Conoces alguna comida típica de Latinoamérica?

2. Presentad las preguntas en clase, elegid las diez más interesantes y haced esta encuesta en la clase. Apuntad las respuestas para hacer un gráfico.

 3. Haced un resumen con los resultados.

   Modelo:
   Casi ninguno de nosotros ha viajado a Latinoamérica. Pero todos hemos escuchado alguna canción latinoamericana, por ejemplo… Pocos conocemos comidas típicas de Latinoamérica. Lo que conocemos es…

 ## Una entrevista

Daniel Montaño Pineda nació en Ciudad de México, creció en Cancún y ahora está viviendo con su familia por un tiempo en Alemania. Lee la entrevista y compara las respuestas con tu propia idea de Latinoamérica.

Entrevistadora: ¿Qué es Latinoamérica para ti?
5 **Daniel:** Latinoamérica es el conjunto de países en el continente americano en donde se hablan lenguas de origen latino. Por lo regular[1] el estereotipo[2] de los latinoamericanos es la mezcla de las tribus[3] indígenas que habitaban[4] el continente americano con los europeos que llegaron a conquistarlos y los esclavos que los acompañaban[5].
10 A eso se debe que[6] en Latinoamérica se puede encontrar gente con rasgos[7] blancos, negros o indígenas.
E: ¿Qué es típico para tu continente?
D: La religión puede ser uno de los aspectos más típicos que existen, ya que el 80% de los latinoamericanos son católicos. Otra cosa
15 típica puede ser la alimentación basada[8] en muchos países en el arroz y el frijol[9].
E: ¿Qué significa vivir en este continente?
D: A veces es sinónimo[10] de pobreza. Por otro lado somos muy nacionalistas[11] y damos todo por nuestros países.
20 **E:** ¿Te sientes latinoamericano? ¿O eres más mexicano?
D: Definitivamente[12] me siento más mexicano que latinoamericano, eso significa que me siento muy orgulloso de ser mexicano y no tanto de ser latinoamericano.
E: ¿Entiendes a los colombianos, a los venezolanos o a los peruanos?
25 ¿Hay diferencias en sus lenguas?

1 por lo regular für gewöhnlich
2 el estereotipo der Stereotyp
3 la tribu der Stamm
4 habitar bewohnen
5 acompañar begleiten
6 deberse a algo que der Grund sein, dass
7 el rasgo das Merkmal
8 basado/-a en auf der Grundlage von
9 el frijol die Bohne
10 el sinónimo das Synonym
11 nacionalista nationalistisch
12 definitivo/-a definitiv

Paso 1 – América Latina hoy **Etapa 1**

D: En realidad no hay diferencia en la lengua, ya que hablamos español o castellano, pero sí hay diferencia en la mentalidad[13].
E: Describe la cultura latinoamericana. ¿Cómo es la gente? ¿Qué le gusta hacer? ¿Cómo es en comparación con los europeos o alemanes?
D: La cultura en Latinoamérica es muy parecida, con excepción de[14] Argentina y Brasil. Brasil por hablar otro idioma y Argentina por ser el país más europeo de Latinoamérica. En comparación con los europeos... bueno, somos bastante diferentes. Por ejemplo los alemanes planean[15] todo, el latino planea también todo, pero hace todo completamente diferente a lo planeado.
E: ¿Cómo era tu vida en tu país?
D: Recuerdo una niñez muy feliz y sobre todo de libertad, podíamos jugar en cualquier lugar, a cualquier hora, sin miedo a nada. La familia era muy grande, la casa de mis padres siempre estaba llena de gente y teníamos costumbres muy lindas[16], por otro lado ya que las familias eran tan grandes, teníamos carencias[17] económicas. Comida y escuela nunca faltaban, pero juguetes, viajes o ropas de marca[18] eran muy difíciles de tener.
E: ¿Qué significa "familia" para ti?
D: ¡Todo! Crecí con mis padres y seis hermanos, mis padres estuvieron casados 49 años, hasta que mi padre falleció[19]. La familia es lo más importante en mi vida, hoy soy un hombre casado, tengo 38 años y mi familia ha crecido mucho, ahora no solo tengo una familia mexicana sino también una alemana.
E: ¿Qué problemas ves actualmente en el continente latinoamericano?
D: Varios, la economía, la seguridad, la educación. Hasta el año 2002, México en particular[20] gozaba de[21] un estatus[22] económico y social bastante aceptable[23], hoy vive una de las peores crisis[24] económicas y de seguridad. Así, en general, se encuentran muchos países latinos.
E: ¿Qué aspectos históricos (desde el descubrimiento del continente por los españoles hasta hoy) influyeron en el desarrollo[25] de los países?
D: El idioma, la religión, la arquitectura y la alimentación han sido los mayores cambios originados[26] por la conquista de los españoles. Es muy difícil decir si la cultura se desarrolló más o no. Antes de la llegada de los españoles en México ya teníamos un sistema económico, existía el estilo arquitectónico nativo[27], se conocía mucho de las matemáticas y los indígenas tenían su propia religión...
E: Muchas gracias por esta entrevista tan interesante.
D: De nada, ha sido un placer[28].

entrevista a Daniel Montaño Pineda, de Cancún (México)

13 la mentalidad die Mentalität
14 con excepción de ausgenommen
15 planear planen
16 lindo/-a schön
17 la carencia der Mangel
18 de marca Marken-
19 fallecer sterben
20 en particular konkret
21 gozar de genießen
22 el estatus der Status
23 aceptable annehmbar
24 la crisis die Krise
25 el desarrollo die Entwicklung
26 originar verursachen
27 nativo/-a ursprünglich
28 el placer das Vergnügen

Daniel Montaño Pineda

once 11

Etapa 1

E2 Sobre el texto...
Termina las frases según el texto.

a) Latinoamérica es un conjunto •••
b) Allí vive una mezcla de •••
c) El 80% de la gente •••
d) La alimentación típica •••
e) Vivir en Latinoamérica significa •••
f) La diferencia entre los países hispano-americanos no es ••• sino •••
g) Las culturas de los diferentes países •••
h) Daniel recuerda su niñez •••
i) Los problemas del continente •••
j) La conquista de los europeos llevó •••

> **¡Ojo!**
>
> Se habla alemán. → Man spricht Deutsch.
> Se hablan diferentes lenguas. → Man spricht verschiedene Sprachen.
>
> Die unpersönliche Form bildet man mit se + Verb in der 3. Person Singular oder Plural. → G 1.1.1
> Bei reflexiven Verben (z.B. levantarse) wird die unpersönliche Form mit uno/una + se + Verb in der 3. Person Singular gebildet. → G 1.1.3
> Uno se levanta temprano cada día.
> → Man steht jeden Tag früh auf.

E3 El español de Hispanoamérica
En la entrevista, Daniel dice que entre los países de Hispanoamérica no hay diferencia en la lengua, ya que todos hablan español o castellano. Habla con tu compañero/-a y opinad si tiene razón Daniel.

E4 Me preguntó cómo me llamaba.
1. Mira las frases y encuentra la regla. Después compara con tu gramática. → G 1.2

estilo directo	estilo indirecto
Entrevistadora: ¿Cómo te llamas?	→ Me preguntó cómo me llamaba.
Entrevistadora: ¿Cuántos años tienes?	→ Me preguntó cuántos años tenía.
Entrevistadora: ¿Dónde vives?	→ Me preguntó dónde vivía.
Entrevistadora: ¿Eres mexicano?	→ Me preguntó si era mexicano.
Entrevistadora: ¿Te gusta Alemania?	→ Me preguntó si me gustaba Alemania.
Entrevistadora: ¿Ya has estado en otros países de Europa?	→ Me preguntó si ya había estado en otros países de Europa.

2. Un día después, Daniel le cuenta por teléfono a un amigo lo que le preguntó la entrevistadora. Vuelve a leer el texto y haz frases.

Modelo: *Me preguntó qué era Latinoamérica para mí.*

E5 Deja volar tu imaginación¹.
1. ¿Qué crees que un/-a latinoamericano/-a puede querer preguntarle a un/-a alemán/-ana? Formula diez preguntas.

2. Al día siguiente, cuéntale a tu compañero/-a lo que el / la latinoamericano/-a quiso saber.

---
1 la imaginación *die Fantasie*

Paso 1 – América Latina hoy **Etapa 1**

E6 Gael García Bernal, un mexicano famoso

1. Los siguientes textos son partes de una entrevista. Escribe en el estilo directo las preguntas (a – d) que hizo la entrevistadora y busca la respuesta de Gael García Bernal (A – D) para cada una.

a) La entrevistadora quiso saber cuánto había habido de experiencia personal en esa película.

b) La entrevistadora le preguntó si podía ser más claro.

c) La entrevistadora quiso saber qué significaba para él ser latino.

d) La entrevistadora le dijo que casi al final de la película, Ernesto nadaba en un río con muchísimas pirañas[1]. Le preguntó si en la película lo había hecho él o lo había hecho un doble[2].

A) Respuesta: Creo que el hecho de haber nacido en América Latina nos da la libertad y el derecho de buscar nuestra identidad común, de realizar una introspección que es una experiencia única en la vida. Siempre podemos iniciar un viaje para saber de dónde venimos y quiénes queremos ser. (Sonrisa). Supongo que hay muchos gringos que mueren sin saber nada de sí mismos ni del país que hay al otro lado del Río Grande.

B) Respuesta: Pues, clarito. El Che me 'invitó' a un viaje en el que me pude perder de mí mismo y encontrar mi verdadero yo. Y me ayudó a contextualizarme como latino: comprobé que no existen fronteras. Mexicanos, chilenos, peruanos, argentinos... todos somos uno. Ahora mismito, yo como él, considero que todos pertenecemos a una misma raza mestiza y las fronteras me parecen ficticias e ilusorias.

C) Respuesta: El loco que vive en mí se tiró al río verdadero, con su agua sucia verdadera y plagado de pirañas verdaderas. (Risas). No, ahora en serio. La toma correspondía a los últimos días de rodaje y yo estaba también al final de mi viaje personal. ¿Cómo podía permitir a un extra realizar la toma en la que se muestra el nacimiento de la conciencia del Che? Nos llevó tres días y no niego que pasé algo de miedito. Cuando crucé el río por última vez y Walter dio el rodaje por finalizado... todos se tiraron al agua para unirse a mí. Y nadamos en silencio, abrazándonos. Creo que ha sido hasta ahora una de las experiencias más fuertes de mi vida.

D) Respuesta: Para mí no ha sido una película más. Aunque he crecido en una familia y un país fuertemente politizados, jamás había hablado con indios quechuas o mineros, o con gentes de pueblos enteros desplazados por la pobreza... Esta película ha supuesto para mí un viaje fílmico, geográfico y psicológico. He leído la obra del Che y estudiado su vida. Al final, el Che me 'invitó' a conocerme a mí mismo, a reflexionar sobre mí y mi circunstancia como ciudadano latinoamericano.

1 la piraña der Piranja, 2 el doble das Double

Beatrice Sartori – Biostars Internacional

trece 13

Etapa 1

2. Analiza a qué se dedica Gael García Bernal.

3. Mira la foto de García Bernal e imagina cómo es: ¿cuántos años tiene? ¿Cómo es su carácter? ¿Qué le gusta hacer en su tiempo libre? Describe también su físico.

4. Ahora investiga en Internet sobre la personalidad y los gustos de García Bernal. Compara lo que encuentres con lo que tú has imaginado.

5. Investiga de qué película están hablando García Bernal y la entrevistadora. ¿La has visto? Describe en pocas frases de qué trata.

6. En grupos. Cada grupo debe buscar en Internet un diálogo de la película e interpretarlo en la clase.

E7 Para debatir

1. Comparad las respuestas de Daniel con las de Gael García Bernal sobre Latinoamérica y ser latinoamericano. ¿En qué aspectos son parecidas? ¿En qué aspectos son diferentes?

2. Discutid qué es para vosotros ser europeos.

3. Explicad si os sentís alemanes, europeos o …

E8 Se habla español.

Imagínate que quieres poner un anuncio[1] en el periódico para las siguientes situaciones. Usa la forma impersonal como en el modelo:

Modelo: Te vas a vivir a México y quieres vender tu casa.
→ *Se vende una casa con … dormitorios cerca de …*

a) Tu perra ha tenido siete perritos y quieres regalarlos.
b) Tienes un restaurante en México y tú, claro, sabes hablar alemán.
c) Has perdido a tu perro.
d) Tienes una casa muy grande y quieres alquilar una habitación con baño.
e) Tienes algunos problemas con las matemáticas y necesitas un profesor.

E9 ¿Cómo se dice?

Escribe estas frases en español. Ojo con los verbos reflexivos. → **G** 1.1.1, 1.1.3

a) Man isst sehr gut in diesem Restaurant.
b) Man hörte laute Geräusche.
c) Man langweilt sich wenn die Übungen zu einfach sind.
d) Man geht im Urlaub spät ins Bett.
e) Man darf im Unterricht nicht telefonieren.
f) Im Sommer steht man früher auf als im Winter.
g) Hier kann man links abbiegen.

---
[1] el anuncio die Annonce

E 10 Se organiza un viaje a Guatemala.

Dos amigas quieren viajar a Latinoamérica. Lee el diálogo y cambia las frases que están en azul como en el modelo.

Modelo: En esta agencia organizan viajes a Latinoamérica. → *En esta agencia se organizan viajes a Latinoamérica.*

Silvia: Me interesa Guatemala, pero dicen que llueve mucho en octubre.
Angélica: Tienes familia allí, ¿verdad?
Silvia: Sí, mi tío, el hermano de mi padre, vive allí.
Angélica: ¿Ah, sí? ¿Y qué hace?
Silvia: Trabaja en un taller donde reparan coches.
Angélica: Qué bien. Pero, comentan que es un poco peligroso viajar allí.
Silvia: ¡Nooo! Mis tíos viven en Guatemala desde hace muchos años y nunca han tenido ningún problema. Mi tía trabaja en el centro y va cada día en autobús, nunca le ha pasado nada.
Angélica: ¿Qué hace?
Silvia: Trabaja en una oficina en la que traducen textos del alemán al español.
Angélica: ¿Y tu primo? También tienes un primo, ¿verdad?
Silvia: Sí, mi primo Ricardo, es periodista y trabaja en una radio. En su programa comentan la noticia más importante del día y hacen entrevistas a personas conocidas. También tiene una tienda de DVD.
Angélica: ¿Crees que en su tienda venden películas de Gabriel García Bernal?
Silvia: No lo sé, pero creo que sí. ¿Qué hacemos? ¿Preguntamos por un viaje a Guatemala en esta agencia de viajes?
Angélica: Vale. Además pone que hacen precios especiales para estudiantes.

E 11 Salma Hayek, una mexicana en Hollywood

1. Salma Hayek es la actriz mexicana que dio vida a la artista Frida Kahlo en la película *Frida*. Resume lo que has escuchado sobre su vida y sus actividades.

2. Analiza la intención del periodista durante la entrevista.

3. Expresa tu opinión sobre la postura de Salma Hayek de no querer contestar preguntas sobre su vida privada.

E 12 Un mar de preguntas

Cada estudiante escribe una pregunta en un papel y pone debajo su nombre. Entregad los papeles a vuestro/-a profesor/-a. En la próxima clase, mezclad todos los papeles y tomad uno cada uno. Contad a los demás lo que quiso saber vuestro/-a compañero/-a.

¿Hay deberes de Matemáticas? - Lars

Modelo: *Ayer / El martes Lars me preguntó si había deberes de Matemáticas.*

Etapa 1

Paso 2 *Lima, una ciudad en cifras*

E1 Imágenes de Lima
Describe las fotos de Lima. ¿Qué ves? Escribe una frase para cada una.

Primeras impresiones de Lima

Lima me recibió con su agrio sabor y el ruido inconfundible de sus calles, que la hacen única entre las capitales de América del Sur. Arterias convulsionadas, de gente apurada,
5 llenas de autos y camionetas antiguas que funcionan como taxis. Allí, quien tiene auto indefectiblemente trabaja como taxista. Tocan bocina sin parar, vaya a saber uno por qué. Caminé por la plaza San Martín, busqué el
10 cine Metro cerrado desde hace años, almorcé una sabrosa pechuga de pollo a la provenzal con papas y morrón asado, intenté comprender las costumbres de los limeños y visité la imponente Catedral y las iglesias
15 Santo Domingo (de 1540, restaurada en el siglo XVIII), La Merced y Las Nazarenas, sede de los festejos del Señor de los Milagros. Cené otra exquisitez muy recomendable: pescado al horno con arroz blanco, salteado
20 con zanahorias y rodajas de tomate y, de postre, una copa de duraznos en almíbar con frutillas. Me faltó probar el famoso ceviche. Es imperdible el circuito de casas coloniales. Sobre la calle principal de Lima, Jirón de la
25 Unión, se levanta la casa de la familia Aliaga, del siglo XVI. En Miraflores, luce la casa de Pilatos, sede del Instituto Nacional de Cultura. Tampoco hay que pasar por alto la casa de Asambleo (con salas para exposiciones y
30 conferencias) ni la Torre Tagle –sede del Ministerio de Relaciones Exteriores de Perú–, construida en 1735.
En Lima la gente siempre parece estar contenta, en un permanente estado de fiesta.
35 Todas las noches van a los bares o se reúnen en las casas particulares. Por su buen humor

la catedral de Lima, restos del estilo colonial en una ciudad moderna

Paso 2 – Lima, una ciudad en cifras .... **Etapa 1**

y cordialidad, los peruanos me cayeron bárbaro, a pesar de que, innecesariamente, muchos se obstinaban en hablarme en un
40 inglés más que rudimentario: "Mai fren, mai fren, taxi", me gritaban desde los autos sin dejar de seguirme mientras paseaba tranquilamente por la vereda.

Bien entrada la noche tomé un café, doble y
45 negro, asomado a la avenida desde la ventana de mi habitación en un segundo piso. Me di cuenta de que recién a esa hora la ciudad calma su ritmo. Entonces, en este país que padece los típicos problemas sociales de
50 América Latina, percibí que ciertas imágenes quedarían para siempre en mi mente: los niños que recorren la ciudad tomados de las manos con sus madres –con sonrisas tan grandes como sus ilusiones–, los barcos pes-
55 queros esparcidos como puntitos en medio del impactante Océano Pacífico, los silbidos de los policías desde sus garitas, el cielo gris, bajo y encapotado, que hace que Lima se vea pequeña y uniforme.

Claudio Bartel. Realizador cinematográfico, de Munro, provincia de Bs. As. Viajó a Perú en octubre de 2004

E2 Sobre el texto ...

1. Habla con tu compañero/-a:

   a) ¿Qué hizo Claudio Bartel en Lima?
   b) ¿Cuáles son los tres aspectos de Lima que le gustaron mucho?
   c) ¿Qué otras cosas le llamaron la atención?
   d) ¿Qué pensáis, a Claudio Bartel le gustó su viaje a Lima? ¿Por qué?

2. Relaciona: ¿a qué frases del texto pertenecen las fotos de E1?

E3 La población de Lima

1. Lima tiene 8.300.000 habitantes y una superficie de 2664,67 km². Compara con cinco ciudades alemanas y forma frases para presentar tus resultados.

   Modelo: *Lima tiene ocho veces más habitantes que Colonia (1.007.119 en 2010), pero la superficie de Lima es solo seis veces más grande que la de Colonia (405 km²).*

2. Compara el número de habitantes de los ocho distritos[1] de Lima que ves en el gráfico. Utiliza las expresiones que te damos.

   Modelo: *La mayoría de la gente vive en ...*

   > la mayoría – una minoría –
   > gran parte de – ser igual – más / menos

LOS OCHOS DISTRITOS MÁS POBLADOS
En cómputo concentran el 51% de la población de toda Lima

REF: 👤 Nº habitantes

- 486.977 COMAS
- 898.443 SAN JUAN DE LURIGANCHO
- 579.561 SAN MARTÍN DE PORRES
- 478.278 ATE VITARTE
- 316.140 LOS OLIVOS
- 378.470 VILLA MARÍA DEL TRIUNFO
- 362.643 SAN JUAN DE MIRAFLORES
- 381.790 VILLA EL SALVADOR

La República

3. Dibuja un diagrama (círculo[2] o columnas) para expresar el número de habitantes de cada uno de los ocho distritos del gráfico.

4. El barrio El Agustino es uno de los muchos Pueblos Jóvenes en Lima. Infórmate qué significa esto y preséntalo en clase.

---
1 el distrito der Distrikt, der Stadtteil, **2 el círculo** der Kreis

Etapa 1

E4 Para interpretar

1. Mira el gráfico y describe la población de Lima en los años pasados y cómo será en los años siguientes. Describe también lo que ves en el mapa.

2. ¿Qué conclusiones puedes sacar si combinas[1] los dos gráficos de E3 y E4?

😊😊 E5 Una noticia

Lee el siguiente artículo de una página web de noticias y comenta los porcentajes con tu compañero/-a.

Modelo: A: *¿Cuántos limeños creen que faltan árboles?*
B: *Un catorce por ciento.*

Los principales problemas de Lima

Miércoles, 17 de Noviembre del 2010

Según el estudio "Lima Según sus Ciudadanos. Informe de Percepción sobre Calidad de Vida 2010", realizado entre el 10 y el 26 de julio pasado, los tres principales problemas
5 que aquejan a la capital son la inseguridad ciudadana (73%), el transporte público (55%) y la contaminación ambiental (21%).
La investigación revela que para el 49,7%, Lima no es una ciudad segura. Para el 54,9%
10 el lugar donde vive es inseguro, en especial para los habitantes de la zona Centro de la ciudad. El 59,2% dijo estar insatisfecho con el estado del tráfico y el 41,9% manifestó estar disconforme con la labor de la policía
15 en este sentido.

Respecto al tercer gran problema que afronta Lima: la contaminación ambiental, la insatisfacción es por el nivel de ruido en la calle (50,9%), la calidad del aire (49,0%), el estado
20 de las playas y el mar (43,4%), entre otros. El 15% de los 1920 ciudadanos consultados, opinaron que falta apoyo a la cultura y un 14% cree que faltan árboles y áreas verdes. El mantenimiento de pistas y veredas fue
25 señalado por un 13%, mientras que un 9% advierte que la falta de agua potable es una necesidad que aqueja a los vecinos.

"Los principales problemas de Lima, según estudio."
En: *RPP Noticias, www.rpp.com.pe*, 17.11.2010

---
1 combinar kombinieren

Paso 2 – *Lima, una ciudad en cifras* — **Etapa 1**

Comentarios

Estos son los comentarios que dejaron algunos lectores sobre la noticia de E5 en el foro de la página web.

> **Ernesto** 2010-11-20 – 19:20
> Con campañas[1] de concientización[2] nuestra Lima sería diferente. ¿Por qué no se ponen multas para enseñar que las leyes son para respetarlas?

> **Lola** 2010-11-21 – 10:54
> Hola, me parece muy bien tu comentario, Ernesto, pero yo empezaría por dar el ejemplo y haría algo por el medio ambiente en lugar de estar sentado escribiendo en el ordenador.

> **Eliseo** 2010-11-21 – 17:21
> El problema más grande es la falta de autoridad[3] y la corrupción, las otras cosas podrían solucionarse si todos ayudamos un poco.

> **nick** 2010-11-21 – 17:23
> Todo estaría bien sin la corrupción y la inseguridad. ¡Yo me voy!

> **emi** 2010-11-22 – 15:54
> No necesitan hacer ningún estudio[4], se podrían ahorrar ese dinero. Los problemas de Lima son la gente, los políticos, las veredas[5] rotas, las obras[6] sin terminar, etc. etc. etc.

> **diamante** 2010-11-22 – 15:55
> Me gustaría publicar los problemas del resto de las ciudades. Lima no es el Perú.

> **loco73** 2010-11-23 – 14:18
> El principal problema es el tráfico y el tiempo que se pierde en las calles de Lima. También la contaminación. Se tendría que llegar a una solución para la ciudad y para los ciudadanos. Un trabajador[7] no debería necesitar casi 3 o 4 horas diarias para ir a su lugar de trabajo.

1 **la campaña**
  die Kampagne
2 **la concientización**
  die Bewusstwerdung
3 **la autoridad**
  die Autorität
4 **el estudio**
  hier: die Studie
5 **la vereda**
  der Bürgersteig
6 **las obras**
  die Baustellen
7 **el trabajador**
  der Arbeiter

E6 ¿Qué dice?
1. Un amigo tuyo quiere viajar a Lima y a otras ciudades del Perú. Habla muy poco español y quiere que le expliques lo que dice el artículo de E5. Busca las ideas principales y cuéntaselas.
2. Elige uno de los comentarios y tradúcelo.

las veredas rotas en Lima

Etapa 1

E7 Lima, una ciudad con muchas caras
Escribe un texto en alemán con la información que ahora tienes sobre Lima y preséntalo en tu clase de Geografía.

E8 Mi ciudad en cifras
Infórmate en Internet sobre tu ciudad o tu región. Busca estadísticas parecidas a las de E3 y E4 y explícalas a un/-a limeño/-a que está de visita en tu colegio.

E9 Me gustaría conocer este nuevo tiempo.

1. En los comentarios, el tiempo de los verbos marcados en azul es el condicional. Completa la tabla en tu cuaderno.

2. Mira las formas que has escrito y contesta: ¿cómo se forma el condicional? ¿Hay diferencias en las terminaciones en los verbos *-ar, -er, -ir*? → G 1.3

empezar	deber	escribir
●●●	debería	●●●
empezarías	●●●	●●●
empezaría	●●●	escribiría
●●●	●●●	escribiríamos
●●●	deberíais	●●●
●●●	●●●	escribirían

¡Ojo!
Los mismos verbos que son irregulares en el futuro simple lo son también en el condicional y presentan la misma irregularidad.

E10 A practicar
Escribe en tu cuaderno la primera persona del futuro simple y del condicional de los verbos a la derecha.

Modelo: decir → *futuro simple: yo diré, condicional: yo diría*

> haber – hacer – poder – poner – querer – saber – salir – tener – venir

E11 Yo me quedo.
Lee lo que dice Esteban, un limeño, que también deja un comentario. Completa los espacios vacíos con los verbos en condicional.

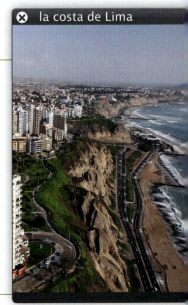
la costa de Lima

> **Esteban** 2010-11-23 – 14:23
> ¡Pues yo me quedo! No me ●●● *(gustar)* vivir en otra ciudad porque Lima ofrece la posibilidad de vivir en un lugar donde lo antiguo y lo moderno conviven. Uno de mis lugares favoritos es el Parque de la Reserva, ●●● *(ir)* todos los días y ●●● *(sentarse)* al sol. No tengo tiempo, claro, pero me ●●● *(encantar)*. Algunos de mis amigos quieren irse a vivir a Europa, pero yo no ●●● *(poder)* dejar mi ciudad. Es verdad, a veces ●●● *(preferir)* tener las calles más limpias, el tráfico más ordenado, pero, ¿qué ciudad no tiene sus problemas? Lo ideal ●●● *(ser)* solucionar los problemas más importantes: la corrupción y la inseguridad. Cuando termine el colegio ●●● *(querer)* encontrar un trabajo aquí en Lima. Eso sí, ●●● *(viajar)* mucho, sobre todo a Europa y los EE. UU., pero siempre ●●● *(volver)* a mi ciudad.

Paso 2 – Lima, una ciudad en cifras .... **Etapa 1**

E 12 ¿Podrías decirme cuándo se usa el condicional?

1. Relaciona estos usos del condicional (a – f) con las frases que te damos como ejemplos (A – F):

   a) Se usa para pedir algo amablemente[1].
   b) Se usa para expresar un deseo[3].
   c) Se usa para expresar una opinión.
   d) Se usa para dar consejos.
   e) Se usa en el estilo indirecto cuando en el estilo directo hay un futuro y en la oración principal un tiempo pasado.
   f) Se usa para expresar algo que probablemente pasó.

   A) Yo en tu lugar[2], no me iría de nuestro país.
   B) ¿Podrías decirme si hay un parque bonito por aquí cerca?
   C) Pues no sé por qué no ponen multas; ayudarían mucho.
   D) Me encantaría vivir en una ciudad limpia.
   E) Ayer sonaron las sirenas. Habría un accidente.
   F) Esteban me dijo que llegaría pronto.

2. Escribe una frase más para cada uso y cambia tus frases con las de tu compañero/-a. ¿Qué expresa cada una? → **G** 1.4, 1.7

E 13 ¡Esto es lo que haré!

1. Lee lo que dicen estos jóvenes de Lima sobre sus proyectos para cuidar el medio ambiente y mejorar las condiciones de vida en su ciudad. Completa las siguientes frases con el futuro simple.

   a) **Esteban:** —La gente ••• *(tener que)* comprar más productos[4] naturales.
   b) **Francisco y Clarita:** —Nosotros no ••• *(usar)* el coche para ir a trabajar.
   c) **Conce:** —Una vez por semana ••• *(ir)* a la playa para recoger basura.
   d) **Juan y Carola:** —No ••• *(salir, nosotros)* hasta muy tarde por la noche.
   e) **José:** —No ••• *(haber que)* usar tanta agua.
   f) **Pablo:** —En mi colegio ••• *(hacer, nosotros)* un proyecto para ver cómo se puede reducir el ruido en la ciudad.

2. ¿A qué problemas del artículo se refiere cada frase?

E 14 Me dijo que pensaría más en el medio ambiente.

1. Imaginaos que ayer escuchasteis las frases de E13. Trabajad en parejas como en el modelo.

   Modelo: **A:** *¿Qué dijo Esteban?*
   B: *Dijo que la gente tendría que comprar más productos naturales. ¿Qué dijeron ...?*

2. Escribe cinco consejos para cuidar el medio ambiente y utiliza el condicional.

   Modelo: *Iría en bici a todos lados.*

---
1 amablemente höflich, 2 en tu lugar an deiner Stelle,
3 el deseo der Wunsch, 4 el producto das Produkt

Etapa 1

Taquile, un lugar que conserva sus tradiciones

La isla de Taquile es un rincón único en el mundo donde se interrelacionan la modernidad y la tradición de manera especial y extraordinaria.

Taquile está a 35 km de Puno en el sur de Perú y es la isla más grande del lago Titicaca. Tiene unos 1.700 habitantes, los taquileños, cuya lengua es el quechua. Para visitarla hay que tomar una lancha en Puno y luego de casi cuatro horas de viaje desembarcar en un rústico puerto y subir una escalera alta y empinada.

La isla se utilizó como prisión política hasta los primeros años del siglo XX. A partir de 1937, los antiguos pobladores empezaron a comprar parcelas de terreno hasta que finalmente la isla, luego de casi cuatro siglos, volvió por completo a sus antiguos dueños. La sociedad está basada en el trabajo colectivo y en el código moral Inca "ama sua, ama llulla, ama qhella" (no robarás, no mentirás y no serás perezoso). Es un ejemplo de organización social y de trabajo comunitario. Actualmente su economía se basa principalmente en el turismo. Recibe anualmente unos 40.000 turistas.

Los taquileños son conocidos por sus tejidos, hechos por los hombres. Las formas y colores de la ropa indican si un hombre está casado o soltero, tiene novia o está buscándola. Los que llevan un gorro con punta blanca son solteros, si la punta está hacia atrás, significa que no está buscando novia. La punta hacia la derecha es que está abierto a alguna propuesta, pero si está hacia la izquierda, ya tiene una relación. Los hombres casados llevan gorros rojos. Para poder casarse, el novio debe presentar a su futuro suegro este gorro, que es el resultado de nueve meses de trabajo. Si está bien hecho, seguramente el padre de la novia aceptará la propuesta. Si no, deberá hacer otro nuevo. Las mujeres visten capas rectangulares negras con borlas de colores en sus cuatro ángulos. Las solteras llevan borlas más grandes. Emplean esta prenda para protegerse del sol, del frío y de las miradas indiscretas.

La estación de radio en Taquile funciona con paneles solares. Dentro de la isla no hay perros. Tampoco hay policía ya que no se cometen delitos. No existen vehículos, los caminos son solo peatonales. Cuando hay algún problema, lo solucionan en las asambleas de los domingos. Los momentos de siembra y de cosecha se determinan por la astronomía quechua y por el comportamiento de los animales, especialmente de los pájaros. Probablemente sea por eso que no hay perros ni gatos en la isla, para que no se coman a los pájaros.

E 15 Unos días en Taquile

1. Explica cuáles son los aspectos modernos de la vida en Taquile, y cuáles los aspectos tradicionales.

2. Describe a los hombres de la foto. ¿Qué puedes decir sobre su vida privada?

3. Si tú vivieras en Taquile, ¿qué ropa tendrías que llevar? Descríbelo.

E 16 ¿Campo o ciudad?

1. Desde hace unos años viven más personas en las ciudades que en el campo. ¿Cómo ves tú esto? Haz una lista de las ciudades con más habitantes del mundo.

2. Escribe las ventajas y las desventajas de vivir en una de ellas.

3. Explica en cuál de estas ciudades te gustaría vivir y justifica tu opinión.

Paso 3 *América Latina: un continente y muchas culturas*

E 1 Una cultura diferente

1. Relaciona estas palabras con las imágenes.

   las flores – las calaveras – el altar – las velas – el cementerio – el desfile[1]

2. En parejas. Mirad las fotos que están en esta página y describidlas.

3. Describid cuáles son los colores que más se ven, y explicad con qué relacionáis vosotros estos colores.

---
[1] el desfile die Prozession

Etapa 1

 El Día de los Muertos en América Latina

Lee el siguiente texto sobre una fiesta típica de América Latina.

Es toda una fiesta, llena de colores y motivos alegres, dedicada a la muerte, pero a la muerte desde otra perspectiva. Siguiendo las costumbres de las culturas indígenas, los latinoamericanos que celebran el Día
5 de los Muertos aprovechan este día para estar más cerca de sus familiares y amigos que han muerto y así celebrar la vida. Aunque el Día de los Muertos se relaciona solo con México, son varios los países latinoamericanos que recuerdan esta fecha, cada uno de forma diferente.
El tema puede inquietar[1] a algunas personas, sobre todo a los que rela-
10 cionan la muerte de manera negativa, pero en los países que celebran esta fiesta, el tema de la muerte tiene otro significado. Los espíritus[2] no son para tener miedo, sino todo lo contrario[3], y el Día de los Muertos es la oportunidad para estar con ellos.
Los orígenes de esta fiesta se encuentran en las antiguas culturas indí-
15 genas de los aztecas, mayas, y otros que durante 3 mil años hicieron rituales dedicados a sus ancestros[4]. En las fiestas se recordaba al dios Mictecacihuatl, conocido como la "Dama[5] de la muerte" (actualmente se llama "la Catrina"), y eran dedicadas a los niños y las vidas de familiares muertos.
20 Esta fiesta se celebra el 1 y el 2 de noviembre. Para ambos días los pueblos y ciudades preparan objetos como parte del ritual. En primer lugar están las calaveras, que se ven tanto en artesanías como en los platos de la noche antes. Las calaveras muestran una sonrisa. También están los altares. La parte más esperada para los niños es cuando
25 reciben muchas golosinas[6]. También existen máscaras[7] con forma de cráneo[8].

1 inquietar beunruhigen
2 el espíritu der Geist
3 todo lo contrario im Gegenteil
4 el ancestro der Vorfahr
5 la dama die Dame
6 la golosina die Süßigkeit
7 la máscara die Maske
8 el cráneo der Schädel

"El Día de Muertos en América Latina." En: *El Periódico de México,* www.elperiodicodemexico.com, 03.11.2006 (abreviado y adaptado)

E2 Sobre el texto …
1. ¿Cuándo, dónde y cómo se celebra el Día de los Muertos?
2. Explica cuáles son sus orígenes.
3. ¿Cómo se celebra este día en tu país?
4. Explica las diferencias y las similitudes entre el Día de los muertos y Halloween.

E3 El Día de los Muertos en una familia guatemalteca
Una familia guatemalteca (Manuela, la madre, Efraín, el padre, y sus cinco hijos) está preparando la fiesta del Día de los Muertos. La madre lo organiza todo y da órdenes a su familia. Cada uno está haciendo otras cosas y no han escuchado lo que ha dicho la madre. Ella tiene que repetir las órdenes. Reconoce la forma verbal y el modo de la frase subordinada y sigue cambiando las órdenes de la madre según el modelo.

24 veinticuatro

Paso 3 – América Latina: un continente y muchas culturas .... **Etapa 1**

Modelo:
Efraín: *Perdona, Manuela, no te he escuchado. ¿Qué has dicho?*
Madre: *Te he dicho que pongas la mesita para el altar en el salón.*

a) Efraín, ¡pon la mesita para el altar en el salón!
b) Juan, ¡busca las fotos de los abuelitos!
c) Rafaela, ¡trae las flores del jardín!
d) Malena, ¡haz un pastel[1] para la abuelita!
e) Rodolfo, ¡compra el vino favorito del abuelito!
f) Vanesa, ¡escribe una carta a tus abuelitos!

E4 Me pidió que preparara la fiesta.
Al próximo día, una de las hijas, Vanesa, se encuentra con una amiga suya y le cuenta todas las órdenes que dio su madre:

1. ¿Qué tiempo de verbo usó Vanesa en la frase principal para contarle a su amiga qué órdenes dio su madre el día anterior? Completa la regla y después compara con tu gramática. ➔ **G** 1.5
Las órdenes (imperativo) en el estilo indirecto, cuando el verbo de la frase principal está en ●●●, se dan usando el imperfecto del subjuntivo.

2. Mira bien los siguientes ejemplos y después encuentra una regla para aprender la forma del imperfecto de subjuntivo.

> Mamá ayer estuvo todo el día dando órdenes. A papá le **dijo** que *pusiera* la mesita para el altar en nuestro salón, a Juan le **pidió** que *buscara* las fotos de los abuelitos, a Rafaela le **dijo** que *trajera* las flores del jardín, a Malena le **ordenó** que *hiciera* el pastel favorito de nuestra abuelita, a Rodolfo le **pidió** que *comprara* el vino favorito del abuelo y a mí me **pidió** que *escribiera* una carta a mis abuelitos.

infinitivo	indefinido (ellos)	imperfecto de subjuntivo
buscar	buscar-on	buscar-a; buscar-as; …
beber	bebier-on	bebier-a; bebier-as; …
hacer	hicier-on	hicier-a; hicier-as; …

Existe otra forma del imperfecto de subjuntivo: no termina en –ra, –ras, etc., sino en –se, –ses, –se, –semos, –seis, –sen. Las dos formas se usan por igual: buscara o buscase; bebiera o bebiese; escribiera o escribiese; hiciera o hiciese; pusiera o pusiese.

[1] el pastel *der Kuchen*

Etapa 1

3. Ahora completa el siguiente esquema en tu cuaderno. → **G** 1.5

el imperfecto de subjuntivo

charlar	comer	escribir	poner	estar
charl - ara	com - ●●●	escrib - ●●●	pus - ●●●	estuv - ●●●
charl - ●●●	com - ●●●	escrib - ●●●	pus - ieras	estuv - ●●●
charl - ●●●	com - ●●●	escrib - ●●●	pus - ●●●	estuv - ●●●
charl - áramos	com - iéramos	escrib - ●●●	pus - ●●●	estuv - ●●●
charl - ●●●	com - ierais	escrib - ●●●	pus - ●●●	estuv - ierais
charl - ●●●	com - ●●●	escrib - ieran	pus - ●●●	estuv - ●●●

E5 Más órdenes

Piensa en ocho órdenes que a veces te dan tu madre o tu padre y haz una lista. Después, escríbelas en estilo indirecto, utilizando primero el pretérito perfecto y después el indefinido en la frase principal.

Modelo: *¡Haz la cama!* → *Mi madre me **ha dicho** que <u>haga</u> la cama.*
*Mi madre me **dijo** que <u>hiciera</u> la cama.*

E6 Vacaciones en Guatemala

Vas a pasar unos días en Guatemala. Antes, unos amigos guatemaltecos te dan unos consejos:

a) Haz una excursión al Parque Nacional Lachuá.
b) Ponte zapatos cómodos[1] porque hay que caminar mucho.
c) Lleva mucha agua porque allí hace bastante calor.
d) Si el tiempo está bueno, sube al mirador[2].
e) Visita el Museo de Arte Colonial, en Sacatepéquez, a solo 45 kilómetros de la capital.
f) Come tamales[3], son muy ricos.
g) Si tienes tiempo, ve al Lago de Atitlán, es uno de los diez lagos más hermosos del mundo.

ruinas del Monasterio de la Antigua Merced, en Sacatepéquez

h) Toma una lancha[4] para ir de un pueblo al otro.
i) Busca una excursión para ir a Panajachel, una ciudad muy antigua que está cerca del lago.
j) No salgas solo/-a por la noche.
k) No lleves mucho dinero contigo.

---

1 cómodo/-a bequem, **2 el mirador** der Aussichtspunkt, **3 el tamal** die Maispastete, **4 la lancha** das Boot

Paso 3 – América Latina: un continente y muchas culturas **Etapa 1**

1. Ahora estás en Guatemala y piensas en los consejos de tus amigos. Escribe las frases en el estilo indirecto.

   Modelo: *Mis amigos me dijeron que hiciera una excursión al Parque Nacional Lachuá.*

2. En parejas. Cada uno está en uno de los lugares que muestran las dos imágenes. Haced un diálogo por teléfono.

3. Investiga sobre estos cuatro lugares y decide cuál te interesa más. Prepara una breve ponencia y preséntala a tu clase.

Lago de Atitlán

E7 Repaso: El teléfono roto[1]

Formad grupos de 6 personas. La primera persona piensa en una frase, la escribe en su cuaderno y la dice al oído[2] de la segunda persona, solo una vez, ¡no se puede repetir! Esta tiene que continuar de la siguiente manera: *Él/Ella me ha dicho que…* La última persona del grupo tiene que decir la frase que entendió en voz alta a todo el grupo. ¿Es la misma frase que pensó la primera persona? Así seguid varias veces, pero siempre con diferentes tiempos verbales.

E8 ¡Cómo me gusta dar órdenes!

1. Ayer tu hermano/-a mayor tuvo un mal día y te dio muchas órdenes. ¡Uf! Hoy, tú vas a contar a la clase todo lo que él / ella te ordenó.

   Modelo: *Me pidió / dijo / ordenó que ordenara la habitación.*

2. Ahora escribe las órdenes de tu hermano/-a en estilo directo.

   Modelo: *¡Ordena la habitación!*

E9 ¿Otros países, otras costumbres?

1. Para encontrar las similitudes y diferencias de celebrar el Día de los Muertos en los diferentes países latinoamericanos, formad grupos de 6 personas. Cada persona del grupo debe elegir un texto **(A – F)** de las páginas siguientes. Puede elegir un texto cualquiera: depende[3] de su nivel[4] de español, de su "velocidad"[5] de leer, de su capacidad de vocabulario, …

2. Cada uno lo lee con la ayuda de los otros compañeros que han elegido el mismo texto (así formáis un nuevo grupo de trabajo – los expertos[6]). Usad el diccionario bilingüe.

3. Después volved al grupo donde estabais al principio y explicad el texto a vuestros compañeros.

→

---

1 el teléfono roto Stille Post, **2** decir al oído ins Ohr flüstern, **3** depender de abhängig sein von,
4 el nivel der Kenntnisstand, **5** la velocidad die Geschwindigkeit, **6** el/la experto/-a der / die Experte/-in

Etapa 1

A México: fiesta tradicional

Mientras que en los pueblos el Día de los Muertos se celebra según la tradición, en las ciudades lo hacen con un toque de modernidad.

Por lo general el momento principal es cuando la gente va en la noche al camposanto y adorna las tumbas, principalmente usando una flor naranja llamada xempazuchitl.

En las casas se hace un altar en honor a los parientes difuntos, en el que se colocan fotos de ellos, alimentos y bebidas para que el difunto en la noche venga a recordar esos gustos de su vida mundana.

La fiesta en México tiene toda una serie de elementos del folklore que únicamente se ven en esta época del año. Uno de ellos es el pan dulce llamado "pan de muerto", hecho con levadura, que todos degustan en la cena.

También son muy tradicionales los cráneos hechos de azúcar, que se regalan a las amistades, con su nombre escrito en la frente. Los comerciantes han sabido aprovechar esta fiesta y quizás gracias a ellos es que en la actualidad las ciudades también festejan este evento tradicional. Los lugares más tradicionales para esta celebración son Pátzcuaro y Oaxaca.

B Guatemala: una fiesta con flores

En Guatemala se tiene la creencia de que las ánimas salen de los cementerios y aparecen en algunos lugares. Muchos dejan los altares caseros con un vaso de agua, una veladora y una fotografía del difunto. Desde días antes de la festividad, muchos decoran las tumbas o las limpian. Algo muy típico en Guatemala es la flor de muerto, de color amarillo, que solo florece en esta época, además del ciprés, utilizados para la decoración de las casas y lugares de reunión donde las celebraciones privadas entre familiares y amigos incluyen un gran banquete. En esta fiesta también aparecen algunas revelaciones y son muchos los creyentes que aseguran tener visiones de los difuntos u oír cosas extrañas que señalan su presencia.

C Ecuador: un verdadero banquete

El Día de los Muertos en Ecuador es una verdadera fiesta. Las familias se reúnen alrededor de una comida tradicional: guaguas de pan (panes con forma de niños), acompañados con la colada morada, una bebida hecha con maíz violeta, moras y otras frutas. Algunas comunidades indígenas todavía celebran un antiguo rito, el encuentro con el difunto durante una comida sobre su tumba. Según la creencia, el muerto vuelve cada año, entonces hay que prepararle sus platos preferidos. Los vivos esperan que el invitado haya terminado de comer, antes de servirse. Muchas veces, solo les quedan los restos…

En algunas regiones se le traen además las armas y los objetos que le eran valiosos, o se le invita también a jugar al Juego del Piruruy (un juego de dados). Según la suerte que tire, se pueden conocer sus necesidades o sus reproches. Y gracias a este dado tallado en un hueso de llama, se pueden también resolver los desacuerdos.

Paso 3 – América Latina: un continente y muchas culturas **Etapa 1**

D Venezuela: de visita al cementerio

En Venezuela la procesión va por dentro. Un poco olvidada la tradición del Día de los Muertos, los venezolanos se toman esta fecha para rendir honor a sus muertos y llevarles flores al cementerio. No hay ritos o fiestas importantes, sino un tiempo para recordar a los que se han ido en la privacidad del hogar. También se aprovecha este día para limpiar y adornar las tumbas.

El Salvador: raíces de tradición

En El Salvador el Día de los Muertos se celebra el 2 de noviembre. Aunque en menor escala que las grandes fiestas de otros países, los salvadoreños siguen la tradición de sus raíces y recuerdan a los difuntos en este día, pero más que recordar, es un día en el que se celebra la vida de los que siguen aquí.

E Nicaragua: durmiendo con los muertos

Los nicaragüenses se toman muy en serio esta fecha y van mucho más allá de cualquier ofrenda u homenaje que alguien puede hacer. El Día de los Muertos en Nicaragua se festeja en el cementerio y por la noche, algo que podría parecer terrorífico y que muy pocas personas en el mundo querrían hacer. Sin embargo los nicaragüenses eligen esta forma para honrar a sus difuntos: pasan una noche con ellos. Sí, es la ocasión en que los nicaragüenses van al panteón por la noche y duermen al lado de las tumbas de sus familiares.

Honduras, Costa Rica y Colombia: la fiesta religiosa

Es en Honduras, Costa Rica y Colombia donde los creyentes asisten a los cementerios para llevar romerías de amor, es decir, ofrendas en símbolo de agradecimiento a los favores concedidos por los santos a sus seres queridos. Es por eso que en esos tres países el pueblo llega el 1 de noviembre a los cementerios con coronas y palmas para adornar las tumbas y rendir homenaje a los que se fueron. También concurren a la iglesia para rezar por los difuntos y pedir por la salud y felicidad de los vivos.

F Perú: agasajando a los muertos

En las zonas rurales los peruanos creen fielmente que las almas de los muertos regresan para disfrutar de los altares que se preparan en las casas con objetos que reflejan algún aspecto de la vida de la persona fallecida. En los altares dedicados al difunto se ubican su foto, velas y flores que llevarán al cementerio al día siguiente. Las ofrendas para el fallecido incluyen comidas que el difunto disfrutaba cuando estaba con vida o alguna cosa con importancia para él. La costumbre es dejar las ofrendas durante toda la noche, para que el difunto pueda tener tiempo de disfrutarlas. Al día siguiente, se reza la comida o bebida que se puso para el muerto y una vez que se ha hecho la oración todos pueden disfrutar del almuerzo especial. El momento más emotivo se da en el cementerio, donde los familiares y amigos del difunto visitan su tumba y dejan flores en honor a su memoria.

En las zonas urbanas de Perú, el día de los Muertos también se celebra, pero un poco diferente y en lugar de poner las ofrendas para velarlas toda la noche, la gente simplemente las pone el 2 de noviembre. Esta fecha se ve con alegría y la celebración muestra esa felicidad en la que familiares y amigos se reúnen en la casa del fallecido para recordarlo.

"El Día de Muertos en América Latina."
En: *El Periódico de México,*
www.elperiodicodemexico.com, 03.11.2006

Etapa 1

E 10 Un e-mail para …
Imagínate que has pasado un mes en casa de una familia de alguno de los países de América Latina del E9 y que estuviste allí cuando celebraban el Día de los Muertos. Escribe un e-mail a un/-a amigo/-a español/-a para contarle tus experiencias. ¿Qué te pareció esa forma de celebrarlo? ¿Te gustó o no?

E 11 Caras de Latinoamérica
1. En este paso has conocido una tradición que se encuentra en la mayoría de los países latinoamericanos. Sin embargo, recuerda que Daniel en la entrevista del paso 1 dijo que la diferencia más importante entre los habitantes de los países de Latinoamérica era la mentalidad[1]. ¿Cuáles podrían ser las razones para las diferencias de mentalidad? Para empezar, observa estas fotos y describe a las tres personas que ves.

2. En parejas, comparad a estas personas. ¿Qué diferencias veis entre ellas? ¿En qué región de Latinoamérica y bajo qué condiciones creéis que vive cada una?

3. Elige a uno y escribe un texto en primera persona sobre un día normal en su vida. Antes toma notas: ¿Cuáles serán los planes, los problemas y los deseos[2] para el futuro de esa persona?

4. Ahora escucha lo que cuenta Violeta y resúmelo en tres oraciones.

5. Cuenta lo que opina Violeta sobre su país.

6. Analiza si Violeta está contenta con su vida y qué planes tiene para su futuro.

(facultativo)
7. Caracteriza a Violeta.

E 12 En Alemania también hay fiestas.
1. ¿Hay fiestas en Alemania que podrían ser interesantes para gente de otro continente? Habla con tu compañero/-a.

2. Escribe un pequeño texto y presenta una fiesta que a ti te guste a un/-a amigo/-a que solo habla español.

---

1 la mentalidad die Mentalität, **2** el deseo der Wunsch

Paso 4 Las dos caras de América Latina

E1 Carteles

1. Mira los siguientes carteles y describe uno. ¿Qué imágenes o fotos hay? ¿Cómo y dónde están puestas? ¿Por qué? ¿Cómo son los colores? ¿Cuál es la intención del diseñador? ¿Qué se quiere decir con los textos?

2. Explícale a alguien que no habla castellano de qué tratan los carteles.

3. Después de mirar estos carteles, ¿cuáles son, según tu opinión, los retos de este continente? Habla con tu compañero/-a y apuntad por lo menos cinco aspectos.

4. Ahora elige uno de esos retos y diseña tu propio cartel. Piensa en las imágenes y en un texto convincente[1].

5. Presenta tu cartel a tus compañeros y explica tus ideas.

---
[1] convincente überzeugend

Etapa 1

 ## Una noticia

MATAN A BALAZOS[1] A DOS HOMBRES DURANTE UNA PELEA CALLEJERA

1 de noviembre de 2010, 07:43 PM

Buenos Aires, 1 de noviembre (Télam). Un remisero[2] y un joven murieron hoy al quedar en medio de una pelea callejera, en Lomas de Zamora, y por el crimen la policía detuvo a tres sospechosos, informaron fuentes policiales[3].

El hecho ocurrió esta madrugada[4], en la esquina de Olimpo y San Juan, en la localidad[5] de Ingeniero Budge, [...] donde se enfrentaron[6] dos grupos integrados[7] cada uno por entre tres y cuatro hombres de la zona.

Fuentes policiales informaron a Télam que, al parecer[8], estos hombres se encontraban alcoholizados[9] y que en medio de la pelea uno [...] sacó un arma de fuego[10] y comenzó a disparar[11].

A raíz de la agresión[12], un remisero y un pasajero[13] que se encontraban a pocos metros del lugar de la pelea, en la puerta de una agencia de remises[14], resultaron[15] heridos de bala, dijeron los informantes[16].

Después del ataque, se llevó a las víctimas identificadas por la policía como el remisero Salvador Sánchez (52) y el pasajero de nacionalidad boliviana, Henry Cabrera (23), a los hospitales Santamarina, de Monte Grande, y Alende, en Ingeniero Budge, respectivamente[17], donde se constató[18] la muerte de ambos como consecuencia de los balazos.

Los policías de la Jefatura Distrital[19] Lomas de Zamora, alertados[20] del hecho, montaron[21] un operativo de rastrillaje[22] y poco después detuvieron a tres sospechosos, de 19, 23 y 36 años, todos de nacionalidad paraguaya. [...]

Los sospechosos quedaron a disposición[23] del personal[24] de la Unidad Funcional de Instrucción 2 del Departamento Lomas de Zamora.

"Matan a balazos a dos hombres durante una pelea callejera."
En: *Diario de Cuyo, Policiales*, www.diariodecuyo.com.ar, 01.11.2010

1 a balazos mit Schüssen
2 el remisero der Taxifahrer
3 policial Polizei-
4 la madrugada das Morgengrauen
5 la localidad die Ortschaft
6 enfrentarse aufeinandertreffen
7 integrado/-a por bestehend aus
8 al parecer anscheinend
9 alcoholizado/-a betrunken
10 de fuego Feuer-
11 disparar schießen
12 la agresión die Gewalttat
13 el pasajero der Fahrgast
14 la agencia de remises das Taxiunternehmen
15 resultar resultieren
16 el/la informante der/die Informant/-in
17 respectivamente jeweils
18 constatar feststellen
19 la jefatura distrital das Polizeipräsidium
20 alertar alarmieren
21 montar aufziehen
22 el operativo de rastrillaje die Fahndung
23 la disposición die Verfügung
24 el personal das Personal

E2 Trabajo de intérprete

Un amigo tuyo que no habla español quiere viajar a Argentina y te pregunta qué dice esta noticia. Busca las ideas principales y cuéntaselo.

Paso 4 – Las dos caras de América Latina **Etapa 1**

E3 Sobre el texto ...
Decide si las frases siguientes son correctas o falsas o corrígelas si es necesario.

	c	f
a) El artículo habla de un hecho que ocurrió en Argentina.	•	•
b) Habla de una pelea callejera entre dos grupos.	•	•
c) Las personas de la pelea habían tomado drogas[1].	•	•
d) Todos tenían armas.	•	•
e) Las víctimas de la pelea, un remisero argentino y un boliviano, querían ayudar a uno de los grupos.	•	•
f) Los sospechosos del ataque se fueron rápidamente y la policía no pudo detenerlos.	•	•

E4 La violencia en Latinoamérica
1. Observa la tabla y coméntala. ¿Qué te llama la atención?
2. Discutid en clase cuáles pueden ser las causas y las consecuencias de la violencia en Latinoamérica. Preparad un gráfico en la pizarra con los resultados.

E5 Un juego de roles
En parejas. Imaginad un diálogo entre uno de vosotros y el niño pobre de la foto. ¿Qué le preguntaríais? ¿Qué creéis que os contestaría? Interpretad vuestro diálogo en clase.

los 20 países con más asesinatos por cada 100.000 habitantes (2003 – 2008)

[1] la droga die Droge

Etapa 1

E6 Titulares

En grupos. ¿Qué pensáis cuando leéis estos titulares? Usad frases para practicar el imperfecto del subjuntivo.

- Sería una vergüenza que ...
- Sería necesario que ...
- No sabía que ...
- Preferiría que ...

LA ESPERANZA DE VIDA EN LAS ZONAS ANDINAS DE BOLIVIA ES DE 51 AÑOS

Los cafetaleros colombianos tienen que sembrar coca para poder sobrevivir

La Unión Europea ayudará a América Latina con **251.241 millones de euros** para proyectos para lograr la paz, la estabilidad, el crecimiento, un ambiente más limpio y una mejor educación

OIT¹ DICE QUE LAS MUJERES GANAN MENOS Y RECIBEN TRATO DESIGUAL EN AMÉRICA LATINA

Teherán dedicará 4.500 millones de dólares a consolidar su influencia en América Latina

La mortalidad de las mujeres en el momento del parto en América Latina es 10 veces mayor que las registradas en Estados Unidos y Canadá

E7 Comentarios

Todos los años hay congresos² sobre la situación de Latinoamérica, sobre los problemas que tiene y sobre posibles soluciones. Completa los comentarios de algunos participantes del congreso con el verbo en el tiempo y el modo correctos.

a) En el congreso, las mujeres indígenas pidieron que todos ●●● *(tener)* los mismos derechos.
b) Me parece necesario que en Latinoamérica se ●●● *(cuidar)* más el medio ambiente.
c) Es necesario que los profesores ●●● *(hablar)* con los jóvenes del tema del medio ambiente.
d) Me alegré mucho de que ●●● *(dar, ellos)* una conferencia sobre la discriminación.
e) Creo que todos ●●● *(deber)* luchar contra la discriminación.
f) Yo no sabía que en Latinoamérica ●●● *(haber)* tantas lenguas indígenas diferentes.
g) En el congreso nos recomendaron que ●●● *(leer)* el programa antes de decidir adónde ir.
h) Antes nos habían pedido que ●●● *(investigar, nosotros)* sobre diferentes culturas indígenas.

---

1 la OIT la Organización Internacional del Trabajo, **2 el congreso** der Kongress

Paso 4 – Las dos caras de América Latina **Etapa 1**

E8 Los problemas de América Latina

1. Haz un mapa mental sobre los problemas que hay en América Latina. Piensa en problemas sociales, en la economía, en la naturaleza, … Puedes utilizar un diccionario bilingüe.

2. Presenta tus ideas a tus compañeros de clase usando el mapa mental que has preparado.

E9 Un proyecto

1. En grupos, elegid una foto y buscad información sobre ese lugar.

2. Preparad una presentación inluyendo[1] también aspectos necesarios para una visita turística[2] (cómo llegar, precios, …).

3. Cada uno se imagina que se encuentra allí y escribe una postal a sus compañeros de clase sobre lo que hizo y algo que le pasó.

4. Corregid los textos dentro del grupo para mejorarlos. → 5

5. Pasad el mejor texto de cada grupo a otro sin decir de qué lugar se habla. El otro grupo tendrá que adivinarlo.

6. Cada grupo transforma el texto que recibió al estilo indirecto.

Colonia del Sacramento, Uruguay

Isla Incahuasi en el salar de Uyuni, en Bolivia

Isla de los uros en el lago Titicaca, Perú

Parque Nacional Volcán Poás, en Costa Rica

1 incluir einbeziehen, **2** turístico/-a touristisch

Etapa 2
¿Conquista o invasión?

E1 Caras de Latinoamérica de hoy en día

1. Describe al chico de la foto de la derecha.

2. Ahora lee el siguiente texto:

> Hola, me llamo Renato, tengo 32 años y soy argentino. Soy alto, mido un metro ochenta centímetros, soy delgado, peso 80 kilos, tengo el pelo oscuro y un poco rizado y los ojos marrones. Me gusta mucho la fotografía y escuchar música. De pequeño era un niño muy delgado; no he cambiado mucho ni en mi aspecto físico ni en mi personalidad. Soy bastante introvertido y tengo aspecto más bien serio, pero me encantan las bromas y me río mucho con mis amigos. Soy bastante desordenado y muy cabezota, casi nunca sigo consejos de nadie, pero eso sí, los escucho poniendo cara de interés.

3. ¿Tu descripción es parecida de la que Renato hace de sí mismo?

4. Mira las otras seis fotos de estas páginas y habla con tu compañero/-a. ¿Los chicos de las fotos te parecen latinoamericanos? ¿Son como te los imaginabas? ¿Son diferentes de los europeos? ¿Por qué?

Etapa 2

A
- Es muy simpático.
- Trabaja en el campo con su familia.
- Sabe montar muy bien a caballo.
- Le gusta mucho comer los platos típicos de su país.
- Es moreno.
- Habla mejor el quechua que el castellano.
- Nació en Santa Cruz de la Sierra.

B
- Tiene el pelo moreno y lo lleva recogido.
- Le gustaría estudiar arquitectura, pero de momento no puede porque tiene una niña pequeña.
- Le encanta bailar y jugar con su hija.
- Trabaja en una panadería.
- Vive en Rosario, una ciudad a 300 kilómetros de Buenos Aires.

C
- Es joven.
- Trabaja de recepcionista en un hotel.
- Es rubia.
- Habla español y guaraní.
- Lleva el pelo recogido.
- Nació en Asunción.

D
- Lleva el pelo corto.
- Es moreno y tiene ojos claros.
- Tiene diecinueve años.
- Es muy guapo.
- Acaba de terminar el colegio y todavía no sabe qué va a estudiar.
- Trabaja en la tienda de su padre.
- Nació y vive en Punta del Este.

E
- Es estudiante de turismo.
- Mira de una manera muy intensa.
- Tiene pelo largo y oscuro.
- Habla de una manera muy parecida a la de la gente de las Islas Canarias.
- Trabaja en el hotel de su tío.
- En el colegio aprendió ruso.
- Vive en La Habana.

F
- Es muy joven.
- Es simpática, pero también es un poco tímida.
- Tiene ojos oscuros.
- Ayuda a su madre en el mercado.
- Lleva un vestido muy bonito.
- No puede ir al colegio todos los días, porque a veces hay mucho trabajo.
- Nació en un pueblo cerca de Quito.

5. ¿Qué prejuicios conoces sobre los habitantes de diferentes países? Habladlo en clase.

6. Mira otra vez las seis fotos. Después, lee la información que hay en las tarjetas. ¿Qué piensas, quién es quién? ¿Qué nacionalidad tiene cada uno?

E 2 Mi amigo, el diccionario
Busca en el diccionario monolingüe el significado de las palabras *indio, indígena, aborigen* y *nativo*. ¿Cuál te parece la más adecuada para referirte a los habitantes de América que encontraron Colón y sus hombres? Justifica tu respuesta. → 6

treinta y siete 37

Etapa 2

Paso 1 *El encuentro*

El sueño de Colón

El 3 de agosto de 1492, Cristóbal Colón salió del puerto de Palos de la Frontera con tres barcos: La Pinta, La Niña y la Santa María. Después de un viaje largo y duro, el 12 de octubre, a las 2 de la mañana, el marinero Rodrigo de Triana vio tierra.

Los marineros desembarcaron[1] en una isla y Colón tomó posesión[2] de ella en nombre de los Reyes de España, y la llamó San Salvador. Un grupo de indígenas los recibió con regalos: loros[3] de muy diferentes colores y telas[4]. Colón creía que había llegado a las Indias y por ello los llamó, equivocadamente, "indios".

Los indígenas le mostraron por signos que el oro que ellos tenían venía de la isla siguiente. Durante dos semanas navegaron[5] de isla en isla escuchando la misma respuesta: "La isla siguiente".

Cuando Colón llegó a Cuba, estaba convencido de que estaba en la China.

De vuelta en España, los Reyes Católicos quisieron que les mostrara a los indios y Colón los presentó casi desnudos. Luego les enseñó el oro. Los reyes se mostraron contentos por su éxito y se interesaron por las posibilidades agrícolas[6] de esas tierras. Para ellos también era muy importante que algunos sacerdotes[7] fueran al Nuevo Mundo para llevar la religión católica a la población y así lo hicieron en el segundo viaje. Poco a poco, los nativos entendieron que las relaciones no eran buenas, especialmente cuando Colón mandó a 500 indígenas como regalo para los Reyes.

Proyecto Salón Hogar: "El Descubrimiento de América."
www.proyectosalonhogar.com (adaptado)

1 desembarcar an Land gehen
2 tomar posesión de in Besitz nehmen
3 el loro der Papagei
4 la tela der Stoff
5 navegar segeln
6 agrícola landwirtschaftlich
7 el sacerdote der Geistliche

E1 Sobre el texto ...

1. ¿Puedes explicar el título?
2. Describe la llegada de los españoles a las nuevas tierras.
3. Resume la cronología[1] de la conquista del nuevo continente según el texto.
4. El 12 de octubre, en España y los países hispanoamericanos se celebra el Día de la Hispanidad. Opina si crees que este día significa lo mismo para un español que para un latinoamericano.

el barco Santa María, en el museo de La Rábida en Palos de la Frontera

---

1 la cronología die Chronologie

Paso 1 – El encuentro .... Etapa **2**

E2 El descubrimiento con humor[1]

1. En parejas, mirad la viñeta a la derecha y contestad las preguntas.

   a) ¿Qué creéis que está pensando cada uno de estos dos personajes?

   b) ¿Creéis que esta viñeta muestra algo de lo que pasó cuando se encontraron por primera vez el europeo con el indígena?

2. Ahora mirad la viñeta abajo. ¿Por qué creéis que los indígenas se ríen de Colón y sus hombres?

E3 Nos recibieron como si fuéramos sus mejores amigos.

1. Después de pisar tierra en América por primera vez, Colón le cuenta todo a Rodrigo de Triana, que tuvo que quedarse a cuidar el barco. Completa lo que dice Colón y compara tus ideas con las de tu compañero/-a. → **G** 2.1

   a) Cuando llegamos a la playa, los indios salieron del bosque como si ●●●
   b) Nos miraron como si ●●●
   c) Nos hablaron como si ●●●
   d) Nosotros hicimos como si ●●●
   e) Los indios estaban casi desnudos como si ●●●
   f) Nos dieron regalos e incluso oro como si ●●●
   g) Cuando nos trajeron comida nosotros comimos como si ●●●

2. Escribe tres frases más y pásaselas a tu compañero/-a. Después controlad si lo habéis hecho bien.

> **¡Ojo!**
> La expresión "como si" (als ob) siempre se usa con imperfecto de subjuntivo.
>
> **Modelo:**
> Me habla como si me conociera.

---
1 el humor der Humor

Etapa 2

E4 Como si no pasara nada

1. Une las frases correspondientes.

   a) Somos muy amigas y sé cómo se está sintiendo.
   b) ¡Qué contento está Pepe!
   c) ¡Tiene mi mp3 y no me lo devuelve!
   d) Se han comprado otro coche nuevo.
   e) ¡No quiero verte más!

   A) ¡Como si se hubiera ganado la lotería[1]!
   B) Desde ahora haz como si no me conocieras, ¿vale?
   C) ¡La conozco como si fuera mi hermana!
   D) ¡Hace como si no pasara nada!
   E) ¡Viven como si fueran millonarios[2]!

2. En parejas. Imaginad un contexto para cada frase y escribid pequeños diálogos. Representad algunos diálogos en clase.

E5 Hace como si lo supiera todo.

Mira los dibujos y escribe una frase con *como si* para cada uno. Las siguientes palabras pueden ayudarte.

> tener hambre – tener miedo – correr – vestirse – tener sueño – estar triste

E6 Una frase bonita

1. Completa la siguiente frase de autor desconocido con los verbos en el tiempo correcto.

   Baila como si nadie te ●●● (estar) viendo,
   canta como si nadie te ●●● (oír),
   trabaja como si no ●●● (necesitar) el dinero,
   y vive como si hoy ●●● (ser) tu último día.

2. Explícasela a un/-a amigo/-a alemán/-ana.

E7 Un cronista[3]

1. Mira la foto de Fray Bartolomé en la página 41 y descríbela: ¿qué se ve en la foto? ¿Qué está haciendo el hombre? ¿Cómo está vestido?

2. En parejas, formulad hipótesis sobre qué tipo de persona es, a qué se dedica y en qué época vive.

3. Imaginad el argumento de un libro que tenga esta imagen en su tapa[4]. Escribid un resumen del mismo.

---

1 la lotería die Lotterie, 2 el / la millonario/-a der / die Millionär/-in, 3 el cronista der Chronist, 4 la tapa *hier:* der Umschlag

Paso 1 – El encuentro **Etapa 2**

Una crónica[1]

Fray Bartolomé de Las Casas, un obispo[2] español que fue al Nuevo Mundo con la idea de llevar la religión católica a sus habitantes, contó el descubrimiento, exploración[3] y colonización[4] de América en su obra "Brevísima relación de la destrucción de las Indias". Lee esta parte en la que Fray Bartolomé describe a los indígenas.

Se descubrieron las Indias en el año mil cuatrocientos noventa y dos. Al año siguiente se poblaron con cristianos españoles, o sea que hace cuarenta y nueve años que fueron para allá muchos españoles. La primera tierra donde llegaron para poblarla fue "la grande y felicísima isla Española, que tiene seiscientas leguas en torno". [...]
Dios creó a todas estas infinitas y diversas gentes como las más simples, sin maldad ni dobleces, muy obedientes y fieles a sus señores naturales y a los cristianos, a quienes sirven. Se trata de la gente más humilde, más paciente, más pacífica y tranquila del mundo. No tiene ningún atisbo de rencillas, ni de bullicio, ni de riñas, ni de querellas; no siente rencor, ni odio, ni deseo de venganza. Asimismo, es la gente más delicada, flaca y de complexión débil, que no puede soportar ciertos trabajos, y que muere de cualquier enfermedad con mucha facilidad. Ni los hijos de príncipe, ni los de los señores nuestros, criados entre regalos y con una vida delicada, son tan delicados como ellos, aunque ellos sean gente descendiente de labradores.

Fray Bartolomé de Las Casas: *Brevísima relación de la destrucción de las Indias*, 1542

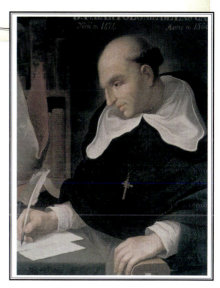

Fray Bartolomé de Las Casas

E8 Sobre el texto …

1. Contesta estas preguntas sobre el texto:

   a) ¿Cuándo escribió Fray Bartolomé este texto?
   b) ¿A qué lugar llegaron los primeros pobladores[5]?
   c) ¿Cómo describe Fray Bartolomé la personalidad de los habitantes del nuevo territorio?
   d) ¿Cuál era su condición física?
   e) ¿Qué comparación hace entre los españoles y los indígenas?
   f) ¿Qué palabras te muestran que es un texto muy antiguo?

2. ¿Para quién escribe este texto Fray Bartolomé? Según tu opinión, ¿qué intención muestra con este texto?

3. ¿Sabes si todavía hay misioneros[6] en el mundo? ¿Qué te parece? Justifica tu respuesta. Discutid en clase.

---

1 la crónica die Chronik, **2 el obispo** der Bischof, **3 la exploración** die Erkundung,
4 la colonización die Kolonisierung, **5 el poblador** der Siedler, **6 el misionero** der Missionar

Etapa 2

 4. La clase se divide en tres grupos. Cada grupo debe hacer un resumen del texto de setenta palabras. Al terminar, se pasan los nuevos textos a otro grupo y tienen que volver a reducirlo a la mitad, treinta y cinco palabras. Se pasan de nuevo y se reducen a diecisiete palabras. Para terminar, se leen y se comparan las versiones finales.
→ 📖 ❶

Los precolombinos – ¿quiénes eran?

En todo el continente de la América precolombina había cientos de culturas. Entre las altas culturas precolombinas que se encontraban en América Central y los Andes estaban las culturas azteca, maya, nazca, inca y mapuche. Todas ellas tenían muy buenos sistemas de organiza-
5 ción[1] política y social y habían desarrollado sus tradiciones artísticas[2] y sus religiones.
Los pueblos americanos descubrieron e inventaron elementos culturales importantísimos para la humanidad como el número cero, algunos sistemas de manipulación genética[3] que se usaron para el maíz y el
10 75 % de los alimentos actuales, sistemas de construcción antisísmicos[4], modernos sistemas de riego[5], nuevos sistemas de escritura, nuevos sistemas políticos y sociales, etc.
Otro de los elementos importantes de las culturas precolombinas fue la construcción de monumentos religiosos, siendo claros ejemplos las
15 zonas de Machu Picchu y Nazca, en los Andes Centrales, Teotihuacán en la ciudad de México, y Palenque, Tulum, Tikal y Chichén-Itzá en América Central.

"América precolombina." En: *http://es.wikipedia.org/* (adaptado)

1 la organización hier: die Ordnung
2 artístico/-a künstlerisch
3 la manipulación genética die Gentechnik
4 antisísmico/-a erdbebensicher
5 el riego die Bewässerung

E9 En otras palabras

1. Completa en tu cuaderno la siguiente información sobre el texto anterior.

> En la América precolombina no había solo una cultura sino ••• de ellas. Las más importantes fueron •••. Tenían muy buenos •••. Hicieron descubrimientos muy importantes para ••• como •••. Construyeron ••• que hoy se pueden ver en •••.

2. Explica cuál es para ti el descubrimiento más importante que hicieron los precolombinos. Justifica tu opinión.

Machu Picchu

Paso 1 – El encuentro....**Etapa 2**

3. Imagínate que trabajas en una agencia de viajes y usas las fotos de Machu Picchu y las Líneas de Nazca para promocionar[1] un viaje a Perú. Investiga los datos más importantes de esos dos lugares y escribe un texto bonito de solo cinco frases que dé ganas de viajar a Perú.

Líneas de Nazca: el cóndor

E 10 El presagio[2]

Aquí tienes un texto que cuenta un presagio que tuvieron los tlaxcaltecas, habitantes de Tlaxcala, uno de los Estados del México actual, poco antes de la llegada de los españoles a su tierra. Verás que algunas palabras faltan. Primero lee el texto para tener una idea general de lo que cuenta y después escribe las expresiones que faltan.

Un poco antes de 1. ••• de los españoles a la provincia de Tlaxcala hubo varias señales que indicaron que iba a pasar algo. La primera señal fue que cada 2. ••• se veía una claridad procedente de Oriente, tres horas antes de que 3. ••• saliese. Era una claridad blanca, que subía hasta el cielo. Como los tlaxcaltecas no sabían lo que era, les causaba gran espanto y admiración. También veían otra señal maravillosa: se levantaba un torbellino de polvo que parecía una manga por encima de la Sierra Matlalcueye, ahora llamada Sierra de Tlaxcalla, que subía a tanta altura, que parecía que llegaba al cielo. Esta señal se vio muchas veces durante más de 4. •••, por lo que causó mucha sorpresa, e incluso preocupación. Los tlaxcaltecas estaban convencidos que eran 5. ••• que habían bajado a 6. •••. Rumores de esta extraña novedad circularon enseguida por todo el territorio y así fue como se supo de la llegada de tan extraña y nueva 7. •••.

1. Pon la palabra correcta según las cifras 1 – 7.

   gente – la tierra – la llegada – los dioses – el sol – un año – mañana

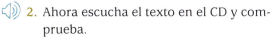

2. Ahora escucha el texto en el CD y comprueba.

3. Cuenta con tus palabras cómo eran las señales que veían los habitantes de Tlaxcala.

 4. ¿Cómo se sentían cuando veían esas señales? ¿Qué crees que pensaban? Habla con tu compañero/-a.

 (facultativo)

5. Investiga en Internet para conocer otros presagios sobre la llegada de los españoles. Elige uno y preséntalo en clase.

6. ¿Conoces otros presagios? Cuéntaselos a tus compañeros.

7. ¿Son importantes para ti los presagios?

---

1 promocionar bewerben, **2 el presagio** die Vorsehung

Etapa 2

E 11 Debate: Dos perspectivas

Imaginaos que sois los habitantes de Tlaxcala. Acaban de llegar unas personas muy extrañas y diferentes a las de vuestras tierras y vosotros creéis que son dioses. ¿Qué pensáis de estas personas? ¿Cómo os sentís? Por otro lado, los exploradores españoles están entrando en un territorio que no conocen. ¿Cómo creéis que se sienten? Vuestro profesor va a dividir la clase en dos grupos, el de los españoles y el de los indígenas. Preparad vuestro papel para comenzar un debate en el que explicaréis cómo os sentís y qué miedos e inseguridades tenéis. Estas preguntas pueden ayudaros a pensar sobre vuestros papeles.

Los españoles:
¿Qué esperabais encontrar?
¿Para qué habéis cruzado los mares?
¿Os está pareciendo fácil conquistar estas tierras?
¿Qué pensáis de la gente que habéis encontrado?
¿Qué os parecen las tierras, el paisaje y los animales que estáis descubriendo?

Los indígenas:
¿Qué os parecieron los españoles cuando los visteis por primera vez?
¿Para qué creéis que han venido?
¿Tenéis miedo de estas personas?
¿Creéis que estáis ante dioses con poderes sobrenaturales[1]?
¿Os gustaría que esta nueva gente se marchase y abandonase vuestras tierras?

E 12 Otras culturas

1. Tu hermano ve las viñetas abajo y te pregunta qué dicen y por qué es divertido. Explícaselo en alemán.
2. En grupos, buscad información sobre las culturas maya, azteca e inca y preparad una ponencia. Buscad también imágenes o fotos de los elementos culturales de esos pueblos precolombinos.

¡Gran Jefe, el lugar solo me alcanzó hasta 2012!

¡Ha! Deja eso así, asustará a unos cuantos en el futuro.

---
1 sobrenatural überirdisch

Paso 1 - El encuentro .... **Etapa 2**

E 13 Una canción: Cristóbal Colón

1. Completa la letra de la canción anotando en tu cuaderno el significado de cada dibujo.

Parece ser que no se sabe muy bien
dónde nació el genovés,
lo del (1) se inventó después.
Salir, salió de la (2) de Moguer,
5 tenía como misión
atajar pa' ir a buscar el (3).
Tres eran, tres carabelas a través,
cruzar el (4) y después
componer la historia del revés.

10 Algo fue mal al ir a calcular lo grande
    que era el (4)
Y la (5) no apareció,
y la desesperación hizo temblar la
    tripulación.
¡Cuánto dolor y cuánta decepción habría
    en tu corazón!
Cuando, de pronto: ¡(2) a babor!
15 Entre Asia y el Peñón
un Nuevo Mundo se descubrió.

—En nombre de don Fernando, doña
    Isabel, aquí ponemos los (6) ...
Pa' la barca con el (7), pues.

Tres eran,
20 tres carabelas a través
Cruzar el (4) y después:
Nos volvemos a (8) otra vez.

Algo fue mal al ir a calcular
lo grande que era el (4)
25 Y la (5) no apareció,
y la desesperación hizo temblar
    la tripulación.
¡Cuánto dolor y cuánta decepción habría
    en tu corazón!
Cuando, de pronto: ¡(2) a babor!
Entre Asia y el Peñón
30 un Nuevo Mundo se descubrió.

¡(2) a babor!
Entre Asia y el Peñón
un Nuevo Mundo se descubrió.
Tres eran,
35 tres carabelas a través.

Mecano: "Cristóbal Colón" (inédito)

2. Escucha la canción y comprueba.

3. En la canción aparecen estas palabras. Relaciona cada una con su significado.

   a) buscar un camino más corto
   b) falta de esperanza
   c) grupo de personas que trabaja en un barco o en un avión
   d) lado izquierdo de un barco
   e) desilusión
   f) moverse todo el cuerpo por miedo o frío
   g) trabajo
   h) el contrario u otro lado de algo

   A) misión
   B) atajar
   C) revés
   D) desesperación
   E) temblar
   F) tripulación
   G) decepción
   H) a babor

cuarenta y cinco **45**

Etapa 2

4. En parejas, escribid un resumen del contenido de la canción. → 📖 ❶

5. Investiga en la Red sobre el grupo Mecano y después cuenta a la clase lo que has encontrado.

el grupo Mecano

E 14 Los Diez Mandamientos
Los españoles llevaron la religión católica a América y con ella los Diez Mandamientos. Exprésalos en estilo indirecto.

Modelo: *El primer mandamiento ordenaba que no se tuvieran dioses ajenos / que la gente no tuviera dioses ajenos*
El segundo mandamiento ordenaba que…

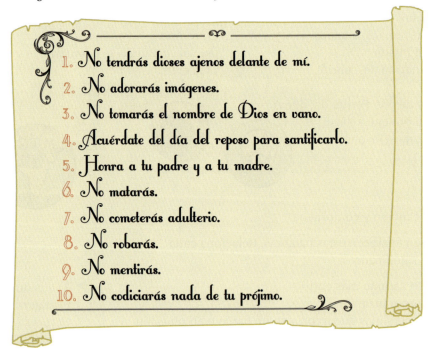

1. No tendrás dioses ajenos delante de mí.
2. No adorarás imágenes.
3. No tomarás el nombre de Dios en vano.
4. Acuérdate del día del reposo para santificarlo.
5. Honra a tu padre y a tu madre.
6. No matarás.
7. No cometerás adulterio.
8. No robarás.
9. No mentirás.
10. No codiciarás nada de tu prójimo.

E 15 Encuentro ficticio
Tú llegas a un planeta habitado por extraterrestres que, por casualidad, hablan también español. Inventad en grupos un diálogo con uno de ellos.

Paso 2 Influencias mutuas: patatas por azúcar

Alimentos de América

La conquista puso en contacto a culturas muy diferentes, y fueron muchos los ámbitos en los que unas influyeron en otras. Un buen ejemplo es la alimentación. La alimentación no fue siempre igual, muchos alimentos que en Europa hoy son muy comunes, hace muchos años no lo eran. ¿Por qué?

Cuando los europeos llegaron a América en el siglo XV se encontraron con muchos alimentos típicos de los pueblos americanos. ¿Cuáles eran esos alimentos?

Por ejemplo, el maíz[1] que es el cereal[2] que más se consume en todo el mundo. La calabaza[3], la patata, el calabacín[4]: todos estos alimentos y otros son originarios de América.

Lo mismo pasó con el tomate. Los colonos[5] lo llevaron a Europa en 1540 y la gente empezó a comerlo en ensaladas, en salsas[6], en sopas y también rellenos[7]. Las comidas cambiaron de color gracias al tomate y a los pimientos[8].

¿Y el cacao[9]? Con sus semillas[10] se hace el chocolate que le gusta tanto a todo el mundo. En el 1500 lo comenzaron a mezclar con azúcar, pero antes, lo comían con pimienta.

En resumen, en América los europeos encontraron muchas plantas desconocidas para ellos. Pudieron cultivarlas con éxito en Europa, como la patata, el tomate, el maíz, el pimiento, el girasol[11] o la calabaza. Otras se cultivaban en América y de allí se llevaban hasta Europa y otros lugares: así pasó con el cacao, el tabaco[12], el cacahuete[13] y la vainilla[14].

También en América se empezaron a consumir alimentos del Viejo Mundo, como el trigo[15], el café, las aceitunas[16], las uvas[17], el arroz, las naranjas y el azúcar.

De esta manera, fue posible que en diferentes partes del mundo la gente tuviera la oportunidad de comer de forma más variada y rica.

1 el maíz der Mais
2 el cereal das Getreide
3 la calabaza der Kürbis
4 el calabacín die Zucchini
5 el colono der Siedler
6 la salsa die Soße
7 el relleno die Füllung
8 el pimiento die Paprikaschote
9 el cacao der Kakao
10 la semilla der Samen
11 el girasol die Sonnenblume
12 el tabaco der Tabak
13 el cacahuete die Erdnuss
14 la vainilla die Vanille
15 el trigo der Weizen
16 la aceituna die Olive
17 la uva die Weintraube

diferentes tipos de maíz

E1 Y tú, ¿qué opinas?

1. Explica cuál fue una consecuencia muy importante del descubrimiento de América.
2. ¿Cómo crees que llevaban los nuevos alimentos de América a Europa?
3. Mira la foto. ¿Qué te llama la atención?
4. ¿Y tú, qué alimentos consumes? Responde a las siguientes preguntas:
   a) ¿Cómo comes tú el maíz?
   b) ¿Qué le pondrías a una sopa?
   c) ¿Cómo te gustan las patatas? ¿Las comes con carne, salchichas o pescado?
   d) ¿Cómo te gusta comer los tomates?
   e) ¿Ya has probado el chocolate con pimienta?

cuarenta y siete 47

Etapa 2

E2 Historia de la alimentación

Decide cuáles de estos alimentos son originarios de América y cuáles de Europa. Completa la tabla. Puedes usar el diccionario monolingüe.

tomates – patatas – carne – pollo – cacao – arroz – manzanas – pimientos – maíz – miel – piña – aguacate – uvas – calabaza – aceite – aceitunas – azúcar – naranjas – café – trigo – cacahuetes

	de América, desconocido en Europa hasta el siglo XV	de Europa, desconocido en América hasta el siglo XV
alimento	•••	•••

 ¿Qué comeríamos si la patata no existiera?

El primer país donde se cultivó la patata fue el Perú, hace 5000 años, cuando los incas descubrieron que esta planta resistía el frío de las montañas. Para los incas la patata era tan importante que tenían una diosa en forma de patata a la que adoraban¹ y llamaban Panamama.
5 Los primeros españoles que llegaron a América descubrieron esta planta "extraña" de la que se comía la raíz. Comer raíces era nuevo para ellos. En el siglo XVI, los españoles la llevaron a Europa, pero sin éxito: en Europa pensaban que causaba la lepra² y los católicos decían que era pecado³ comerla porque la Biblia no hablaba de ella. Por fin en
10 el siglo XVIII en un hospital de Sevilla se usó por primera vez. Después llegó a otros países. Antoine Parmentier, un botánico⁴ francés, le regaló al rey Luis XVI de Francia una planta de patatas y le dijo que allí estaba el secreto para quitar el hambre en el país. Para convencer al rey, Parmentier tuvo una idea genial; organizó un banquete⁵ con más de
15 20 platos de patatas: patatas fritas, ensalada de patatas, puré⁶, pastel⁷ de patatas, croquetas⁸…
¿Y en España? ¿Conoces este plato típico de patatas que ves en la foto? ¿Qué harían los españoles si no tuvieran la tortilla de patatas?

1 adorar verehren
2 la lepra die Lepra
3 el pecado die Sünde
4 el botánico der Botaniker
5 el banquete das Bankett
6 el puré der Püree
7 el pastel die Pastete
8 la croqueta die Krokette

E3 ¿Correcto o falso?

Decide: ¿correcto o falso? Corrige las afirmaciones falsas.

	c	f
a) Las primeras patatas se cultivaron en Perú hace 3000 años.	•	•
b) Los indios adoraban a una diosa en forma de patata.	•	•
c) La patata es una raíz que se come.	•	•
d) En Europa no tuvo éxito porque hacía demasiado frío para cultivarla.	•	•
e) En el siglo XVIII se usó para dar de comer a la gente en un hospital.	•	•
f) En el siglo XVIII Parmentier pensó que con la patata se podía quitar el hambre en Francia.	•	•
g) Parmentier ofreció un banquete con 20 tortillas de patatas.	•	•

Paso 2 – Influencias mutuas: patatas por azúcar **Etapa 2**

E4 Si lo supiera, te lo diría.

1. Traduce al alemán el título y la última frase del texto T2.

2. Completa la regla en tu cuaderno y después comprueba mirando la gramática. ➜ **G** 2.2.2

   > Las frases condicionales irreales en presente (Irrealis der Gegenwart), se forman así:
   >
   > Si + verbo en ●●● + verbo en ●●● .

   ¡Ojo!

   La oración condicional irreal en presente (Irrealis der Gegenwart):

   Si no **hubiera** patatas, no **existiría** la tortilla.

3. Elige la frase correcta: Las dos frases que has traducido hablan de:

   a) algo que puede pasar (son frases condicionales reales).
   b) algo que puede pasar, pero muy difícilmente (son frases condicionales improbables).
   c) algo que ya no puede pasar (son frases condicionales imposibles).

E5 Cada oveja con su pareja

1. Une las partes de cada frase.

   a) Si me gustaran más las verduras,
   b) Si no existiera el chocolate,
   c) Si aprendiera a cocinar tortilla,
   d) Si tuviera tomates,
   e) Si comprara menos caramelos,
   f) Si me propusieran traer una receta,
   g) Si mi profesora hiciera una tortilla,

   A) todos comeríamos tortilla.
   B) comería verduras todos los días.
   C) prepararía una tortilla en casa.
   D) comería menos caramelos.
   E) no echaría de menos el chocolate.
   F) usaría tomates para hacer una pizza.
   G) buscaría una receta en un libro de cocina.

2. Cambia los sustantivos por pronombres en la oración principal.

   Modelo: Si me gustaran más las verduras, comería verduras todos los días.
   → *Si me gustaran más las verduras, las comería todos los días.*

E6 Repaso: el imperfecto de subjuntivo

1. ¿Recuerdas cómo se forma el imperfecto de subjuntivo? ➜ **G** 1.5

   decir ➜ dijeron (pretérito indefinido)
   ➜ dijeran (subjuntivo imperfecto)

   Haz lo mismo con estos verbos y compara después con tu compañero/-a:

   > llegar – comer – convencer – consumir – estar – ser – ir – tener – hacer – poder – saber – traducir

2. Forma frases condicionales con imperfecto de subjuntivo con los verbos de 1.

   Modelo: *Si dijeras la verdad, tu madre no se enfadaría.*

Etapa 2

😊😊 **E7** Si trabajamos juntos, aprenderemos más.

Ahora vamos a hacer un repaso de las frases condicionales. Trabaja con tu compañero/-a y controlad vuestras respuestas. Escribe 5 frases condicionales, primero con presente de indicativo, después con imperfecto de subjuntivo. Usa la información de la tabla. → G 2.2

Modelo: *Si hay tormenta, el barco no saldrá al mar.*
Si hubiera tormenta, el barco no saldría al mar.

	Si ...	oración principal
a)	haber – tormenta	barco – no salir al mar
b)	tener – patatas en casa	preparar – tortilla
c)	no ser – muy tarde	chicos – ir a comer
d)	la profesora – proponer – preparar una tortilla	todos – hacerla – comerla
e)	no hacer – tanto calor en agosto	ir – Sevilla – probar – comidas típicas

😊😊 **E8** ¿Qué harías?

1. Trabaja con tu compañero/-a como en el modelo. Cambiad los roles para preguntar y contestar.

   Modelo: El precio de las patatas va a aumentar mucho.
   A: *¿Qué harías si aumentara mucho el precio de las patatas?*
   B: *Si aumentara mucho el precio de las patatas, comería más arroz.*

   - a partir de¹ mañana tienes que cocinar tú cada día
   - te ofrecen ir un año al colegio en España
   - te gusta un/-a chico/-a que habla solamente japonés
   - te invitan a una fiesta pero tienes que ir disfrazado/-a² de Cristóbal Colón
   - te proponen ir a Sudamérica en un barco
   - estás en una isla y no tienes comida
   - •••
   - •••

2. Pensad en dos situaciones más cada uno.

🔊 **E9** Para escuchar

Una española y tres latinoamericanos están organizando una fiesta. Escucha la conversación y escribe en tu cuaderno cómo llaman a los alimentos en los diferentes países. Hablan Carmen (española), Ernesto (colombiano), Karina (peruana) y Marcela (argentina).

---

1 a partir de von … an, 2 disfrazado/-a verkleidet

Paso 2 – Influencias mutuas: patatas por azúcar **Etapa 2**

E 10 En la tienda

Juego de roles. Vais a estar en la fiesta con los chicos del texto que acabáis de escuchar y tenéis que ir juntos a una tienda y hacer la compra. En grupos de tres. Preparad el diálogo en la tienda y representadlo. Pensad en una comida que queréis preparar para los latinoamericanos y en los ingredientes[1] que necesitáis.

E 11 Las influencias mutuas

1. La comida, por supuesto, es solo un ejemplo. ¿En qué otros ámbitos hubo influencias de las culturas indígenas en las culturas europeas? ¿Y en qué ámbitos hubo influencias de las culturas europeas en las culturas indígenas? Habla con tu compañero/-a y preparad juntos una lista.

¿Qué aportaron los europeos?	¿Qué aportaron los nativos americanos?
•••	•••

2. Presentad los resultados a la clase y comparadlos.

3. En grupos, discutid:

   a) ¿Cómo sería vuestra vida sin la conquista de América? ¿Qué cosas serían diferentes?
   b) ¿Cómo es el intercambio entre Europa y América Latina hoy en día?
   c) ¿Cómo creéis que será en el futuro?

E 12 Nuevas palabras

1. Después del descubrimiento de América, el castellano se enriqueció[2] con muchas palabras de origen indígena. Te damos algunos ejemplos; busca su significado en el diccionario bilingüe y clasifícalas en grupos. Escribe un nombre para cada grupo.

> canoa – sabana – caoba – maíz – batata – cacao – coyote –
> chocolate – hule – tomate – mate – zapallo – carpa –
> papa – pampa – ombú – quena – choclo – llama – vincha –
> vinchuca – puna – tapera – cacique – iguana

2. Además de las palabras de origen indígena, en castellano hay palabras de otras lenguas. ¿Recuerdas qué lenguas son? Da ejemplos.

3. ¿Cómo es en alemán, inglés y francés?

---

1 el ingrediente die Zutat, **2** enriquecerse sich anreichern

Etapa 2

Paso 3 *La historia continúa: la conquista de México*

E1 Antes de leer

1. En clase, haced una lluvia de ideas sobre lo que sabéis de la conquista de México.

2. Relaciona estas definiciones con las palabras de la derecha, que están en los textos que vas a leer.

   a) Volver a tomar lo que se tenía antes.
   b) Muy respetado por lo que representa¹.
   c) Comenzar con una obra o un trabajo.
   d) Teoría² que trata del origen del mundo.
   e) Bajar de un barco.
   f) Barco.
   g) Deseo³ extremado de tener cosas o dinero.
   h) Hacer algo que se tiene que hacer.

   A) la cosmogonía
   B) desembarcar
   C) el navío
   D) emprender
   E) recuperar
   F) cumplir
   G) la codicia
   H) venerado/-a

3. Describe las dos imágenes en esta página y la siguiente. ¿Cómo crees que están relacionados estos dos personajes?

 ### Cómo empezó todo: Quetzlcoatl y Hernán Cortés

Lee los documentos. Si es necesario, usa el diccionario bilingüe.

El dios más celebrado de las antiguas cosmogonías mexicanas fue Quetzlcoatl, la Serpiente Emplumada, dios creador de la agricultura, la educación, la poesía, las artes y los oficios. Un día abandonó México prometiendo regresar a
5 ver si los hombres y las mujeres habían cumplido la obligación de cuidar la tierra.
Prometió regresar en una fecha precisa durante el período del Quinto Sol que en los calendarios europeos correspondía al año 1519 de la Era Cristiana.
10 Es el año preciso – el día de Pascua de 1519 – en que el capitán español Hernán Cortés, al frente de 508 hombres, 16 caballos y 11 navíos, desembarcó en la costa de Veracruz y emprendió la conquista del mayor reino indígena de la América del Norte: el imperio azteca gobernado por Moctezuma desde la ciudad
15 más poblada – ayer y hoy – del hemisferio occidental, México-Tenochtitlán.

Carlos Fuentes: *Los cinco soles de México*. Barcelona: Seix Barral, 2000

el dios Quetzlcoatl

---

1 representar repräsentieren, **2 la teoría** die Theorie, **3 el deseo** der Wunsch

52 *cincuenta y dos*

Paso 3 – La historia continúa: la conquista de México **Etapa 2**

La primera reacción de Moctezuma a la llegada de Cortés fue recordar la profecía que anunciaba el "regreso por el oriente del dios Quetzlcoatl", pensó que el español era el dios que volvía a recuperar su trono. Moctezuma envió una gran cantidad de regalos a Cortés (oro, piedras preciosas, plumas), quería saber si eran hombres o dioses y la razón por la que venían a estas tierras, pero los espléndidos regalos lo único que lograron fue despertar la codicia de los españoles.

Según la mitología americana, Quetzlcoatl era un hombre alto de contextura fuerte y con barba, que vestía una túnica que llevaba la imagen de la "cruz" como su símbolo religioso, y así lo describen los libros mayas.

Los españoles sabían de la historia de Quetzlcoatl, conocían sus enseñanzas, aprendieron su religión, y se aprovecharon de ella para penetrar y conquistar el territorio mexicano... de hecho, Cortés se parecía en su fisonomía a la imagen venerada del mítico Dios maya.

Todo jugó en contra de los nativos: la antigua profecía, el hecho de que Cortés tuviera el mismo aspecto físico del Dios maya. Además, los indígenas nunca antes habían visto caballos y al ver subidos a los hombres en ellos, pensaron que eran dragones y que hombre y caballo formaban un único ser. La pólvora, las armas de fuego y la viruela también jugaron a favor de su suerte y la posterior conquista de México.

Carlos Díaz Ruiz: "La profecía de Quetzalcoatl", 2011

Hernán Cortés

E2 Sobre el texto...

1. Lee otra vez los textos y contesta las preguntas.

   a) ¿Quién era Quetzlcoatl?
   b) ¿Cuál era la fecha de la vuelta de Quetzlcoatl?
   c) ¿Por qué confundieron a Hernán Cortés con el dios maya?
   d) ¿Qué otro hecho fue causa de la confusión de los indígenas?

2. ¿Cuál crees que fue la intención del autor del segundo texto?

3. En pequeños grupos, haced un resumen de lo que habéis leído con la información mas importante y el vocabulario de E1.

4. Con la información del texto, imagínate lo que Cortés escribe en una carta a su familia en España sobre lo que pasó el día en que llegó con sus hombres a México. Escribe su carta.

5. Imagínate que unos mensajeros[1] indígenas llevaron una noticia al rey. Escríbela.

facultativo

6. Discutid sobre la conquista de Centroamérica. ¿El mito de la profecía es suficiente para explicarla?

---
1 el mensajero der Bote

Etapa 2

E3 Malinche: la primera traductora americana

1. Escribe las siguientes frases usando el tiempo del pasado que corresponda y ordénalas para formar un texto.

    a) los españoles ●●● *(tomarla)* como esclava y ●●● *(regalarla)* a Cortés
    b) ●●● *(nacer)* posiblemente en Coatzacoalcos
    c) ●●● *(ser)* una mujer indígena
    d) ●●● *(morir)* en 1529
    e) ●●● *(ser)* de una familia rica
    f) ●●● *(estar)* enamorada de Cortés
    g) los españoles ●●● *(darle)* el nombre de Doña Marina
    h) ●●● *(tener)* un hijo con Cortés que ●●● *(llamarse)* Martín
    i) ●●● *(hablar)* náhuatl, maya y castellano
    j) ●●● *(ser)* muy importante en la conquista de México
    k) no solo ●●● *(traducir)* sino que ●●● *(contar)* a los españoles las costumbres militares y sociales de los nativos
    l) ●●● *(trabajar)* como intérprete entre Cortés y los indios

la Malinche entre un tlaxcalteca y Hernán Cortés

2. Describe e interpreta la imagen de Malinche.

 3. En parejas, comentad el rol de esta figura de la historia.

En una clase de Historia en México

En una clase de Historia, en México, el profesor les hace a los estudiantes las siguientes preguntas: "¿Qué pensáis de la conquista de nuestro país?" y "¿Qué habría pasado si se hubiera cumplido la profecía?" Aquí veis sus repuestas.

—Si se hubiera cumplido la profecía, habría llegado Quetzlcoatl y no los conquistadores.
—Si los indígenas no hubieran pensado que Cortés era un dios, no lo habrían dejado entrar.
—Si Cortés no hubiera tenido la ayuda de los tlaxcaltecas, no hubiera podido sitiar Tenochtitlán.
—Si los conquistadores no hubieran recibido ayuda, jamás hubieran tenido oportunidad de entrar.
—Si las enfermedades europeas no hubieran matado al 75% de la población, Cortés hubiera necesitado muchos más años para tomar Tenochtitlán.
—Si Cortés no hubiera estado tan decidido a tomar México, pocos jefes hubieran continuado la batalla.
—Si los conquistadores no hubieran pensado que había tanto oro en México, no les habría interesado conquistarlo.
—Si Malinche no hubiera ayudado a Cortés con el idioma, no habría sido tan fácil la conquista.
—Si algunos indígenas no se hubieran unido a Cortés, los españoles no habrían vencido.
—Si no hubieran vencido, no habrían traído su religión, idioma y costumbres.

Paso 3 – La historia continúa: la conquista de México — Etapa 2

E4 Trabajo de intérprete
Imagínate que tú estás en esa clase. Tu amigo alemán ese día está enfermo en casa. Al día siguiente te pide que le cuentes qué preguntó el profesor y las opiniones de los alumnos. ¡Hazlo!

E5 Match point
En parejas. **A** dice un verbo en infinitivo, **B** debe decir el participio. Si **B** hace un error, tiene una segunda oportunidad, como en el tenis. Si hace otro error, **A** recibe el punto. Luego cambian los roles, **B** nombra un verbo en infinitivo y **A** dice el participio. Jugad como en un partido de tenis hasta que uno de vosotros tenga cinco puntos. Haced una lista de los participios que uséis, y al final, comprobad con toda la clase si los habéis dicho correctamente. Os proponemos los verbos a la derecha.

> abrir – prometer – cumplir – decir – descubrir – ser – escribir – tener – ver – estar – hacer – volver – recordar – morir – romper – empezar – poner – beber – ir

E6 Si no hubiera tenido ayuda ...
¿Has visto cómo se forman las frases condicionales irreales en pasado (Irrealis der Vergangenheit)?

> Si + **pluscuamperfecto de subjuntivo** + **condicional compuesto** / **pluscuamperfecto de subjuntivo**
> ↓ ↓ ↓
> Si Cortés no **hubiera tenido** ayuda no **habría vencido** / **hubiera vencido**.

Completa las reglas, después comprueba con el libro de gramática.

a) El pluscuamperfecto de subjuntivo se forma con el verbo *haber* en subjuntivo ••• + ••• → **G** 2.2
b) El condicional compuesto se forma con el verbo *haber* en ••• + ••• → **G** 2.3

E7 ¡A practicar!

1. En parejas. Comparad estas dos frases y explicad la diferencia:

   > Si lloviera, no iríamos de excursión.
   > Si hubiera llovido, ni hubiéramos ido de excursión.

2. Compara: ¿cómo son las frases condicionales irreales en pasado en alemán? ¿Y en inglés?

3. Escribe estas oraciones condicionales irreales en pasado. → **G** 2.5

   a) Si no leyéramos los textos, sabríamos menos sobre la conquista.
   b) Si el profesor de Historia no explicara bien, los estudiantes no entenderían nada.
   c) Si el chico alemán supiera español, no le preguntaría a su compañero.
   d) Si no aprendiéramos las palabras, no podríamos entender los textos.

cincuenta y cinco

Etapa 2

E8 ¿Qué hubiera pasado si…?
Forma oraciones condicionales irreales en pasado.

Si …	oración principal
a) ya tener – patatas	gente de la Edad Media – no comer arroz
b) los Reyes Católicos – no dar el dinero	Colón – no ir de viaje
c) los turcos – no cerrar la ruta a Asia	los europeos – no buscar otro camino a la India
d) los indígenas – no creer en la profecía	no permitir entrar a los españoles
e) los conquistadores – no traer tanto oro	España – no ser el centro del poder en Europa

E9 ¿Tiene sentido hablar del pasado?
Mira el modelo y escribe frases condicionales irreales.

Modelo: *Si no hubiera habido tanto oro, los europeos no hubieran / habrían querido conquistar México.*

a) Había mucho oro, por eso los europeos querían conquistar México.
b) La codicia[1] influyó en Cortés, por eso hizo todo para conquistar ese país.
c) Los habitantes de México no estaban unidos, por eso fue fácil conquistar Tenochtitlán.
d) Detrás de la Conquista había motivos políticos y económicos, por eso España apoyó a Cortés.
e) Los conquistadores llevaron su religión y sus costumbres, por eso los nativos perdieron las suyas.

E10 Todo hubiera sido diferente.
Completa las siguientes frases.

a) Si Cortés no hubiera encontrado una traductora, •••
b) Si aquel día los nativos hubieran visto que Cortés y sus hombres no eran dioses, •••
c) Si alguien hubiera ayudado a los nativos, •••
d) Si los nativos no les hubieran regalado oro, •••
e) Si los conquistadores no hubieran traído tantas enfermedades, •••

E11 Ahora tú.
Vuelve a leer los textos de T1 y escribe un relato desde la perspectiva de un joven indígena. Escribe cómo vivió el día de la llegada de los españoles a su pueblo. ¿Qué siente el protagonista de tu texto ante la llegada de los españoles? Empieza así:

Modelo: *Aquel día los mayores nos llamaron para darnos la increíble noticia: …*

---
1 la codicia *die Habgier*

Paso 3 – La historia continúa: la conquista de México **Etapa 2**

 E 12 La conquista del Perú

En grupos, informaos sobre lo que pasó en Perú entre indígenas y conquistadores. Distribuid tareas entre vosotros y preparad una exposición en clase sobre el tema.

E 13 La emancipación de la América española (1810-1825)

Varios factores influyeron en la emancipación de la América española: la difusión del pensamiento ilustrado y la propaganda liberal, junto con el éxito de los revolucionarios estadounidenses; el desencanto de los criollos (12% de la población) marginados por el gobierno español al ser excluidos de los cargos de la administración colonial, la ruptura de las comunicaciones con la Península y las repercusiones de la invasión napoleónica en España, que provocaron un vacío de autoridad en las colonias, creando los criollos sus propios órganos de gobierno. En el proceso de independencia distinguimos dos grandes etapas:

a) 1810-1814: En 1810 se dan los primeros gritos independentistas, como el de Hidalgo en México. En Buenos Aires se niega la legitimidad de la Regencia y lo mismo pasa en Caracas más tarde. Pero la restauración en el trono de Fernando VII frena la expansión del movimiento separatista.

b) 1816-1825: En Argentina, San Martín cruza los Andes y conquista Chile. En el norte, Bolívar consigue imponer su proyecto de la Gran Colombia. En México, los criollos ponen fin a la dictadura militar. La Conferencia de Guayaquil de 1822 entre Bolívar y San Martín decide sus áreas de influencia respectivas, que aceleran la liberación del espacio colombiano-venezolano. Solo queda Perú sujeto a España. En 1825, también se libera, independizándose así toda la América hispana a excepción de Cuba y Puerto Rico.

El apoyo británico y estadounidense a los separatistas resultó decisivo al facilitarles armas y reconocer de inmediato a las nuevas naciones.

Las consecuencias fueron: la fragmentación política de América, después de haber fracasado el intento de Bolívar de crear unos Estados Unidos de América del Sur (de los 8 estados iniciales se pasará a 16 veinte años después tras guerras por cuestiones fronterizas), la pérdida de los recursos coloniales para España, el fin de la esclavitud en los nuevos países independientes, frecuentes conflictos civiles y dictaduras y la dependencia económica de británicos y estadounidenses.

Manuel Vidal: "La emancipación de la América española". En: *http://manuelvidal.blogspot.es/*, 19.02.2010

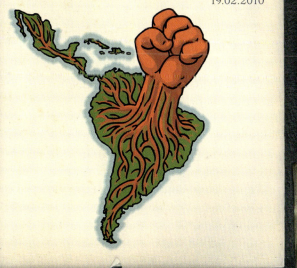

Etapa 2

1. Describe la imagen y relaciónala con el título del texto.
2. Lee el texto atentamente y anota en tu cuaderno las ideas más importantes.
3. Busca en el diccionario monolingüe el significado de las palabras "criollo" y "emancipación". También busca otras palabras que te parezcan importantes para comprender el texto. →📖 6
4. Haz un esquema para resumir y explicar a la clase lo que has entendido.
5. Busca las fechas de la independencia de algunos países latinoamericanos. ¿Qué piensas después de verlas?
6. Opina si los países latinoamericanos son realmente independientes y justifica tu respuesta.

Paso 4 *El paraíso perdido*

😊😊 **E1** Antes de leer

Trabajad en parejas. ¿Sabéis lo que significa "paraíso"? Buscad el significado en un diccionario monolingüe y pensad algunas hipótesis sobre el tema del artículo. Resumid vuestras ideas. →📖 6

El paraíso perdido

Desde hace siglos, pueblan las selvas amazónicas del sur de Venezuela y el norte del Brasil, de uno a otro lado de la frontera, ya que poco les importan los límites geográficos y mucho menos las nacionalidades. [...] Los yanomami están allí muchísimo tiempo antes de que el hombre blanco ocupara esas tierras. Pero es muy posible que desaparezcan para siempre antes de que finalice el siglo. El primer blanco que tuvo noticia de ellos fue un aventurero portugués, Lobo d'Almada, quien en 1787 se aventuró a internarse en esa selva fascinante y terrible. Desde aquella información hasta el año 1950 nada se supo de estas extrañas criaturas cuyo modo de vida es uno de los más primitivos de la Tierra. [...]

Bajo ninguna razón los nativos quieren abandonar la tierra de sus antepasados. A lo largo de toda su existencia, solo registran un éxodo: el de Yarima, una mujer yanomami casada con un antropólogo norteamericano, que se fue a vivir con él a Nueva Jersey. El casamiento, como es norma en la tribu, fue decidido por los parientes de la mujer.

Hoy, Yarima conoce todas las ventajas del primer mundo: sabe del agua corriente, de la luz eléctrica, de la temperatura ideal que le puede ofrecer el aire acondicionado, ha escuchado radio, ha visto cine y televisión; ama a su marido y a los hijos que con él tuvo, pero a la hora de confesar sus deseos, no duda en admitir que por sobre todas las cosas quiere regresar a la selva, a la tierra de sus mayores. Allí no le esperaría una vida fácil. Se trata de un pueblo que por oscuras razones ancestrales está permanentemente en guerra con sus vecinos. Cuando no hay motivos que justifiquen una lucha, los inventan. [...]

Pese a semejante ferocidad, Ken Good, el antropólogo norteamericano que se casó

Paso 4 – El paraíso perdido **Etapa 2**

con Yarima, asegura que los yanomami constituyen una comunidad pacífica. "Quedé impresionado por lo armoniosa que es su existencia –dice–. Tienen una notable capacidad para vivir juntos. Así, junto a la violencia, vi también los más tiernos ejemplos de amor. [...]".

Cada grupo yanomami, entre treinta y ciento cincuenta personas, habita un *shapono*. Se trata de una gran choza circular que ellos alzan luego de abrir espacio en la selva. La choza no posee paredes divisorias: en su interior se instalan las familias cuyo único mobiliario son las hamacas que cuelgan de las paredes.

Cuentan con una tierra próspera para la siembra y con una excelente zona de caza. Sin embargo, su promedio de vida no supera los 35 años [...]: además de las guerras y los duelos, los yanomami deben enfrentarse a las innumerables pestes de la selva.

Es normal que una mujer dé a luz de diez a doce hijos, de los cuales sobreviven apenas dos o tres; por esa razón, no les dan nombre hasta que no cumplan 4 años.

[...] En 1987 se descubrió que había oro en tierra yanomami; de inmediato, casi cincuenta mil buscadores brasileños, llamados *garimpeiros*, se internaron en la jungla. [...] No solo los diezmaron con sus armas de fuego: también les contagiaron enfermedades para las que el organismo yanomami carecía de defensas: la gripe, la bronquitis, la malaria y la sífilis.

[...] Algunas tribus se vieron obligadas a internarse cada vez más en la selva; otras, a vivir como mendigos alrededor de los campamentos mineros. En 1940 había más de cuarenta mil yanomami; hoy no llegan a siete mil quinientos. La fiebre del oro [...] amenaza exterminar a este pueblo milenario, expulsándolo sin piedad del paraíso.

"El paraíso perdido." En: *www.artrev.8k.com*, 2009

E2 Para comprenderlo mejor

1. Lee el texto y haz una lista de las palabras desconocidas.

2. En parejas. Formad tres grupos de palabras: sustantivos, adjetivos y verbos. Cada pareja busca el significado de las palabras en el diccionario monolingüe y prepara explicaciones en español, sinónimos o antónimos para cada una. Cada pareja, por turnos, tiene que explicar en español el significado de una palabra por vez. El resto de las parejas escucha la explicación y debe decir qué palabra es. Cada pareja que adivina una palabra recibe un punto.

E3 Un cuestionario entre amigos

En grupos de tres. Cada grupo debe preparar un cuestionario de cinco preguntas sobre el texto y pasarlo a otro grupo. Al final, se vuelve a recibir el cuestionario con sus respuestas y debéis corregirlo en el grupo. Tenéis que mirar especialmente estos tres aspectos: si las respuestas son correctas, la gramática (tiempos de verbo, adjetivos, sustantivos, pronombres, artículos) y el uso correcto del vocabulario. ➔ 5

una yanomami en el *shapono*

Modelo:
¿Quién fue la única yanomami que se fue a vivir a otro lugar, y por qué se fue?

Etapa 2

E4 Después de leer
1. Describe las fotos de las páginas 59 y 60.
 2. Escribe una pequeña historia sobre la vida de la joven yanomami de la foto hasta ahora.
 3. Vuelve a leer el texto T1 y escribe un resumen con la información más importante. →

E5 La palabra cuyo significado no conozco es "cuyo".
1. Lee y traduce las siguientes frases:

   a) "… en su interior viven las familias cuyo único mobiliario¹ son las hamacas que cuelgan de las paredes."
   b) El antropólogo norteamericano, cuya mujer es yanomami, dice que son unas personas muy pacíficas.
   c) Los niños, cuyos padres viven en chozas, crecen juntos como hermanos.
   d) Las familias, en cuyas chozas hay solo hamacas, comparten todo.

2. Completa la regla, después comprueba con la gramática. → G 2.6.1

   Cuyo/cuya/cuyos/cuyas en alemán significa ●●● / ●●● y concuerda en género y número con el sustantivo ●●●. Si la frase con *cuyo/cuya/cuyos/cuyas* explica algo, va entre ●●●.

3. Escribe frases como en el modelo.

   Modelo:
   los nativos – no nos acordamos de su nombre – viven entre Venezuela y Brasil.
   → *Los nativos, de cuyo nombre no nos acordamos, viven entre Venezuela y Brasil.*

   a) Un portugués – no me acuerdo de su nombre – fue el que los encontró.
   b) Los yanomami – todavía no conocemos bien sus costumbres – viven solo unos 35 años.
   c) El antropólogo – su mujer es yanomami – dice que los nativos son muy buenos padres.
   d) Los *garimpeiros* – sus enfermedades están matando a los yanomami – buscan oro.
   e) Yarima – sus padres decidieron su casamiento – vive con su familia en Nueva Jersey.

E6 Es una historia sobre la que quiero leer más.
1. Mira estos ejemplos:
   a) Viven en chozas que no tienen paredes.
   b) Las chozas en las que viven no tienen paredes.
   c) Yarima se casó con un antropólogo para el cual los yanomami son un pueblo muy pacífico.
   d) El antropólogo con el cual se casó Yarima piensa que los yanomami son un pueblo muy pacífico.
   e) El antropólogo con quien se casó Yarima piensa que los yanomami son un pueblo muy pacífico.

---
1 el mobiliario die Möbel

Paso 4 – El paraíso perdido **Etapa 2**

2. Las frases **a** y **b** dicen lo mismo, y las frases **c**, **d** y **e** también, pero tienen algunas diferencias en su estructura gramatical. ¿Puedes decir cuáles son?

3. ¿Te parece que hay alguna diferencia en el significado si usas el pronombre relativo *que* o *cual*? ¿Cuándo puedes usar *quien*? → **G** 2.6

4. Completa las siguientes frases con *que, el/la/los/las que, el/la/los/las cual/-es,* o *quien/-es*. A veces hay más de una posibilidad correcta.

   a) Los yanomami son los indígenas de ••• te he hablado.
   b) Un aventurero¹ portugués fue ••• vio por primera vez a estos indígenas.
   c) Las enfermedades y las guerras son las razones por ••• ellos mueren tan jóvenes.
   d) Son muchos los niños ••• mueren poco después de nacer.
   e) Un grave problema de este pueblo son los *garimpeiros*, para ••• lo único importante es el oro.
   f) Los yanomami tienen una forma de vivir a ••• nosotros no estamos acostumbrados.
   g) Tienen que entenderse muy bien con el grupo con ••• tienen que vivir en una choza.

5. Ahora intenta decir algo de las siguientes palabras usando los pronombres relativos que has practicado hasta ahora.

   antropólogo norteamericano – oro – paredes – Yarima – enfermedades

   Modelo:
   la selva amazónica → *lugar en el que viven los yanomami.*

6. Elige otras palabras de este paso y dáselas a tu compañero/-a para explicarlas usando pronombres relativos. Después corregidlas juntos.

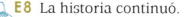

E7 Seguramente no fue fácil.
En grupos de cuatro. Un/-a antropólogo/-a alemán/-ana visita a los yanomami y vive con ellos. Después de un tiempo se enamora y quiere casarse con un/-a nativo/-a. Uno de vosotros es un/-a nativo/-a yanomami joven, otro es un/-a antropólogo/-a alemán/-ana, otro es el padre yanomami y otra la madre yanomami.
Escribid un diálogo con los argumentos de cada uno, discutid la situación y llegad a un acuerdo. Después representad el diálogo en clase.

E8 La historia continuó.
¿Qué pasó con Yarima? ¿Se quedó en los Estados Unidos? ¿Se acostumbró a su nueva vida? Investigad y presentad vuestros resultados en clase.

1 el/la aventurero/-a der/die Abenteurer/-in

Etapa 3
Las Islas Canarias

El archipiélago Canario está formado por siete islas y varios islotes, entre ellos, La Graciosa, que está habitado. Tenerife, El Hierro, La Gomera y La Palma forman la provincia de Tenerife y Lanzarote, Fuerteventura y Gran Canaria forman la provincia de Las Palmas. Las Islas Canarias se encuentran a solo 100 kilómetros de las costas de África.

E1 Canarias lo tiene todo.
1. Describe las fotos.
2. Explica qué prefieres para las vacaciones: ¿mar o montaña? Justifica tu opinión.
3. Haced una encuesta en clase. ¿Cuántos prefieren el mar, cuántos, las montañas?

E2 ¿De qué isla estamos hablando?
Relaciona cada isla de la derecha con su nombre y la información siguiente.

a) Toda la isla de La Palma es Reserva de la Biósfera. En 1971, el volcán Teneguía hizo erupción. Una de las atracciones de esta isla es la Caldera de Taburiente. Le dicen "la isla bonita".

b) Tenerife es la isla más grande del archipiélago. Uno de los lugares más famosos que puedes visitar allí es el Parque Nacional del Teide. El Teide es la montaña más alta de las Islas Canarias.

c) Lanzarote es la isla más oriental y tiene muchos volcanes como los del Parque Nacional de Timanfaya. Aquí vivió el artista César Manrique, cuyas obras se ven en toda la isla.

d) Gran Canaria es la isla más poblada del archipiélago y tiene forma circular. Esta isla es famosa por sus playas de arena dorada, como Maspalomas, y su clima primaveral a lo largo de todo el año.

e) El Hierro es la isla menos poblada y la segunda más pequeña. No es muy conocida y tiene la suerte de no contar con turismo de masas. En ella se pueden ver paisajes que se comparan con los de la luna. Existe en esta isla un gran reptil que es único en el mundo: el lagarto Salmor.

f) En La Gomera se encuentra el Parque Nacional de Garajonay. De los indígenas de la isla se conservan varias tradiciones, pero la más famosa es el lenguaje de los silbos, una forma de comunicación para superar las limitaciones de la geografía del lugar.

g) Fuerteventura es la segunda isla en extensión del archipiélago. La capital se llama Puerto del Rosario. Esta isla es famosa, sobre todo, por ser una de las mejores zonas en el mundo para practicar windsurf y kitesurf.

Etapa 3

E3 Para mañana habrá sol…

1. En parejas. Observad el siguiente mapa con el pronóstico[1] del tiempo. Ahora, imaginad que trabajáis en la radio y tenéis que decir cómo será el tiempo en las Islas Canarias. ¿Cómo lo explicaríais a los oyentes[2]? El pronóstico es del 1 de marzo del 2012.

2. Compara el tiempo de las Islas Canarias con el de la región donde vives.

---

1 el pronóstico die Vorhersage, **2** el/la oyente der/die Zuhörer/-in

Etapa 3

Paso 1 *Canarias, siete islas entre dos continentes*

Imágenes de las Islas Canarias

a) Poco a poco, entre 1950 y 1960, empieza el turismo en las Islas Canarias. Más y más turistas quieren pasar sus vacaciones en alguna de las islas. Vienen de España y también de otros países europeos. Todavía hoy, el turismo en Canarias sigue creciendo. En 2010, un total de 8.590.081 turistas de todo el mundo visitaron una o varias de las Islas Canarias, entre ellos 2.323.551 son de Alemania.

b) Entre 1492 y 1504, La Gomera, una de las siete Islas Canarias, es el último lugar en tierra firme para Cristóbal Colón antes de salir hacia "las Indias", es decir, antes de descubrir América. En La Gomera carga agua y alimentos. En esta isla se puede visitar el museo Casa Colón con mapas, documentos[1] y objetos de navegación[2] de la época.

c) Entre el siglo V a. C. y el siglo I d. C. los primeros aborígenes llegan a las Islas Canarias, probablemente del norte de África. Durante casi dos mil años viven en las siete islas en culturas separadas y aisladas[3] hasta que entre 1402 y 1496 los Reyes Católicos conquistan las islas. Hoy usamos el nombre "guanches" para estos aborígenes aunque así solo se llamaban los de Tenerife.

d) A causa de la excelente[4] situación geográfica[5] de las Islas Canarias, los ingleses intentan conquistarlas. El 25 de julio de 1797, Horacio Nelson aparece con su flota[6] frente a[7] la costa de Santa Cruz de Tenerife. Los tinerfeños se defienden y ganan la batalla. En esta ocasión[8], Nelson pierde el brazo derecho por una bola[9] del cañón[10] "Tigre". Los ingleses tienen que capitular[11] y firman un pacto[12] por el que se comprometen[13] a no volver a atacar las islas. Hoy el cañón se encuentra en el Museo Militar de Canarias en Santa Cruz de Tenerife.

1 el documento das Dokument
2 la navegación die Seefahrt
3 aislado/-a einzeln
4 excelente hervorragend
5 geográfico/-a geographisch
6 la flota die Flotte
7 frente a gegenüber
8 la ocasión die Gelegenheit
9 la bola die Kugel
10 el cañón die Kanone
11 capitular kapitulieren
12 el pacto der Pakt
13 comprometerse sich verpflichten

estatua de un rey guanche, en Tenerife

Casa de Colón en Las Palmas

la muerte de Horacio Nelson

playa de La Caleta, en Tenerife

Paso 1 – Canarias, siete islas entre dos continentes

Etapa 3

1. Explica lo que ves en las fotos y relaciónalas con los textos.

2. Haz una pregunta para cada una de estas respuestas.

   a) —¿●●●? —Entre el siglo V a. C. y el siglo I d. C.
   b) —¿●●●? —En 1492.
   c) —¿●●●? —Cargó agua y comida.
   d) —¿●●●? —En 1496.
   e) —¿●●●? —Horacio Nelson.
   f) —¿●●●? —El "Tigre".

3. Apunta más respuestas para tu compañero/-a. Él / Ella hace las preguntas.

4. Escribe en tu cuaderno una mini-historia de las Islas Canarias con la información de los textos. Usa los tiempos verbales del pasado y conectores temporales como:

   primero – después – luego – entonces – (un tiempo) más tarde – al final / finalmente

E1 Canarias en la prensa

Cuando comentamos una noticia del periódico generalmente usamos palabras y expresiones diferentes de las que aparecen en un texto escrito. En parejas, leed estas noticias y comentadlas. Buscad las palabras que no conocéis en el diccionario bilingüe.

Modelo:

—¿Has leído esto? Parece que no van turistas a El Hierro por la erupción del volcán.
—¡Pobre la gente que vive del turismo!
—¡Uf! ¡Qué mala suerte!

EL HIERRO: 100 DÍAS DE VOLCÁN Y DE RUINA ECONÓMICA PARA LA ISLA

El cono de la erupción está ya a solo 130 metros de la superficie. "Ahora estamos solos y no hay turistas", explica una vecina.

El País, 23.01.2012

UN CANGURO ALBINO... ¡EN CANARIAS!

Es el único espécimen de este tipo que existe en España, y se lo puede ver en el Oasis Park La Lajita, en Fuerteventura.

Teresa Cobo, 07/02/2011

TIBURONES A LA VISTA

Dos de los tres tiburones que se avistaron a escasos 20 metros de profundidad en el Río, el estrecho entre las islas de Lanzarote y La Graciosa

El fondo marino canario esconde maravillas que de vez en cuando deciden hacer una visita a la costa y sorprender a los que se encuentren buceando. Varios tiburones se dejan ver estos días en La Graciosa.

Diario de Las Palmas, 21.08.2011

Las Islas Canarias reciben a robot interplanetario

Las Islas Canarias es el lugar que la NASA eligió para probar la última tecnología.

Niki Ramos, 20 de septiembre 2011

El Museo de la Naturaleza y el Hombre expone al público las tres momias guanches recuperadas por el Cabildo tinerfeño

Tenían una dieta rica en proteína animal y más baja en cereales y vegetales, especialmente en la parte sur de la isla.

Europa Press, 20.12.2011

sesenta y cinco **65**

Etapa 3

E2 Una mirada hacia el pasado: los guanches

1. Escucha el siguiente texto sobre los guanches.
2. Decide si las frases son correctas. Corrige las afirmaciones falsas.

	c	f
a) *Tamaragua* significa ¿Cómo te llamas?	•	•
b) Los guanches eran muy peligrosos.	•	•
c) Saltaban rápidamente de una piedra en otra.	•	•
d) Vivían en cuevas.	•	•
e) Pasaban muchas horas del día al aire libre.	•	•
f) Los guanches no eran guerreros.	•	•
g) Los guanches no tenían armas de metal.	•	•
h) Los animales más importantes de los guanches eran los caballos.	•	•
i) Creían en muchos dioses.	•	•
j) Los guanches no tenían barcos.	•	•

E3 El juego de los gerundios

En grupos, pensad en veinte verbos relacionados con los guanches, escribidlos en papeles y mezcladlos. Ahora, uno de vosotros toma el primer papel, dice la forma del gerundio de ese verbo y hace una frase sobre los guanches. Escribid en una lista cada respuesta que dais. Al final del juego, comprobad con toda la clase si los gerundios que habéis dicho son correctos.

E4 Hablando se entiende la gente.

Lee esta información sobre los guanches y mira atentamente las palabras que están en azul. Cuenta a un alemán lo que dicen las frases. ¿Qué problema ves en la traducción? Explica en qué se diferencia la construcción de las frases en alemán con las del español. → G 3.1

a) Viendo que no estás armado, los guanches no piensan que eres peligroso.

b) Mirándote atentamente, los guanches te saludan con el tradicional *Tamaragua*.

c) Ellos saltan de piedra en piedra, salvando los obstáculos[1]; caminan como si pudieran volar.

d) Al llegar al pueblo, ves a los hombres, mujeres y niños.

e) Las mujeres se ocupan de la alimentación de la familia recogiendo frutas y plantas.

f) Muchas veces los guanches les ofrecen regalos a sus dioses esperando buen tiempo y salud.

g) Al volver a la playa, los guanches miran atentamente los barcos.

---

[1] salvar un obstáculo ein Hindernis überwinden

E5 Practicando se aprende mejor.
Traduce las frases usando las construcciones con infinitivo o gerundio.

a) Bei der Ankunft in Teneriffa sah ich viele Menschen.
b) Da ich sah, dass allen der *gofio* schmeckte, aß ich auch davon.
c) Der Junge spielte mit dem *banot* und übte so, ein Krieger zu sein.
d) Nachdem ich mich von den Guanchen verabschiedet hatte, war ich traurig.
e) Wenn man das Museum besucht, sieht man dort die Geschenke der Guanchen für ihre Götter.

E6 En pocas palabras
Acorta las frases usando las construcciones con infinitivo o gerundio.

a) ¡No os olvidéis de cambiar la hora cuando lleguéis a Gran Canaria!
b) Si leéis este libro, aprenderéis muchas cosas interesantes sobre las islas.
c) Si miráis atentamente el mapa, encontraréis el pueblo al que queréis ir.
d) Seguid la carretera principal y girad cuando lleguéis al monumento.

E7 La cultura de los guanches

1. Ordena la información que ya tienes sobre los guanches en un mapa mental.

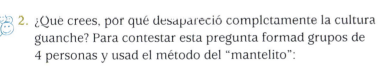

2. ¿Qué crees, por qué desapareció completamente la cultura guanche? Para contestar esta pregunta formad grupos de 4 personas y usad el método del "mantelito":

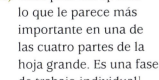

a) Cada persona apunta lo que le parece más importante en una de las cuatro partes de la hoja grande. Es una fase de trabajo individual[1]. Tenéis 3 minutos.
b) Después tenéis 5 minutos para leer lo que han escrito los demás. Escribid comentarios si queréis. Sigue siendo un trabajo individual: no podéis hablar.
c) Ahora hablad de las diferentes opiniones y formulad una opinión común en el centro de la hoja grande.
d) Elegid a una persona para presentar vuestra opinión común en el curso.

[1] **individual** individuell, einzeln

Etapa 3

☺☺ 3. ¿Conocéis otros pueblos indígenas que hayan desaparecido casi o completamente después de haber sido conquistados por otro pueblo? Hablad primero con un/-a compañero/-a y explicad después vuestras ideas a la clase.

E8 Como tenemos vacaciones, vamos a ir a Canarias.

1. Lee el siguiente diálogo entre dos amigas y explica qué significa *como* en la última frase.

2. Compara. ¿Dicen lo mismo las dos frases?

> Como tenía tantos exámenes, preferí quedarme estudiando.

> Preferí quedarme estudiando porque tenía tantos exámenes.

3. Completa en tu cuaderno.

> *Como* y *porque* se usan para expresar una causa, una razón. Si expresamos la causa al principio de la oración, usaremos ●●●.

4. Ahora completa estas frases sobre las Islas Canarias con *como* y *porque*.

   a) ●●● en La Palma hace tanto viento, el aeropuerto funciona completamente con energía eólica[1].
   b) El director de cine[2] Pedro Almodóvar eligió Lanzarote para su película *Los abrazos rotos* ●●● los paisajes de la isla le gustaron mucho.
   c) En El Hierro hay un hotel muy pequeño. ●●● solo tiene cuatro habitaciones es uno de los más pequeños del mundo.
   d) ●●● los romanos vieron tantos perros salvajes en las islas, las llamaron *Insulae Canariae*, esto es *Islas de Perros*. *Canis* en latín significa perro.
   e) Hace muchos años, los campesinos de La Gomera inventaron un lenguaje con silbidos[3] ●●● no tenían otra manera de comunicarse con sus vecinos que vivían a unos kilómetros de distancia.

(facultativo)

5. Te recomendamos ver la película *Los abrazos rotos* de Pedro Almodóvar. Mira la estrategia para hablar de cine y haz un resumen del argumento. →

---

1 la energía eólica die Windkraft, **2** el director de cine der Regisseur, **3** el silbido das Pfeifen

Paso 1 – Canarias, siete islas entre dos continentes **Etapa 3**

6. Describe la foto a la derecha. ¿Qué está haciendo este señor? ¿Conoces otras formas interesantes de comunicarse? Comenta tus resultados en clase.

E9 En la playa

1. En parejas. Mirad la imagen durante 30 segundos, cubridla¹ y por turnos debéis decir una frase sobre lo que habéis visto. El primero que se queda sin frase pierde. Después mirad la imagen y completad la descripción.

2. Ayer, cuando estabas en la playa, pasó algo inesperado². Escríbele un e-mail a tu amigo/-a de España, describe la situación y cuenta la historia. Usa construcciones con gerundio e infinitivo.

3. Pasa tu texto a un/-a compañero/-a quien tendrá que corregir el uso de los pasados, las construcciones con gerundio e infinitivo, el vocabulario, etc. → 📖 ❺

---
1 cubrir abdecken, **2** inesperado/-a unerwartet

Etapa 3

Paso 2 ¿Un paraíso para todos? Inmigrantes en las Islas Canarias

E1 La inmigración ilegal en imágenes
1. Mira estas fotos y descríbelas.
2. Escribe un título para cada una.

E2 ¿Qué te parece?
Completa estas frases intentando expresar la situación y los sentimientos de las personas en las fotos de E1.

a) A los hombres en el barco (no) les importa que ●●●. Prefieren que ●●●.

b) La niña necesita que ●●●. Le encanta que ●●●. (No) le interesa que ●●●.

c) Las personas en la playa se alegran de que ●●●. Esperan que ●●●.

d) Al hombre que está llorando no le gusta que ●●●.

E3 Opiniones sobre la inmigración ilegal

1. Lee lo que dicen diferentes personas sobre la inmigración y completa sus frases con formas del subjuntivo presente.

   a) ¿Es necesario que los inmigrantes ●●● *(saber)* la lengua del país al que emigran?
   b) Ojalá ●●● *(encontrar, yo)* pronto un puesto de trabajo.
   c) Es importante que ●●● *(emigrar, ellos)* legalmente.
   d) Es una vergüenza que algunas personas no ●●● *(aceptarlos)*.
   e) Me alegro que a ustedes ●●● *(gustarles)* mi país.
   f) Es raro que algunas personas ●●● *(preferir)* mandar a sus hijos a colegios en los que no hay inmigrantes.
   g) Es indispensable que nosotros ●●● *(encontrar)* pronto un sitio para vivir.
   h) Esperamos que ellos ●●● *(poder)* integrarse pronto a la nueva cultura.
   i) Temo que ellos ●●● *(echar de menos)* sus costumbres, a su familia y a sus amigos.
   j) Espero que todos ●●● *(ayudarnos)* a integrarnos rápidamente.

2. ¿En cuáles de estas frases habla un/-a inmigrante, y en cuáles habla un/-a canario/-a? Justifica tu opinión.

Un artículo del periódico

1. Lee la siguiente información con ayuda del diccionario bilingüe. Después, cuéntale a un alemán qué es SIVE.

   Las siglas SIVE significan: Sistema Integrado de Vigilancia Exterior. Es utilizado en España para vigilar la frontera sur del país, las Islas Canarias y las Islas Baleares,
   5 controlando la inmigración ilegal y el narcotráfico.
   Entre 2000 y 2008 costó alrededor de 232 millones de euros.
   El SIVE usa una serie de tecnologías para
   10 mandar información en tiempo real a un centro de control en Algeciras que puede actuar enseguida: sensores de radar, cámaras infrarrojas y de vídeo de gran alcance para una vigilancia continua, tanto
   15 de día como de noche, y también sensores acústicos. Todos ellos están desplegados en tierra, embarcaciones, aeronaves y satélites.
   El SIVE es gestionado por la Guardia Civil.

En España hay –igual que en Alemania– muchos periódicos que se publican cada día. El periódico con más lectores es **El País** (1.924.000 lectores cada día), seguido por **El Mundo** (1.282.000 lectores) y **ABC** (756.000 lectores). Además hay periódicos de información deportiva que también salen cada día: **Marca** con 2.888.000 lectores diarios y **AS** con 1.395.000 lectores. ¿Cuáles son los periódicos más leídos en Alemania? Cuéntaselo a un español.

Un barco de la Guardia Civil rescata a un grupo de inmigrantes.

2. Ahora lee el artículo en la página siguiente.

Etapa 3

CANARIAS RECIBE LA MAYOR OLEADA DE INMIGRANTES EN PATERA EN UN DÍA

Fernández de la Vega se reúne hoy con los ministros de Exteriores, Defensa, Interior y Trabajo

MADRID. Canarias ha recibido este martes la mayor oleada de inmigrantes llegados en patera en un día. A lo largo de la jornada se han detenido a 331 subsaharianos que intentaban alcanzar sus costas a bordo de ocho embarcaciones. Este miércoles han sido rescatados otros 68 en Tenerife.

Tras la dura jornada del lunes, cuando el archipiélago recibió a 282 inmigrantes, Gran Canaria y Tenerife volvieron a ser el escenario de las llegadas, aunque también se detectó una patera con 17 inmigrantes frente a Algeciras (Cádiz), con lo que en total fueron detenidas 348 personas en un solo día. Anoche, a las 23.00 horas, fueron interceptados 33 inmigrantes más cuando trataban de llegar en un cayuco al sur de Gran Canaria. Todos eran varones adultos de origen subsahariano, presentaban síntomas de cansancio y agotamiento y fueron atendidos por personal de Cruz Roja antes de ser puestos a disposición de la Policía Nacional.

Y este miércoles, han sido rescatados otros 69 varones subsaharianos, entre ellos cuatro menores, que anoche se dirigían en una patera hacia Tenerife, según informaron fuentes de la Subdelegación del Gobierno en la provincia de Santa Cruz de Tenerife. Los centros de internamiento de inmigrantes del Archipiélago se encuentran desbordados o al límite de su capacidad desde el domingo. Esta mañana, la vicepresidenta primera del Gobierno, María Teresa Fernández de la Vega, preside una reunión para abordar el problema creado por la elevada afluencia de pateras a Canarias procedentes de Mauritania.

Las llegadas masivas en pateras, con detenciones de más de 200 inmigrantes, eran desconocidas en Canarias hasta el año 2002.

"Canarias recibe la mayor oleada de inmigrantes en patera en un día."
En: *El Mundo*, 15.03.2006

3. Formad grupos de cuatro personas. Dos personas contestan las preguntas **A** y las otras dos contestan las preguntas **B**. Después contad vuestras respuestas a la otra pareja. Al final controladlas con toda la clase.

A ¿Qué sabes sobre los países subsaharianos y los países magrebíes? Si no sabes contestar estas preguntas, busca más información en Internet.

a) ¿Cómo es la situación política?
b) ¿Qué nivel de vida tiene la mayoría de los habitantes?
c) ¿Cómo funciona la economía?
d) ¿Por qué hay tantos emigrantes que intentan llegar, por ejemplo, a España? ¿Qué buscan en estos países?

B Con la ayuda del texto y del mapa de las primeras páginas del libro o investigando en Internet contesta a las siguientes preguntas:

a) ¿Dónde están los lugares que aparecen en el texto? Búscalos en el mapa de las primeras páginas del libro.
b) ¿De dónde salen los inmigrantes?
c) ¿Por dónde intentan entrar en España?
d) ¿Cuántos kilómetros de distancia hay entre la costa de África y las costas de las Islas Canarias?
e) ¿Qué pasa con los inmigrantes ilegales que llegan a las costas de las Islas Canarias?

E4 Las seis preguntas clásicas[1]

1. En las noticias, para dar forma a un artículo, los periodistas se formulan las seis preguntas clásicas que veis a la derecha. En parejas, leed otra vez la primera parte del artículo e intentad contestar estas preguntas. ¿Podéis contestar a todas? Mirad en qué orden aparecen en el artículo. Explicad por qué se cuentan primero algunos aspectos y después otros.

2. Inventad una noticia para un periódico serio sobre una de las personas de las fotos de E1. Primero contestad las seis preguntas. ¿En qué orden vais a poner la información?

3. Pasad la noticia a otra pareja y corregid su texto. →

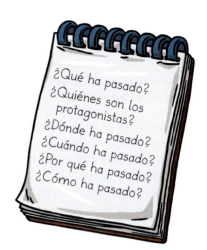

E5 La nueva forma es practicada por los estudiantes.

1. Fíjate en las construcciones en azul en el artículo y decide si estas frases son correctas o falsas. Después comprueba mirando el libro de gramática. → G 3.2

	c	f
a) En la voz pasiva se usa el verbo *ser* combinado con el participio.	•	•
b) En la voz pasiva se usa el verbo *estar* combinado con el participio.	•	•
c) En la voz pasiva hay una concordancia[2] de género y número entre sujeto y participio.	•	•
d) El objeto de la oración activa es el sujeto de la oración pasiva.	•	•
e) El sujeto de la acción (el complemento agente) va con la preposición *para*.	•	•
f) El sujeto de la acción (el complemento agente) va con la preposición *por*.	•	•

¡Ojo!

La voz pasiva no es muy importante en el español hablado, mucho menos que en francés y todavía menos que en lenguas como el inglés o el alemán. Sin embargo, es necesario tener una idea de su construcción y uso. Se usa sobre todo en artículos de prensa o en textos técnicos o científicos. En la lengua hablada se usa la pasiva refleja en vez de la voz pasiva.

2. Pon ahora las construcciones en voz pasiva del texto que no tengan complemento agente en pasiva refleja. Sigue el modelo. → G 1.1.1

Modelo:
Este miércoles han sido rescatados otros 68 en Tenerife.
→ *Este miércoles se han rescatado otros 68 en Tenerife.*

3. Compara la voz pasiva en alemán y en español.

---

1 clásico/-a klassisch, **2 la concordancia** der Bezug, die Übereinstimmung

Etapa 3

E6 Como en el periódico
Escribe las siguientes frases en voz pasiva.
→ G 3.2

Modelo: *Más de 300 subsaharianos han sido detenidos.*

a) Han detenido a más de 300 subsaharianos.
b) Los habitantes rescataron a una familia subsahariana.
c) El periódico *El Mundo* publicó un artículo sobre el tema.
d) Los políticos estuvieron discutiendo el tema durante muchas horas.
e) Las autoridades van a devolver a los inmigrantes a sus países de origen.

E7 Y como en la vida diaria
Ahora escribe los siguientes titulares en voz activa.

Modelo: *Los vecinos trajeron mantas y remedios.*

a) Mantas[1] y remedios fueron traídos por los vecinos.
b) Una niña fue llevada al hospital por los policías.
c) La patera fue traída a la playa por unos jóvenes.
d) El artículo fue leído por miles de personas.
e) Toda la información será conocida mañana.

E8 Extranjeros
1. Lee la letra de esta canción de Pedro Guerra y complétala con las palabras que faltan.

> alma[2] (3x) – cuerpo (3x) – mar (3x) – nombre (3x) – volver – todos (2x)

Extranjeros

Están por ahí, llegaron de allá
sacados de luz ahogados en dos,
vinieron aquí salvando la sal
rezándole al ●●● perdidos de Dios.

Gente que mueve su casa
sin más que su ●●● y su ●●●,
gente que mueve su ●●●
sin más que un lugar que lo esconde.

Están por aquí, cruzaron el ●●●
queriendo París buscando un papel,
llegaron de allí, vivieron sin pan,
intentan seguir no quieren ●●●.

Gente que mueve su casa
sin más que su ●●● y su ●●●,
gente que mueve su ●●●
sin más que un lugar
   que lo esconde.

Por ser como el aire su patria es el viento,
por ser de la arena su patria es el sol,
por ser extranjero su patria es el mundo,
por ser como ●●● su patria es tu amor.

Recuerda una vez que fuimos así,
los barcos y el ●●●, la fe y el adiós,
llegar a un lugar pidiendo vivir,
huir de un lugar salvando el dolor.

Gente que mueve su casa
sin más que su ●●● y su ●●●,
gente que mueve su ●●●
sin más que un lugar que lo esconde.

Por ser como el aire su patria es el viento,
por ser de la arena su patria es el sol,
por ser extranjero su patria es el mundo,
por ser como ●●● su patria es tu amor.

Pedro Guerra: "Extranjeros."
En: *Ofrenda*. BMG Ariola, 2001

---

1 **la manta** die Decke,
2 **el alma** *f.* die Seele

Paso 2 – ¿Un paraíso para todos? Inmigrantes en las Islas Canarias **Etapa 3**

2. ¿Qué tipo de música te imaginas para esta canción? Intenta describirla y justifica tu opinión. Usa el diccionario bilingüe.

   a) ¿Qué instrumentos te imaginas?
   b) ¿Esperas un ritmo lento o uno rápido?
   c) ¿Esperas una melodía triste, dinámica o alegre?

3. Ahora escucha la canción.

   a) Comprueba si has puesto las palabras correctamente.
   b) Explica si te gusta la música y justifica tu opinión. ¿Es como esperabas?

4. Contesta ahora estas preguntas para explicar qué quiere decir Pedro Guerra.

   a) ¿En qué líneas de la canción habla de la situación de los inmigrantes en sus países de origen? ¿Cómo la describe?
   b) ¿En qué líneas habla de la situación actual de los inmigrantes después de venir a España? ¿Y cómo describe esa situación actual?
   c) ¿Qué crees, qué es lo que Pedro Guerra espera de nosotros? ¿Lo dice en alguna línea de la canción?

5. Expón el problema de la inmigración en España refiriéndote a la canción que has escuchado y analizado.

6. Describe la foto lo más exactamente posible y expresa una hipótesis sobre lo que está pensando el cantante. Comparad vuestras hipótesis y elegid la más interesante / graciosa.

 7. Infórmate quién es Pedro Guerra y preséntalo en clase.

E9 Cada vez más jóvenes en las ONG

Hablar del número de organizaciones no gubernamentales (ONG) en España es realmente complicado, porque no existe un registro oficial. Algunas fuentes hablan de 3.000 y otras de 15.000. Las hay de todos tipos: para ayudar a los niños de la calle, de alfabetización¹, superación² de la pobreza, para realizar investigación social, de educación popular³, defensa⁴ del medio ambiente, defensa de los derechos de los consumidores, ayuda social, promoción⁵ cultural, integración social, entre muchas otras.

1 la alfabetización
  die Alphabetisierung
2 la superación
  die Überwindung
3 popular öffentlich
4 la defensa
  hier: der Schutz
5 la promoción
  die Förderung

1. Algunas Organizaciones no Gubernamentales (ONG) organizan viajes de unas tres semanas a países del Tercer Mundo para que los jóvenes europeos conozcan cómo vive la gente. SODePAZ es una de esas organizaciones.
   Imagina que tú quieres pasar un tiempo como voluntario en un país en el que se habla español. ¿Para qué quieres ir? Escribe ocho razones para participar de estos viajes. ¡Ojo con las frases que necesitan subjuntivo!

2. Si tuvieras que elegir, ¿a qué (tipo de) ONG te gustaría pertenecer? Explica por qué.

Modelo:
– Quiero ir para practicar la lengua.
– Quiero ir para que la gente me cuente sobre su vida y sus problemas.
– …

Etapa 3

E 10 Se buscan jóvenes que tengan un poco de tiempo libre.

1. Al elegir a los voluntarios, hay varios aspectos que son importantes para SODePAZ. Mira esta lista. ¿Cuáles de estos aspectos te parecen indispensables, y cuáles son un poco menos importantes? Habla con tu compañero/-a.

2. Escribe un anuncio de SODePAZ buscando voluntarios. Empieza como en el modelo. → G 3.3

   Modelo: *Buscamos jóvenes que tengan un poco de tiempo libre y …*

3. Has visto el anuncio de SODePAZ en el periódico y tienes muchas ganas de pasar tres semanas en un país del Tercer Mundo para ayudar como voluntario. Escribe una solicitud y explica por qué eres ideal para lo que piden. →

El voluntario ideal:

+ ganas de ayudar a los demás
+ personalidad dinámica
+ buena salud
+ capacidad para trabajar en grupo
+ capacidad para solucionar problemas
+ capacidad de adaptación[1] a un país extranjero
+ buen nivel del idioma del país
+ experiencia o interés para trabajar como voluntario

E 11 Cuenta lo que ves y lo que sabes.
Explica este mapa con lo que ahora sabes sobre las Islas Canarias.

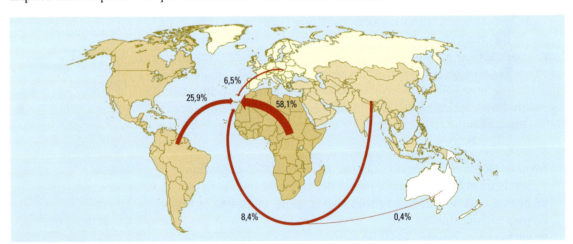

facultativo

E 12 Una historia personal
Presenta a una de las personas de las fotos de E1 y explica qué le pasó.
También formula hipótesis sobre su futuro.

1 la adaptación die Anpassung

Paso 3 Las Islas Canarias: un paraíso para muchos

E1 Las diferentes caras de las islas

1. Se puede ver claramente que cada una de las Islas Canarias se dirige a un grupo diferente de turistas. Intenta analizarlo:

   a) ¿Qué se puede hacer en los lugares que muestran los carteles?
   b) ¿Qué imágenes presentan y qué colores utilizan?
   c) ¿Qué prometen los carteles?
   d) ¿A quién se dirige cada uno?

2. ¿En qué isla te gustaría pasar tus vacaciones? Justifica tu opinión.

3. Seguramente te ha llamado la atención que falta una isla muy importante: Tenerife. Tenerife es la isla más grande y atrae a diferentes grupos de turistas. Busca información sobre lo que Tenerife ofrece a los turistas y diseña un cartel para una agencia de viajes.

Etapa 3

E2 Vacaciones en grupo

Trabajad en grupos de cuatro. Queréis ir una semana a una de las Islas Canarias pero todavía no sabéis a cuál. Cada uno de vosotros tiene diferentes gustos. Repartid[1] los roles y discutid a qué isla vais a viajar. Tenéis ocho minutos para preparar vuestro papel y otros diez para llegar a un acuerdo. Además de las ideas que os proponemos cada uno debe escribir por lo menos una idea propia.

Fuerteventura
El verano pasado unos amigos estuvieron allí y contaron que no era tan caro.

Quieres
- pasar unas vacaciones tranquilas.
- tomar sol y disfrutar de las playas.
- practicar deportes acuáticos[2].

Prefieres
- comprar el vuelo en una agencia de viajes.
- buscar un albergue allí.

No quieres
- gastar mucho dinero.

Lanzarote
Conoces a una familia que alquila pisos para cuatro personas.

Quieres
- cruzar en camello[3] el Parque de Timanfaya.
- disfrutar de la marcha en Arrecife, Puerto del Carmen y Playa Blanca.
- hacer excursiones en bicicleta de montaña y hacer senderismo en el Parque Nacional de Timanfaya.

Prefieres
- alquilar un piso.

No quieres
- pasar cada día en la playa.

El Hierro
Viste un DVD de El Hierro y te impresionaron sus bosques. Además tienes una tienda de campaña nueva en la que pueden dormir cuatro personas.

Quieres
- pasar unas vacaciones muy tranquilas.
- practicar surf, el deporte que más te gusta.
- hacer senderismo "de aventura" en los bosques.
- aprender a bucear.

Prefieres
- ir a un camping y no a un albergue.

No quieres
- gastar mucho dinero.

Gran Canaria
Después de un año de cole sueñas con descansar en la playa mientras miras las hermosas dunas[4] de Maspalomas.

Quieres
- ver los pueblos del interior de la isla.
- ir al famoso Parque de los Cocodrilos.
- visitar los tres parques acuáticos.
- conocer Pachá, una de las discotecas más famosas del mundo.

Prefieres
- organizar el vuelo y un albergue con desayuno en una agencia de viajes de tu ciudad.

No quieres
- ni cocinar, ni hacer las compras, ni limpiar.

---

1 repartir verteilen, **2** acuático/-a Wasser-, **3** el camello das Kamel, **4** la duna die Düne

Paso 3 – Las Islas Canarias: un paraíso para muchos **Etapa 3**

E3 Ventajas y desventajas del turismo

1. Lee los textos y mira la foto y la estadística. Con esta información haz una tabla:

ventajas del turismo	desventajas del turismo
•••	•••

El turismo de las Islas Canarias es un factor muy importante para la economía local. Por el clima subtropical que disfrutan estas islas muchos visitantes de
5 Alemania, Holanda, Inglaterra e Irlanda las visitan todos los veranos. Canarias constituye la tercera región española que mayor número de turistas extranjeros recibe (detrás de Cataluña y Baleares).
10 Canarias recibe más de 9,6 millones de turistas extranjeros anualmente. [...] En este aspecto Tenerife, según los datos aportados por AENA, es el principal destino turístico en las islas, con el 37% del
15 total, le sigue Gran Canaria con un 31% y luego Lanzarote y Fuerteventura con un 16,28% y un 13,30% respectivamente. La Palma se mantiene en la proporción superando el 1,3%. La mayoría de los
20 turistas que visitan las islas proviene del norte de Europa, principalmente del Reino Unido y Alemania.

"Canarias." En: *es.wikipedia.org*

Finalmente, a partir de los 90 se ha ido acentuando la demanda de los turistas, especialmente de los europeos, de áreas alejadas de la muchedumbre, de las ciudades, de sitios que permitan el contacto con la naturaleza y las tradiciones de la población autóctona. Es el turismo rural.

Elsa F. Rodríguez Aguiar: "El turismo de masas en Canarias." En: *www.revistacanarii.com*

Playa del Inglés, en Tenerife

El nivel de desarrollo alcanzado en la región se debe fundamentalmente al turismo.

Beatriz Martín de la Rosa: "Turismo y gestión cultural en las Islas Canarias." En: *www.pasosonline.org*

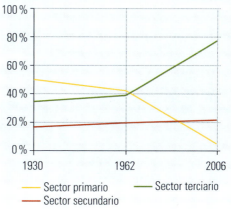

Evolución de la población ocupada por sectores (%)

— Sector primario   — Sector terciario
— Sector secundario

Etapa 3

2. Preparad una pequeña discusión sobre el siguiente tema: ¿Hay que limitar el turismo en las Islas Canarias? Trabajad en grupos de cuatro. Cada uno prepara argumentos a favor y en contra. Tenéis quince minutos. Pasado este tiempo vais a sortear quiénes van a defender los argumentos a favor y quiénes los que están en contra. Tenéis ocho minutos para discutir. Al comienzo cada uno debe definir su opinión. Podéis usar las frases de la derecha.

En mi opinión… / Creo que…	En primer / segundo lugar, quiero explicar que…
Sin embargo… / Pero…	¿No es así?
Es especialmente importante…	Por un lado,… por otro lado,…
¡Déjame hablar! / Habla tú si quieres.	Por último,…

E4 César Manrique, precursor[1] del turismo ecológico

1. En grupos. Escuchad dos veces el texto sobre César Manrique y apuntad palabras clave. Hablad sobre lo que habéis apuntado y escribid un texto.

(facultativo)
2. Ahora vuestro/-a profesor/-a va a daros el texto que habéis escuchado. Comparadlo con vuestro texto.

3. Describe las fotos y relaciónalas con el texto.

4. Busca información sobre la Fundación César Manrique y preséntala al curso.

---

[1] **el precursor** der Pionier

Paso 3 – Las Islas Canarias: un paraíso para muchos **Etapa 3**

El turismo sostenible

El turismo ecológico tiene de base cuidar todos los aspectos del mismo para que estén lo más cerca en armonía con el medio ambiente. Es importante pensar en nuestras actuaciones y si las mismas pueden tener efectos negativos en la naturaleza.

Los tres componentes clave que desarrollan un papel fundamental en el eco-turismo son: el impacto ambiental, el impacto sociocultural y el impacto económico.

El impacto ambiental sujeto al turismo es aquella repercusión que tiene sobre la conservación y la protección de los diferentes ecosistemas del mundo.

El impacto sociocultural estriba en comprender el grado y comprensión intercultural entre las gentes de los lugares que visitamos, preservando así los valores culturales.

En cuanto al impacto económico, nos referimos a que en muchos lugares el turismo es la fuente principal de ingresos de la región, con lo cual es también un punto fuerte en la prosperidad de la misma.

Actualmente y gracias a la gran demanda de este tipo de turismo, la oferta de viajes sostenibles es afortunadamente cada vez mayor. Es destacable que cada vez sean más solicitadas las vacaciones en granjas, agroturismo o turismo rural, casas de árbol, etc.

Los viajes en familia pueden resultar muy divertidos, enriquecedores e inolvidables. Varias encuestas disponibles en la Red, indican que más de la mitad de los ciudadanos europeos estarían dispuestos a pagar más por unas vacaciones más respetuosas con el medio ambiente. Eso sí, el promedio de edad que respondió positivamente, está entre los 26 y 36 años de edad.

Las personas cada día están más implicadas y quieren aportar su granito de arena.

El gran pilar de las vacaciones sostenibles radica en que las personas disfruten de sus vacaciones en la naturaleza sin causarle daño alguno.

"¿Quieres saber más sobre las eco-vacaciones?"
En: *www.ecotendencia.com,* 28.10.2011

1. César Manrique fue uno de los primeros defensores[1] de lo que hoy llamamos "turismo ecológico" o "turismo sostenible". Lee este texto y después discute en clase: ¿qué es lo más importante si quieres hacer este tipo de turismo? ¿En qué aspectos puedes cuidar el medio ambiente cuando viajas?

2. Investiga cómo funciona el tema del turismo ecológico en las Islas Canarias y compara tus resultados con los de tus compañeros.

E5 Te recomiendo que …

¿Qué les recomiendas a las personas que quieren hacer turismo ecológico en las Islas Canarias? Haz una lista para un blog sobre turismo ecológico recomendando, por lo menos, quince cosas.

Modelo: *Te recomiendo que vayas a una agencia especializada[2] en este tipo de turismo. Es importante que …*

Para recomendar también necesitas el subjuntivo.

---

1 el/la defensor/-a der/die Verfechter/-in, **2** especializado/-a en spezialisiert auf

Etapa 3

E6 Repaso: ¿Te recomendó que hicieras todo eso?

1. ¿Recuerdas cómo se forma el imperfecto del subjuntivo? Mira el modelo. → **G** 1.5

   Modelo:
   hablar → *hablaron (indefinido)*
   → *hablara, hablaras, hablara, habláramos, hablarais, hablaran (imperfecto del subjuntivo)*

2. Mira las frases que has escrito en E5 y cuéntale a un amigo español qué les recomendaste a las personas que quieren hacer turismo ecológico.

   Modelo:
   Les recomendé que fueran a una agencia especializada en este tipo de turismo.

El turismo en Canarias

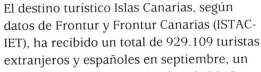

El destino turístico Islas Canarias, según datos de Frontur y Frontur Canarias (ISTAC-IET), ha recibido un total de 929.109 turistas extranjeros y españoles en septiembre, un
5 13,67 % más que en septiembre de 2010. En lo que respecta al acumulado del año, el destino turístico Islas Canarias registra un incremento del 14,29 % con la llegada de 8.698.532 turistas extranjeros y nacionales.
10 El vicecosejero de Turismo del Gobierno de Canarias, Ricardo Fernández de la Puente Armas, destacó que "con estos datos, Canarias continúa liderando el crecimiento turístico de España en cuanto a turismo
15 extranjero con un incremento del 19,71 % en lo que va de año, seguida de Baleares con un aumento del 10,72 %". "En este mes", precisó el vicecosejero de Turismo, "se ha incrementado el turismo extranjero y espa-
20 ñol en todas las Islas, incluida La Palma que llevaba varios meses de descenso". En lo que respecta al turismo extranjero, las Islas recibieron en septiembre la visita de 748.578 turistas, lo que supone un 20,17 % de in-
25 cremento respecto al mismo mes de 2010. Además, en el acumulado del año, llegaron a las Islas 7.384.255 turistas extranjeros, lo que supone un incremento del 19,67 % respecto al mismo período del año anterior. En
30 cuanto al turismo nacional, las Islas recibieron en el pasado mes de septiembre la visita de 180.530 turistas, un 7,16 % menos que en el mismo mes de 2010, mientras que, en lo que va de año, llegaron a las Islas 1.314.276
35 visitantes nacionales, lo que implica un descenso del 8,78 %. El mercado de Holanda es el que mejor comportamiento ha registrado en septiembre, con un incremento del 36,32 % respecto a septiembre de 2010 y un
40 total de 37.304 visitantes; seguido de Irlanda, con un 29,32 % de incremento y 37.041 visitantes. Además, destaca el importante incremento de otros mercados como el de Reino Unido, con un incremento del 18,81 %
45 y Suiza, del 14,76 %.

Viceconsejería de Turismo: Canarias recibe 929.109 turistas extranjeros en septiembre. 24.10.2011

E7 Sobre el texto ...

1. En parejas. Cada uno de vosotros elige cinco cifras y se las dice a su compañero/-a. Este/-a mira el texto T2 y formula una frase completa[1].

2. En el texto aparece varias veces la palabra "incremento". Busca sinónimos y antónimos en el diccionario monolingüe.

Modelo:
A: *20,17 %.*
B: *Es el incremento[2] del turismo en septiembre de 2011 comparado con septiembre de 2010.*

---

1 completo/-a vollständig, **2 el incremento** die Zunahme

Paso 3 – Las Islas Canarias: un paraíso para muchos **Etapa 3**

2. Escribe cinco frases sobre el texto de las que algunas sean correctas y otras falsas. Tu compañero/-a corregirá las falsas.

3. En parejas, elegid uno de los aspectos de los que se hablan en el texto y dibujad un gráfico o preparad una estadística.

E8 Cartas de lectores

1. Lee las siguientes cartas que han escrito algunas personas a diferentes periódicos. Elige una y respóndela.

2. Pasa tu respuesta a un/-a compañero/-a que va a corregir tu carta. Para corregir mira primero si el vocabulario que se usó es adecuado[1]. Controla el uso correcto de los tiempos y formas verbales, de las preposiciones, adjetivos y artículos. Mira si los conectores son los adecuados. Por último controla la ortografía.

Menorca se acaba
Robert Álvarez Sastre, Barcelona
He pasado, como cada año, unos días de mis vacaciones en Menorca y pienso en el poco tiempo que le queda a la isla para convertirse en un desastre turístico más. Este pequeño paraíso balear se acaba ante la fuerte presión inmobiliaria. Miles de casas y apartamentos pueblan los lugares boscosos. Y miles de yates y barcas ensucian el agua impunemente; ni el parque natural de Es Grau se salva. ¿Alguien hará algo para proteger a la isla?

La basura llamada Maspalomas
Luisa Giménez Martel, Gran Canaria
Es indignante pasear por Maspalomas, el consistorio ha retirado 175 contenedores de basura y en su lugar ha puesto solo 9 autocompactadores. Pasear por la ciudad turística más importante de España es como pasear por el vertedero de Juan Grande. La basura está en todas las esquinas. La población tiene que andar cientos de metros para depositar su basura en un autocompactador, y hay personas mayores que no pueden desplazarse a estos puntos. ES DE VERGÜENZA.

Desastres naturales y responsabilidad
Víctor Ovies, Granada
Tenemos la curiosa costumbre de hacer de la naturaleza nuestra enemiga. Construimos pueblos al borde de barrancos, listos para ser arrasados el día en que a esos barrancos les dé por hacer lo que siempre hicieron: correr, desparramarse, arrastrar torrentes de agua. ¿Pero es que nadie les enseñó en la escuela cómo se formaron y para qué sirven los barrancos? Ponemos hoteles al pie del Etna, del Teide. Y nos tapamos los ojos para no ver y jugamos a que aquí no va a pasar nada. Y si pasa, lo llamamos desastre natural. Un volcán, eso es lo que son todas las Islas Canarias. No es más que lava. Y siguen vivas, las islas, y a lo mejor un día deciden sacudirse las pulgas de encima.

E9 Ahora tú.

Un canario de visita en tu país te pregunta cómo es el turismo en Alemania. Piensa en una región turística que conoces bien y explícaselo.

---

[1] adecuado/-a angemessen

Etapa 4
España: varias culturas, lenguas y tradiciones

En España hay algunos problemas que de una u otra manera son importantes en muchos países de la Unión Europea: el separatismo, las diferentes lenguas oficiales y sus consecuencias en la enseñanza, y un pasado con una dictadura.

Trabajar por estaciones

En esta etapa vais a trabajar de manera independiente. Cada uno decidirá el orden de las estaciones y si quiere trabajar solo, en grupo o en parejas. A veces necesitas a un/-a compañero/-a. En una mesa central vais a encontrar mp3 para escuchar los textos de comprensión auditiva, diccionarios monolingües y bilingües y las soluciones para comparar vuestros resultados. Hablad con vuestro/-a profesor/-a cómo os organizáis. ¿Cuánto tiempo vais a necesitar para cada paso?

En un protocolo[1] cada uno debe apuntar sus resultados y al final podéis comparar vuestras experiencias con esta forma de trabajo. ¿Qué os gusta? ¿Qué problemas hay? Os presentaremos cuatro estaciones sobre el tema del regionalismo y las diferentes lenguas en España. Aunque hay varias regiones con una lengua propia, bastante independientes del estado español, estudiaremos sobre todo el País Vasco y Cataluña porque el movimiento separatista es más fuerte allí.

Estación 1: La primera estación trata las lenguas regionales y la fuerte conexión[2] entre la lengua y la identidad.

1. En España hay regiones con dos lenguas oficiales. Completad la tabla, después comprobad con el CD.

2. ¿Por qué creéis que es tan fácil comprender muchas palabras? ¿Con cuál de las lenguas es más difícil? ¿Por qué es así?

3. ¿Sabéis de qué lenguas son las siguientes palabras y qué siginifican?

> olá – s'il vous plaît – de rien – bom dia – boa noite – adieu

catalán	gallego	vasco	castellano
hola	ola	kaixo	●●●
adéu	adeus	agur	●●●
bon dia	bos días	egunon	●●●
bona nit	boas noites	gabon	●●●
no	non	ez	●●●
si us plau	por favor	mesedez	
sí	si	bai	●●●
moltes gràcies	moitas gracias	eskerrik asko	●●●
de rès	de nada	ez ezergatik	●●●

---

1 el protocolo das Protokoll, **2** la conexión die Verbindung

Etapa 4

Estación 2: En la segunda estación vais a descubrir cómo fue la situación durante la época de Franco (1939-1975). Mirad la siguiente tabla, interpretadla y explicad los datos pensando en la situacion histórica.

	catalán 1975	catalán 1986	catalán 2011
Habla	53,1 %	59,1 %	65 %
Entiende	74,3 %	90,3 %	92 %
No entiende	25,7 %	9,7 %	8 %

conocimientos de catalán de la población de Cataluña

Estación 3: En la tercera estación os presentamos el País Vasco. Vais a escuchar un texto con hechos interesantes sobre el País Vasco. Además vais a leer un foro en el que un usuario da su opinión sobre el separatismo en algunas regiones de España. Completa este texto con la ayuda del mapa:

El País Vasco es una Comunidad Autónoma en el ●●● de España. Está formado por las provincias de ●●●, además de la Comunidad Foral de ●●●. También son parte de esta comunidad ●●● provincias vascas que se encuentran en ●●●, un territorio conocido como ●●●.

- País Vasco / Euskadi
- Comunidad Foral de Navarra
- País Vasco francés / Iparralde

Estación 4: La cuarta estación habla de la vida diaria en una región bilingüe: Cataluña. Aquí veis el artículo que habla del estado oficial de la lengua castellana. Leedlo y decidid si las siguientes afirmaciones son correctas. Corregid las afirmaciones falsas.

> **La Constitución Española de 1978: Artículo 3**
> 1. El castellano es la lengua española oficial del Estado. Todos los españoles tienen el deber de conocerla y el derecho a usarla.
> 2. Las demás lenguas españolas serán también oficiales en las respectivas Comunidades Autónomas de acuerdo con sus Estatutos.

	c	f
a) En toda España el castellano, el catalán, el gallego y el vasco son oficiales.	●	●
b) Los españoles que viven en Cataluña, el País Vasco o Galicia tienen que saber hablar el castellano.	●	●
c) Cada español puede hablar en castellano, no importa en qué Comunidad Autónoma viva.	●	●
d) Cataluña, Galicia y el País Vasco tienen dos lenguas oficiales.	●	●

Y al final ...
¿En qué país o región de la Unión Europea existen los mismos problemas?

Etapa 4

Estación 1 *Lengua e identidad*

La diversidad[1] lingüística en España

"En España todas las personas disfrutan de la siesta, beben vino o sangría, comen paella y hablan español." No se puede afirmar que la frase anterior sea totalmente falsa, tampoco que sea cierta, sino que no se ajusta a la realidad. En las líneas que aquí empiezan no se hablará de gastronomías o de costumbres, pero sí de esa parte esencial de la cultura que suponen los idiomas y de cómo las lenguas están fuertemente ligadas a la identidad de la gente.

Los españoles hablan español, pero no solo español; una gran parte de la población es bilingüe. En la actualidad son cuatro las lenguas más habladas en España: tres tienen su origen en el latín, español, catalán y gallego. En la Comunidad Valenciana, por razones políticas, el catalán se denomina valenciano o lengua valenciana. La cuarta lengua es más antigua y su origen no ha podido ser determinado, se trata de la lengua vasca o eusquera (*euskera* en vasco) que es el único idioma que resistió la intensa romanización del territorio peninsular. A estas cabe añadir el aranés hablado en el Valle de Arán, que también recibe un tratamiento de lengua cooficial en su territorio. Por otra parte, el aragonés y el leonés son dos grupos de hablas que, procedentes del latín, no llegaron a adquirir el reconocimiento de lenguas y hoy son considerados dialectos del español.

La situación actual de las lenguas habladas en España es muy desigual, el español es hablado en todo el territorio nacional y, además, desde el último cuarto del siglo XX, se ha producido un proceso de reconocimiento y recuperación de las distintas identidades culturales y lingüísticas.

Francisco Javier Cubero: "La diversidad lingüística en España". En: *www.elcastellano.org,* 17.12.2001

E1 Sobre el texto ...

1. Decide qué título va con cada párrafo: "Las lenguas de España hoy", "Las lenguas en España", "Estereotipos españoles".

2. ¿Cuál es la diferencia entre "dialectos" y "lenguas oficiales"? Da ejemplos.

3. Copia el siguiente esquema en tu cuaderno y complétalo. Con la ayuda del texto y del mapa, decide si son lenguas propias o dialectos del castellano.

lengua propia	comunidad/-es donde se habla	dialecto del castellano	comunidad/-es donde se habla
gallego	Galicia, •••	andaluz	•••
•••	•••	•••	•••
•••	•••	•••	•••

leonés – gallego – aranés – vasco – andaluz – valenciano – catalán – aragonés

---

1 la diversidad die Vielfalt

Estación 1 – Lengua e identidad **Etapa 4**

E2 La lengua más hablada en diferentes países es el español.

1. Busca dos ejemplos más de subordinadas de participio en el texto y transfórmalos en oraciones relativas. → G 3.1.3

   Modelo: Son cuatro <u>las lenguas más habladas</u> en España.
   → Son cuatro <u>las lenguas que más se hablan</u> en España.

2. Elige el sinónimo de la expresión que está en azul y decide qué tipo de frase es: temporal *(cuando)*, condicional *(si)* o causal *(porque)*.

   a) Llegado el franquismo, ya no se podía hablar las lenguas regionales.
   A) Cuando llegó el franquismo …
   B) Mientras llegaba el franquismo …
   C) Ya que llegó el franquismo …

   b) Terminada la dictadura, las lenguas regionales florecieron[1].
   A) Mientras terminaba la dictadura …
   B) Cuando terminó la dictadura …
   C) Durante la dictadura …

   c) Dado que en España hay cuatro lenguas, hay millones de españoles bilingües.
   A) Aunque en España hay …
   B) Sin que en España haya …
   C) Como en España hay …

   d) Comparado con el número de hablantes del catalán, pocos hablan el gallego.
   A) Cuando lo comparas con el número …
   B) Si lo comparas con el número …
   C) Mientras lo comparas con el número …

E3 Chistes

1. La primera frase del texto T1 presenta algunos estereotipos sobre España. Busca la definición de la palabra "estereotipo" en un diccionario monolingüe. ¿Conoces más estereotipos sobre España? → 6

2. Mira estos chistes y deduce cuáles son los estereotipos sobre Cataluña, Galicia, País Vasco, y la gente que vive allí.

3. ¿Hay estereotipos sobre las distintas regiones en Alemania? Coméntalo en tu grupo.

Un gallego le dice a otro:
–Oye, Manolo, pásame otro shampoo.
–Pero si ahí en el baño hay uno.
–Sí, hombre, pero éste es para cabello seco y yo ya me lo he mojado.

En el cuartel:
–¡Atención reclutas! ¡Armas al hombro! …
¡¡Arrr!!
– …
–A ver, el de Bilbao, ¡baja el tanque, coño!

A un catalán le robaron su tarjeta de crédito pero decidió no cancelarla porque el ladrón estaba gastando menos que su esposa.

En un bar:
–Les voy a contar unos chistes de gallegos.
–Pues señor, le aviso que yo soy gallego.
–No importa, yo se los explico luego.

Un catalán se encuentra con un amigo:
–Pero tío, ¿dónde está tu anillo de matrimonio?
–Es que esta semana lo lleva mi esposa.

Dos vascos:
–Patxi, ¿tus vacas fuman?
–No.
–Pues entonces se está quemando tu casa.

---

[1] florecer aufblühen

Etapa 4

Catalanes y castellanos

 El fragmento que vas a leer trata de personas de dos comunidades autónomas de España: Castilla y Cataluña. Búscalas en el mapa y anota qué provincias las forman.

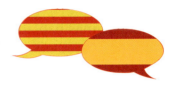

Como muchos catalanes, yo crecí entre dos lenguas; como muchos españoles de mi generación, entre dos modos de vida: la ciudad y el campo, aunque este fuera ya solo una sombra, un recuerdo; yo además crecí entre dos clases sociales: burguesía catalana e inmigrantes castellanos, y estudié en un colegio francés, donde nuestra realidad se contemplaba con desdén [...]; y crecí, como todo el mundo, entre personas de dos sexos. Todo, en fin, a mi alrededor era doble, contrastado, conflictivo [...].
Mis dos familias representaban dos maneras muy distintas de estar en el mundo. Los unos eran ricos, los otros pobres; los unos catalanes, los otros castellanos [...]. Si en Cataluña –esa es la sensación que tengo desde que empecé a verla desde fuera– la gente se divide en dos: nosotros y los otros, mi familia reunía a ambos grupos, y yo los veía contemplarse con curiosidad, pero sin cariño; tolerarse y convivir mal que bien, sin amalgamarse nunca; cuando por fin ha nacido una generación, la mía, en que se mezclan las dos vetas, no por eso se confunden [...]. De toda esa mezcla que fue mi educación, me quedó una especie de perpetua extraterritorialidad: el estar en el filo entre varias identidades, con un pie dentro y otro fuera; la conciencia de que las cosas se pueden hacer, la vida vivirse y pensarse, de distintas maneras [...].
Los castellanos eran rectos, dignos, dotados de una innata nobleza y desdeñosos del dinero. O rígidos, provincianos, apocados e inadaptados al mundo moderno: todo dependía de cómo se mirase. Los catalanes daban la sensación de ser una minoría compacta, con un lenguaje propio –no solo el catalán, sino una serie de guiños, sobreentendidos y códigos privados–, como una gran familia, sensación reconfortante a ratos, y a ratos exasperante.

Laura Freixas: *Adolescencia en Barcelona hacia 1970.* Barcelona: Destino, 2007

1. Explica cómo se siente la narradora y por qué se siente así.
2. Describe cómo son los dos mundos de los que habla.
3. Imagínate con cuál de los dos mundos se identifica más la escritora. Justifica tus ideas.
4. Compara la experiencia de la protagonista con la tuya.
5. A la derecha tienes dos grupos de adjetivos que van con los estereotipos que existen sobre los españoles de las diferentes comunidades. Compara con lo que dice Laura Freixas sobre las dos partes de su familia.
6. Utiliza el diccionario monolingüe para buscar los sustantivos que corresponden a cada adjetivo.

    Modelo: ambicioso → *la ambición.*

Castellanos: nobles, orgullosos, honrados, sencillos, conservadores

Catalanes: prácticos, ambiciosos, trabajadores, separatistas, orgullosos, tacaños, amantes de su tierra, emprendedores

Espainia, frankeo ordaindua

El otro día pasé un rato incómodo porque no identificaba el origen de una carta remitida a mi nombre. El texto de la parte superior derecha del sobre ya presentaba alguna dificultad: *Espainia, frankeo ordaindua*. De vasco no entiendo una palabra, lamentablemente; pero aplicando el sentido común concluí que la inscripción, acompañada de la trompa y la corona real de Correos, significaría *España, franqueo ordinario*, o algo así. En cualquier caso, me pareció descortés que una carta que debe circular por el resto del territorio nacional e ir a manos de quien, como yo, tiene la desgracia de no hablar otra lengua española que la castellana, obligue al destinatario a perder el tiempo descifrando criptogramas innecesarios. Pero bueno. Todo sea, me dije, por la rica pluralidad, etcétera. A fin de cuentas, franqueo *ordaindua* o del género que fuera, la carta estaba en manos del destinatario. El problema era que no lograba identificar la procedencia del remitente. *Hondarribiko udala*, decía el texto impreso en el sobre. En el interior, la carta –que era breve y de carácter privado– tampoco daba ninguna pista sobre la localidad en cuestión. Al fin miré la letra pequeña: *Hondarribia, Gipuzkoa*. Eso debe de ser Fuenterrabía, me dije tras pensarlo un poco. Qué tonto soy. En Guipúzcoa. El problema era que no tenía ni idea de lo que significa *udala*. Así que cogí el teléfono y llamé a Amaya Elezcano, mi editora, que es de Bilbao. Ayuntamiento, me dijo. Te escriben del ayuntamiento de Fuenterrabía. Y lo de *ordaindua* no significa ordinario, sino pagado. Que no te enteras, tío. Le di las gracias y colgué. Había empleado casi diez minutos y una llamada telefónica en averiguar de dónde me mandaban la puta carta.

Arturo Pérez Reverte

Cuando se publique este comentario, supongo que caerán otras cartas diciéndome que extrañarse en Madrid, o en Albacete, por un *frankeo ordaindua* es propio de neonazis y tal. Lo de siempre. A estas alturas, mientras insulten en una lengua que pueda entender, ahí me las den todas. No porque infravalore el idioma nobilísimo que utiliza cada cual cuando anda por casa o entre gente que lo pucha con soltura; eso es cosa particular, y ahí no me meto. Lo que me toca la flor – si permiten ustedes esa discreta metáfora en tecla de un académico de la RAE – es la descortesía de obligarnos, a quienes no estamos al corriente, a consultar diccionarios y llamar por teléfono. Eso cuando disponemos todos, remitentes y destinatarios, de una herramienta común, prodigiosa y depuradísima, para decirnos las cosas y comprenderlas en el acto. Por supuesto que cuando recibimos una carta en inglés o alemán escrita desde Inglaterra o Alemania, aquí nadie enarca una ceja. Pero es que no es lo mismo, oigan. Ni de lejos. Aunque algunos quisieran que lo fuera. [...]

Arturo Pérez Reverte: "Espainia, frankeo ordaindua." En: *El Semanal*, 15.1.2006

Etapa 4

 facultativo

1. Elige la respuesta correcta.

   a) El autor pasó un mal momento porque
   A) no sabía quién le había mandado la carta. B) no sabía de dónde venía la carta. C) su nombre estaba mal escrito.

   b) Pudo traducir lo que decía arriba
   A) porque entiende algo de vasco.
   B) porque tiene un amigo que habla vasco. C) porque se lo imaginó.

   c) El hecho de recibir una carta con un texto escrito en vasco le parece
   A) interesante. B) curioso.
   C) poco amable.

   d) El autor
   A) había traducido mal la palabra *ordaindua*. B) la había traducido correctamente.
   C) no había intentado traducirla.

2. Haz una lista de todo lo que sabes sobre el narrador.

3. Analiza su postura respecto a las lenguas en España. Explica por qué (no) compartes su opinión.

 facultativo

E 4 Entrevista a Agustín Fernández Paz

Agustín Fernández Paz es un gallego de 53 años que ha dedicado su vida a los niños. Ha sido pedagogo, escritor, editor… Pero tiene otra pasión que es la defensa del idioma gallego.

Entrevistador: ¿Por qué todos tus libros se publican antes en gallego que en castellano?

Paz: Porque yo escribo en gallego, es mi lengua habitual y mi lengua literaria. Después, como es natural, hago todo lo posible para que mis libros se traduzcan. En castellano, desde que obtuve el premio Lazarillo con "Contos por palabras", encontré una mayor receptividad por parte de las editoriales. Pero no es un camino fácil; en mi caso, una parte de mis libros permanece sin traducir.

E: ¿No has pensado nunca en traducir tus libros tú mismo, o en colaboración con alguien más, como hacen algunos autores?

P: Prefiero que sea otra persona la que se encargue de la traducción; si la hiciera yo, se convertiría en una labor de reescritura del texto original. De todos modos, debo añadir que siempre es un trabajo de colaboración entre quien me traduce y yo. Hacemos sucesivas revisiones, que acaban mejorando el texto de partida; y solo damos por concluido el trabajo cuando a los dos nos satisface el resultado.

E: "O centro do labirinto" es la novela que prefieres entre todas las que has escrito. ¿Para cuándo su publicación al castellano, después de tres años editada en gallego?

P: Me encantaría ver publicada la versión castellana de "O centro do labirinto", que hasta ahora solo se ha traducido al catalán. Estoy seguro de que le interesaría a un lector juvenil, y también a muchas personas adultas. Pero hasta ahora no he recibido ninguna proposición para editarla, así que supongo que tendrá que esperar su momento.

Pablo Cruz: "Entrevista a Agustín Fernández Paz."
En: *http://revistababar.com*, 01.05.2005

Estación 2 – Las lenguas durante la dictadura **Etapa 4**

1. ¿Por qué Agustín Fernández Paz escribe siempre en gallego?

2. ¿Puedes ayudar al señor Paz a traducir este resumen de su libro al castellano?

3. ¿Y tú, puedes expresarte en algunos casos mejor en un dialecto del alemán que en el alemán estándar? Da un ejemplo.

E5 ¿Cómo es?
Explica a un castellanohablante la situación de los "dialectos" en Alemania.

> A mediados do século XXI, Europa é un Estado unitário, no que foron abolidas tódalas línguas, agás o inglés, e no que a xente vive feliz vendo a televisión e disfroitando dos adiantos tecnolóxicos. ¿Todos? Non! Unha aldea galega resiste ó invasor, négase a entrar na era tecnolóxica e semellan vivir afastados da civilización, sen adiantos nin modernidades.
> A doutora Sara Mettman, unha filla de galegos emigrados a Alemaña, onde casóu e acadóu un importante posto nun misterioso consello de especialistas que gobernan Europa na sombra, decide sorprender a todo o mundo e facer unha viaxe atá Galiza, e o que inda é pior, levando ó seu fillo, un rapaz que só sabe xogar co ordenador e ódia a natureza. Durante a viaxe, o rapazolo sofre un accidente e é secuestrado.

Estación 2 *Las lenguas durante la dictadura*

E1 Cóctel[1] de noticias

1. Describe las fotos de las páginas 91 y 92. Después relaciónalas con los textos A-D.

2. Escribe un titular de periódico para cada foto.

3. Busca en un diccionario monolingüe el significado de "lengüicidio". ¿Existe esta palabra en alemán? Si no es así, explícala con tus palabras. → 📖 ⑥

---
[1] el cóctel der Cocktail

Etapa 4

A) Francisco Franco Bahamonde, conocido como Francisco Franco o simplemente Franco, fue un militar y dictador español, golpista integrante del pronunciamiento militar de 1936 que desembocó en la Guerra Civil Española.

B) España sufría una terrible represión. El uso de las lenguas regionales se tomaba como un signo de oposición. Se estima que las ejecuciones políticas entre 1939-1945, fueron más de 28.000. En su mayoría se realizaron entre 1939 y 1940.

C) En España, a pesar de la enorme represión franquista, también hubo una gran revuelta en las universidades que se intentó ocultar. El 18 de mayo de 1986, el cantautor Raimon ofreció un concierto en catalán en la Facultad de Ciencias Políticas y Económicas de la Complutense como protesta contra la dictadura de Franco y en defensa de las libertades de ese país.

D) El intento de lengüicidio de la dictadura franquista comenzó cuando el 5 de abril de 1938 las tropas de Franco entraron en territorio catalán dejando sin efecto el Estatuto de Autonomía de Cataluña. Por esta razón la lengua catalana, que era la oficial junto con el castellano, quedó fuera del Parlamento de Cataluña, de la Administración, la escuela y la Universidad. Se podían leer letreros públicos con sentencias ofensivas como 'Prohibido escupir y hablar en catalán'.

La dictadura y la persecución de todo idioma que no fuera el castellano

Las Comunidades Autónomas Cataluña, el País Vasco y Galicia se conocen como las *comunidades históricas* por su fuerte identificación como pueblo o nación desde hace siglos, y fueron precisamente estas regiones las que sufrieron una gran represión durante la dictadura franquista (1939 – 1975). El lema de la época "España: una, grande y libre" da buena cuenta de la importancia que Franco daba a la unidad del país. El régimen dictatorial estaba fuertemente en contra de cualquier pensamiento de pluralidad nacional, reprimiendo muy severamente los movimientos nacionalistas y las particularidades culturales de cada región, hasta llegar al extremo de prohibir el uso de las lenguas regionales.

Dos ejemplos de leyes franquistas:
- El 23 de abril de 1941 una orden ministerial prohíbe la proyección de películas que no estén en castellano.
- Proyecto de Ley del 8 de junio de 1957, sobre el Registro Civil, que dice "tratándose de españoles los nombres deberán consignarse en castellano […]."

Las represiones durante la dictadura provocaron reivindicaciones nacionalistas que tuvieron su expresión más radical en el nacimiento del grupo terrorista vasco ETA (1959). Tras la muerte del dictador Franco (1975), la Constitución de 1978 reconoció la pluralidad lingüística y estableció que las demás lenguas españolas fueran también oficiales en las respectivas Comunidades.

Estación 2 – Las lenguas durante la dictadura ... **Etapa 4**

E2 Tándem: ¿Has comprendido el texto?

A

¿Cuáles son las llamadas comunidades históricas? *(Cataluña, el País Vasco, Galicia.)*

• • • • • • •

¿Cuál fue el lema[1] de la época franquista? *("España: una, grande y libre".)*

• • • • • • •

Da dos ejemplos de la legislación[2] franquista represiva contra las lenguas regionales. *(En 1941 se prohibió mostrar películas que no estuvieran en castellano; en 1957 se intentaron prohibir los nombres no castellanos.)*

• • • • • • •

¿En qué año murió Francisco Franco? *(Murió en 1975.)*

• • • • • • •

B

• • • • • • •

¿Cuántos años duró la dictadura franquista? *(Duró 36 años.)*

• • • • • • •

¿En qué se mostró la represión franquista? *(Se prohibieron las lenguas regionales, se reprimieron los movimientos nacionalistas.)*

• • • • • • •

¿En qué año nació el grupo terrorista ETA? *(Nació en 1959.)*

• • • • • • •

¿Qué significado tuvo la Constitución de 1978 en cuanto a[3] las lenguas regionales? *(Reconoció la pluralidad lingüística; estableció que todas las lenguas españolas fueran oficiales en las respectivas Comunidades Autónomas.)*

E3 La situación de las lenguas regionales

El régimen[4] de Franco no solo prohibió usar las lenguas regionales sino también los nombres no castellanos, por ejemplo: Iñaki, Kepa, Koldobika, nombres típicos del País Vasco, o Francesc, Joan, típicos de Cataluña. ¿Qué sentimientos provocó esto en la gente y cuáles fueron las consecuencias durante y después de la dictadura? Discutid en grupo.

---

1 el lema das Motto, **2 la legislación** die Gesetzgebung, **3 en cuanto a** in Bezug auf, **4 el régimen** das Regime

Etapa 4

Una entrevista

Aquí puedes leer una entrevista a Andreu Moll Ferrer, profesor de catalán de la Universidad de Barcelona, que habla de la situación de la lengua catalana antes, durante y después de la época franquista hasta hoy.

Entrevistador: ¿Cómo se desarrolló la importancia del catalán desde la Edad Media hasta la Guerra Civil?
Moll Ferrer: Ya en el siglo XIII se empezó a escribir mucha literatura en catalán. En el siglo XX el filólogo Pompeu Fabra desarrolló normas ortográficas y una gramática catalana y en 1933 publicó el *Diccionari General de la Llengua Catalana*. Durante la Guerra Civil se crearon diarios, películas, literatura, teatro etc. en catalán.
E: Igual que otras lenguas, el catalán fue muy reprimido durante la dictadura de Franco. ¿Cómo se manifestó esta persecución en concreto?
MF: La persecución del catalán fue intensa y sistemática, sobre todo durante los años cuarenta y cincuenta. El régimen de Franco prohibió su uso en prácticamente todos los ámbitos: en la educación, en la edición de libros, periódicos o revistas, en las conversaciones telefónicas, en películas, en el teatro, en la radio y en la televisión. La señalización viaria y la comercial también era en castellano.
E: Con esa represión masiva, ¿cómo era posible la conservación de la lengua catalana?
MF: Una explicación es que el pueblo catalán daba mucho significado a su lengua que fue una de las armas de resistencia más importantes durante este periodo. A pesar de todo, el catalán siempre se hablaba en las familias. Sin embargo, cuando terminó la dictadura franquista, el número de hablantes de catalán se había reducido a 53 %.
E: ¿Qué pasó con la literatura catalana?
MF: A pesar de la persecución masiva del catalán, hubo en ese periodo muchos escritores que escribieron, muchos de ellos desde el exilio, como Josep Pla, Carles Riba o Mercè Rodoreda.
E: ¿Cómo se desarrolló el idioma catalán después de la transición a la democracia?
MF: El fin de la dictadura y la llegada de la democracia hicieron posibles el reconocimiento oficial de las lenguas regionales. El parlamento de Cataluña aprobó leyes que introdujeron el catalán en la escuela, la administración y los medios de comunicación. También el catalán ha ido recuperando presencia en la prensa, de modo que actualmente el 25 % de la prensa de información general es en catalán y cada año se incrementa de manera constante.

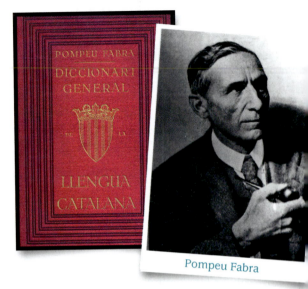
Pompeu Fabra

Generalitat de Catalunya: "El Catalán, lengua de Europa." En: *www.gencat.cat/llengua*, 2011

E4 ¿Has comprendido la entrevista?

Decide si las siguientes frases son correctas o falsas y corrige las que son falsas.

	c	f
a) El catalán tiene una historia larga como idioma escrito y hablado que empieza en el siglo XIII.	•	•
b) Durante la dictadura solo fue permitido usar el catalán en ámbitos públicos.	•	•
c) Los catalanes siguieron usando el catalán en casa.	•	•
d) Durante la dictadura solo fue posible publicar literatura en catalán fuera de[1] España.	•	•
e) En la dictadura el uso del catalán aumenta[2] en todos los ámbitos de la vida.	•	•

E5 Tengo algo que contarle …

Un día después de haber leído la entrevista le cuentas a tu profesor/-a de español lo que decían las frases marcadas en azul. Usa el estilo indirecto.

E6 Dos escritores catalanes famosos

1. Investiga sobre la vida de uno de estos dos escritores y preséntalo en clase.

2. Busca el resumen del argumento de alguna de sus obras y cuéntaselo a tus compañeros.

3. En parejas. Preparad una entrevista a uno de los dos escritores y presentadla en clase.

E7 Para terminar

Infórmate cómo es la situación del idioma kurdo en Turquía y explícalo a la clase.

Mercè Rodoreda

Ramón José Sender

---

1 fuera de außerhalb von, **2 aumentar** zunehmen

Etapa 4

Estación 3 *El País Vasco – ¿un país o una comunidad?*

E1 Una región especial

Antes de escuchar

1. ¿Qué sabes del País Vasco? Escribe algunas palabras clave y habla con tus compañeros.

2. Infórmate sobre el significado de *Euskadi*.

Mientras escuchas

3. Escucha el siguiente texto sobre el País Vasco y decide cuál(es) de las respuestas son correctas.

   a) El País Vasco
   - A) es una comunidad autónoma.
   - B) está en la Península Ibérica.
   - C) es parte de España.

   b) El euskera
   - A) se habla en el País Vasco.
   - B) se habla solo en un pueblo del País Vasco.
   - C) es un idioma cuyo origen no conocemos.

   c) El País Vasco
   - A) tiene más de doce millones de habitantes.
   - B) tiene más habitantes que las otras comunidades autónomas.
   - C) tiene más habitantes por km^2 que las otras comunidades autónomas.

la costa de Donostia (San Sebastián)

carteles en Pamplona

Después de escuchar:

4. Responde a estas preguntas:

   a) ¿Con qué relacionaban los españoles al País Vasco hasta hace muy poco?
   b) ¿Cuál es el origen del idioma vasco?
   c) Piensa en las razones por las que el País Vasco tiene la densidad de población más elevada de toda España.
   d) ¿Cuál ha sido siempre la principal actividad de los habitantes del País Vasco?
   e) ¿Cuáles son las actividades más importantes para la economía vasca?
   f) ¿Cómo es la situación del paro en esta región?

Estación 3 – El País Vasco – ¿un país o una comunidad?   **Etapa 4**

E2 El euskera

¿Qué le contarías sobre el siguiente texto a un/-a amigo/-a alemán/-ana que no sabe español?

Sobre el origen de esta lengua se puede decir muy poco, ya que los estudiosos todavía no se ponen de acuerdo. Existen las más diferentes teorías. Algunas muy disparatadas como la que dice que el euskera es una de las 72 lenguas surgidas por voluntad divina. Otros autores más modernos han propuesto un origen caucásico, ya que han encontrado similitudes léxicas y gramaticales con el georgiano. "Lo único que se sabe aquí es que nada se sabe" dijo Cánovas del Castillo, y la situación no ha mejorado mucho.
Lo que hace que el vasco o euskera sea una lengua muy diferente de sus vecinas, el francés y el español, es que la declinación tiene 15 casos distintos. En euskera no existe diferencia de género, es decir no existe la terminación -o/-a para determinar el género femenino o masculino. Para sustantivos como *chico* y *chica* existen dos palabras diferentes, *mutil* y *neska*. Para los adjetivos no hay diferencia entre la forma masculina y femenina. Aunque sí existe, a diferencia de las lenguas románicas, una forma masculina o femenina en algunos verbos.
Algunas palabras típicamente vascas son: agur = adiós; laguna = amigo; batasuna = unidad; askatasuna = libertad.

E3 El Museo Guggenheim de Bilbao

1. Completa el texto con los verbos en el tiempo correcto. Si es necesario, usa el diccionario bilingüe.

En 1993 ••• *(comenzar)* las obras de construcción del museo, según el proyecto del arquitecto Frank O. Gehry. Al igual que el Museo Guggenheim de Nueva York, el diseño arquitectónico ••• *(ser)*, en sí mismo, una verdadera obra de arte en la que ••• *(conjugarse)* materiales como el acero, la piedra, el titanio o el agua. La apertura oficial del museo ••• *(ser)* el sábado 18 de octubre de 1997. El museo ••• *(tener)* una superficie total de 24.000 m² (auditorium, librería, restaurante, etc.). Las salas de exposiciones ••• *(cubrir)* un total de más de 11.000 m², lo que ••• *(permitir)* tener una programación artística de primer nivel.

2. Mira el folleto del museo (p. 98) y contesta estas preguntas.

   a) ¿Cuál es la dirección del museo?
   b) ¿A qué hora cierra cada día?
   c) ¿Se puede visitar el museo los lunes?
   d) ¿Cuánto cuesta la entrada para un niño de once años?
   e) ¿Qué incluye el precio de la entrada?
   f) ¿Siempre tiene el mismo precio?
   g) ¿Se puede entrar con animales al museo?
   h) ¿Qué tienes que hacer si quieres ir con tu clase de español al museo y necesitas un/-a guía?
   i) ¿Por dónde entras si vas en un grupo?
   j) ¿Si quieres ir a la cafetería, tienes que entrar también al museo?

Etapa 4

Museo Guggenheim
Información general

Guggenheim BILBAO

Horarios: De martes a domingo, de 10.00 a 20.00 horas. Apertura excepcional los lunes festivos o en puente. Cerrado el 25 de diciembre y el 1 de enero. Información: 94 435 90 80. La taquilla cierra media hora antes del cierre del museo.

Tarifas:
> Existen distintas tarifas según el perfil del visitante: adulto, estudiante, jubilados o pensionistas, grupos (mínimo 20 personas). Los niños menores de 12 años que vienen acompañados por adultos entran gratuitamente.
> Todos aquellos que quieran beneficiarse de alguna de las reducciones en las modalidades de estudiante hasta 26 años o jubilado deberán presentar la acreditación correspondiente en taquilla.
> El precio de la entrada incluye audio-guía, sistema que permite disfrutar de una visita autónoma al Museo, con explicaciones tanto de la arquitectura como de las exposiciones.
> Las tarifas del Museo son variables en función de las exposiciones. Durante los cambios de exposiciones y debido al cierre de salas, se aplican tarifas reducidas.

Entrada al Museo Guggenheim Bilbao: Entrada principal a través de la plaza del Museo. Entrada de grupos en la parte posterior con acceso a la ría.

Discapacitados: Rampa de acceso por la entrada de grupos, desde el nivel del muelle. Dentro, amplios ascensores. Se admiten perros guía.

Amigos del Museo: Información y reservas (+34) 94 435 90 14 (lunes a viernes de 9:00 a 14:00 horas).

Visitas en grupo con reserva: Para evitar aglomeraciones en las salas, el Área de Atención al Visitante necesita distribuir los grupos durante todo el día en las franjas horarias disponibles. En función de las características de la visita, se aplica el siguiente procedimiento:

Grupos que deseen reservar un guía del Museo: El Museo Guggenheim Bilbao ofrece la posibilidad de disfrutar de recorridos guiados por personal cualificado, siendo necesario efectuar la reserva al menos con 2 semanas de antelación en el teléfono 94 435 90 90 de lunes a viernes de 9:00 a 14:00 h, fax: 94 435 90 39.

Cafetería: Localizada en el interior del Museo, esta cafetería está concebida como área de descanso durante los recorridos museísticos.

Cafetería-Restaurante: De acceso y horario independientes del Museo, ofrece barra con tapas, menú del día y menú a la carta. Dispone además de una magnífica terraza de verano.

"Información del Museo." En: *www.guggenheim-bilbao.es*, 2012

3. Escribe una frase debajo de la foto de la página 97 para promocionar[1] el museo.

4. Tu amigo español y tú quedasteis en encontraros en el museo a las diez. Uno de vosotros ya está allí, pero el otro no. Mandaos mensajes de texto (con un papel cada uno) hasta encontraros. Pensad primero dónde está cada uno. ¡No os encontréis demasiado pronto!

```
q    = que
pq   = por qué / porque
x    = por
xro  = pero
xra  = para
tb   = también
tp   = tampoco
cdo / qdo = cuando
cto / qto = cuánto
```

1 promocionar bewerben

Estación 3 – El País Vasco – ¿un país o una comunidad? **Etapa 4**

Un foro: Separatistas catalanes y vascos, con mi dinero no

05/Ago/2005

Cuando compramos un producto fabricado en Cataluña o el País Vasco, estamos contribuyendo sin darnos cuenta, vía impuestos, al mantenimiento de los gobiernos de estas dos Comunidades Autónomas que claramente son SEPARATISTAS.
Se me queda cara de tonto al darles un céntimo a estos señores que no nos pueden ver al resto de España pero sí y mucho a nuestro dinero.
Estas dos Comunidades, por razones históricas y sus continuos lamentos han recibido una riqueza de TODOS los españoles que las han hecho ser unas de las regiones españolas más ricas, en detrimento del resto.
En nuestra mano está el mirar lo que compramos y si queremos contribuir a hacer más ricos a estos "listos" y dejarnos al resto en la miseria.
PENSADLO, es fácil, solo hay que mirar dónde se ha fabricado lo que queremos comprar.

17/Ago/2005

Chaval no sabes por donde te da el aire. Resulta que entre vascos y catalanes son unos 12 millones de personas que representan el 25% de la población del estado español. Tienes suerte de que ellos no tengan la mente tan cerrada como tú y sigan consumiendo productos andaluces, castellanos, etc.

18/Ago/2005

No confundamos a la gente. Si el País Vasco y Cataluña son las regiones más ricas de España (que lo son) es simplemente por dos razones.
Una, porque fueron los primeros españoles que se interesaron en eso de la "Revolución Industrial", poniendo CAPITAL PROPIO (que no de España) para adquirir máquinas y demás. Y dos, porque disponían, para potenciar esa Revolución Industrial, de recursos naturales favorables.
Y eso de que maman de la teta de España es, con perdón, una mentira. Porque es al revés, ya que un gran porcentaje de la contribución catalana VA A PARAR A EXTREMADURA Y CASTILLA Y LEÓN. Repito, un gran porcentaje (creo que era un 32 coma algo). En todo caso, es España quien quiere el dinero del País Vasco y de Cataluña.

E4 Sobre el texto …

1. Explica cuál es el tema de la discusión.
2. ¿Qué significa para ti la palabra "separatista"? Habla con tus compañeros.
3. ¿Qué dice el autor de la entrada del 5 de agosto sobre los vascos y los catalanes? Resume su opinión y sus argumentos.
4. Resume qué contestan los otros dos usuarios del foro.
5. Si una comunidad como el País Vasco o Cataluña se separara de España, ¿cuáles serían las consecuencias para el resto de España? Apunta lo que escriben en el foro y pon también tus propias ideas.

→

Etapa 4

 6. En parejas, pensad argumentos a favor y en contra de la independencia del País Vasco (el foro os puede ayudar). Luego representad el debate.

7. Analiza el estilo de los autores (refranes, etc.). ¿Cómo dejan claras sus opiniones?

8. ¿Qué es un foro? ¿Cuáles son las características de este tipo de texto?

facultativo

E5 La ETA

1. Un chico latinoamericano está pasando unas semanas en tu casa. En tu curso de Historia tenéis que leer el artículo a la derecha sobre la ETA. Tu amigo quiere saber de qué se trata. Explícaselo.

2. Investiga qué pasó el 20 de octubre de 2011 y presenta tus resultados en clase.

3. ¿Cuántos años de violencia hubo en España a causa de ETA?

4. Escribe dos titulares para lo que has investigado en 2. y 3.: uno para un diario serio, el otro para uno sensacionalista.

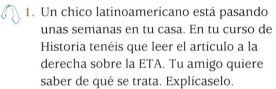

Die ETA ist eine Terrororganisation aus dem Baskenland, das im Norden Spaniens liegt. Viele Basken wollen von Spanien unabhängig sein und eine eigene Regierung haben – die ETA verfolgt dieses Ziel mit Gewalt. Die ETA gibt es schon seit 1959. Damals kämpfte sie friedlich gegen den damaligen spanischen Diktator, der den Basken ihre Sprache und ihre Kultur verboten hatte. Später wandelte sie sich zu einer gewalttätigen Organisation. Ihre zahlreichen Anschläge richteten sich häufig gegen Politiker, Polizisten und andere Vertreter des Staates. Die Terrorakte der ETA haben bisher mehr als 800 Menschen das Leben gekostet. Die Buchstaben ETA stehen für „Euskadi Ta Askatasuna", was „Das Baskenland und seine Freiheit" bedeutet.

E6 Una foto que dio la vuelta al mundo
Describe la foto. Las palabras a la derecha pueden ayudarte.

Gesichtsmaske: la máscara
Axt: el hacha
Schlange: la serpiente
terroristische Vereinigung: la organización terrorista
Waffenstillstand: la tregua

E7 Para terminar …

1. Busca un lugar en el País Vasco que te guste. Busca una foto del lugar y explica por qué te gusta. Intenta usar vocabulario relacionado con los sentimientos.

2. Explica si te gustaría vivir en el País Vasco. ¿Por qué (no)?

Estación 4 *Los catalanes prefieren el bilingüismo*

Los latinoamericanos "solo" hablamos castellano.

Hola, soy peruano y llegué hace un mes a Barcelona para estudiar aquí durante un año. Ya el primer día de clase el profesor empezó a hablar en catalán y no entendí ni jota. Al principio pensé que era solo este y que los demás hablarían en castellano pero enseguida vi que no, los siguientes días lo mismo. Me sentía perdidísimo, hasta que conocí a Montse y me explicó un poco cómo funciona aquí. Aquí se habla otro idioma, en las oficinas, los colegios, la universidad. ¡Puf! Me parece increíble que no se pueda estudiar en español. ¡Al menos podrían poner clases para los extranjeros! Me molesta que no les interesen los problemas que nos causa a los que "solo" hablamos castellano. He hablado con otros latinoamericanos y piensan lo mismo. Yo entiendo que para ellos es importante que su idioma no se pierda, pero lo que me parece mal es que sean tan extremistas. Vamos, me parece increíble que además de Ingeniería[1] ahora tenga que aprender catalán.

E1 Un comentario
Lees este texto en un foro sobre la vida en Cataluña. Escribe un comentario para el chico peruano e intenta mostrarle también algún aspecto positivo de su situación.

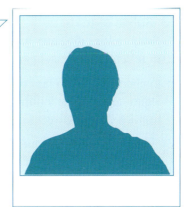

---
[1] **la Ingeniería** das Ingenieurwesen

Etapa 4

E2 Una educación bilingüe

1. En los colegios en Cataluña la mayoría de las clases se da en catalán, otras se dan en castellano, y además los niños aprenden inglés. ¿Qué ventajas tiene una educación bilingüe o trilingüe[1] y qué problemas puede haber? Habla con tu compañero/-a.

2. Describe la foto. ¿A qué problema se refiere el cartel?

una manifestación[2] en Barcelona

Multas lingüísticas en Cataluña

Cataluña es bilingüe. El castellano y el catalán se dan la mano en esta comunidad autónoma. Así ha sido siempre; pero desde el 9 de febrero de 2005 parece que no. Fue el día en que se abrieron las oficinas de garantías lingüísticas (OGL) de la Generalitat (Gobierno Catalán) para facilitar el uso social de la lengua catalana. Desde entonces muchos empresarios en Cataluña han sido multados por no escribir en catalán el nombre de sus comercios y/o el material informativo o publicitario de sus negocios. En su primer año de funcionamiento en 2005, las OGL recibieron 2.134 consultas. Solo 23 eran relativas al uso del castellano. Por el contrario, hubo 2.110 consultas, quejas y denuncias sobre el derecho al uso del catalán.

Las OGL no tienen capacidad sancionadora, sino que se limitan a canalizar las denuncias hacia los organismos competentes, como la Agencia Catalana de Consumo o Inspección de Turismo. No se sabe si alguna denuncia acabó en sanción.

Marta Albiñana: "Las oficinas de garantías lingüísticas de la Generalitat registran 2.134 consultas en 2005." En: *El País*, 23.02.2006 (adaptado)

E3 Sobre el texto …

1. Nombra los diferentes ámbitos a los que se refieren las consultas y da ejemplos.

2. Explica cuáles son las consecuencias si algún negocio[3] es denunciado[4] por no usar las dos lenguas.

3. Opina por qué crees que hay muchas más quejas sobre el uso del catalán que sobre el del castellano.

4. Explica qué piensas sobre las multas lingüísticas. ¿Crees que así se puede fomentar[5] el uso del catalán? Explica también sus desventajas.

5. Piensa en otras maneras de fomentar el uso del catalán. Nombra por lo menos dos.

6. Imagínate una situación conflictiva y escribe una queja para las OGL.

---

1 trilingüe dreisprachig, **2 la manifestación** die Demonstration, **3 el negocio** das Geschäft,
4 denunciar anzeigen, **5 fomentar** fördern

Estación 4 – Los catalanes prefieren el bilingüismo **Etapa 4**

Assessorament lingüístic

1. Antes de leer, busca en el diccionario bilingüe el significado de las siguientes palabras del texto:

> asesoramiento – nudo – carraspear – ronquera – abyecto/-a – almacén – rótulo – establecimiento – charnego

—Assessorament lingüístic. ¿Digui?
Era la voz de Norma. No siempre era ella la que atendía las llamadas, pero esta vez hubo suerte. Marés estuvo unos segundos sin poder hablar, con un nudo en la garganta.
—¡Digui...!
—¿Oiga?
Carraspeó y disfrazó la voz con una ronquera abyecta y un suave acento del sur:
—Llamo para una consulta. Miruzté, tengo unos almacenes de prendas de vestir y ropa interior con rótulos en castellano para cada sección y quiero ponerlo en catalán. [...]
—Posi's en contacte amb Aserluz i li faran...
—¿Cómo dice?
—Llame a Aserluz. Esta asociación ofrece un diez por ciento de descuento a todos los establecimientos que encarguen rótulos en catalán. Trabajan para nosotros.
—Pero es que yo no tengo dinero para eso. Mi negocio es muy humilde, señora, y me hago los rótulos yo mismo, a mano. Yo necesito solamente que me diga uzté cómo se escribe en catalán el nombre de algunas prendas...
—Bueno, qué quiere saber.
—Tengo aquí una lista. Es un poco larga, pero...
—Dígamelo en castellano y yo le traduzco.
—Pero dese prisa, por favor.
—Vale. Empiezo: abrigos.
—Abrics.
—Chaquetas.
—Jaquetes.
—Cinturones.
—Corretges o cinyells.
—¡Qué raro suena!
—¡Ah! ¡Qué quiere que le diga!
—Perdone, e uzté mu amable. La estoy haciendo perdé mucho tiempo con mis tontos problemas...
—Digui, digui.
—Blusas.
—Bruses.
—Camisetas.
—Samarretes.
—Calzoncillos.
—Calçotets. ¿Ya lo escribe usted correctamente?
—Zí, señora. Sujetadores o sostenes.
—Ajustadors. [...]
—Vaya... No zabusté cuánto l'agradezco l'atención que ha tenío con este pobre charnego...
—De nada, hombre. Hala, que usted lo pase bien.
—Mil gracias, zeñora...
—Adéu, adéu.

Juan Marsé: *El amante bilingüe*. Planeta, 1990

→

ciento tres 103

Etapa 4

2. Di en tres frases cuál es la situación.

3. Enumera qué hace cada uno de los personajes.

4. Explica qué podemos decir de los personajes.

5. ¿En qué región de España tiene lugar el diálogo? Explica la situación de la lengua allí.

6. En el texto aparecen palabras relacionadas con la ropa. Haz una lista y escribe tres más.

7. Haz una tabla con las palabras del texto que aparecen en castellano y en catalán. ¿Son muy diferentes? ¿Por qué piensas que es así?

8. El protagonista quiere hacerse pasar por andaluz. Explica cómo pronuncia las palabras.

9. El protagonista quiere poner los carteles de su tienda en catalán. Explica por qué debe hacerlo.

10. ¿Qué se podría hacer en un país con dos lenguas para que todos los habitantes aprendieran los dos idiomas, los utilizaran y respetaran su uso?

11. Escribe un breve resumen del texto.

12. Debate: ¿crees que es una ventaja o un problema vivir en una región en donde se hablen dos lenguas? ¿Por qué?

E4 El catalán y las lenguas oficiales de la Unión Europea

Lengua	Total Población	Lengua	Total Población
Alemán	91.090.016	Húngaro	10.066.158
Francés	68.335.421	Sueco	9.404.028
Inglés	65.167.462	Búlgaro	7.679.290
Italiano	59.131.287	Gaélico irlandés	6.056.234
Español	44.474.631	Danés	5.447.084
Polaco	38.125.479	Eslovaco	5.393.637
Neerlandés	23.506.647	Finés	5.276.955
Rumano	21.565.199	Lituano	3.384.879
Catalán	13.716.059	Letón	2.281.305
Griego	11.950.424	Esloveno	2.010.377
Portugués	10.599.095	Estonio	1.342.409
Checo	10.287.189	Maltés	407.810

En la actualidad, la Unión Europea reconoce 23 lenguas oficiales. En relación con las lenguas oficiales de la Unión Europea, los territorios de esta en que el catalán es oficial (Cataluña, Islas Baleares y Comunidad Valenciana) tienen más población que los territorios en los que son oficiales varias de las otras lenguas. Aunque el catalán es la novena lengua de la Unión Europea, no se trata de una de las lenguas oficiales: la oficialidad de una lengua en la UE no tiene que ver con el número de hablantes. Eso genera aparentes paradojas: por ejemplo, el maltés, hablado por unas 400.000 personas, es una de las lenguas oficiales, mientras que el catalán, hablado por unos 14 millones de personas, no es oficial ante la UE.

Generalitat de Cataluña: "El catalán, lengua de Europa." En: *www.gencat.cat/llengua,* 2011

Tareas finales **Etapa 4**

1. Comenta qué te parece defender el catalán en un contexto europeo.

 2. Buscad argumentos a favor y en contra del reconocimiento oficial del catalán en la UE. Tomad diferentes posiciones y representad la discusión.

 E5 Para terminar …
Escribe un comentario sobre la situación de Cataluña teniendo en cuenta el bilingüismo[1]. Valora sus ventajas y desventajas.

¿Qué representan las cuatro banderas?

Tareas finales

Estación 1: Debate

1. Haz una lluvia de ideas sobre las ventajas y las desventajas de vivir en un estado plurilingüe[2]. Apunta palabras clave. Tienes cinco minutos.

2. Busca ejemplos y argumentos para cada idea. Tienes otros cinco minutos.

3. Sortead en la clase quiénes van a defender las ventajas y quiénes las desventajas.

4. Usa tus argumentos en el debate.

Estación 2: Intercambio de opiniones

Quieres estudiar durante un semestre[3] de la universidad en España. Te ofrecen ir a Barcelona. Apunta los argumentos a favor y en contra de aceptar esta oferta e intercambia tus ideas con tus compañeros. Al final tienes que contar al resto del grupo lo que has decidido.

Estación 3: Comentar ideas propias

Algunos vascos tienen problemas con su papel como miembro del estado español y quieren independizarse. Pero, si esto pasa y otras regiones copian esta decisión, Europa tendrá problemas. Escribe un comentario de unas 200 palabras en el que tratas algunos aspectos de este tema. Comenta tu texto con tus compañeros.

Estación 4: A favor y en contra

 Preparad ahora una pequeña discusión sobre el siguiente tema: ¿Deberían separarse Cataluña y el País Vasco de España? Trabajad en grupos de cuatro. Cada uno prepara argumentos a favor y en contra. Tenéis quince minutos. Pasado este tiempo vais a sortear quiénes van a defender los argumentos a favor y quiénes los que están en contra. Tenéis ocho minutos para discutir. Al principio cada uno debe definir su posición. Podéis usar las frases que ya conocéis de la etapa anterior (p. 80).

---

1 el bilingüismo die Zweisprachigkeit, **2** plurilingüe mehrsprachig, **3** el semestre das Semester

Etapa 5
De hombres y mujeres

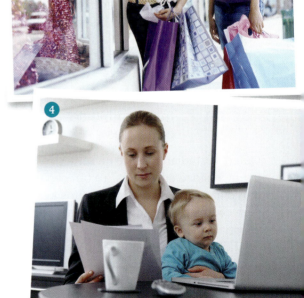

E1 Mujeres y hombres y viceversa[1]

1. En grupos. Elegid una imagen y describidla. Leed vuestra descripción a los otros compañeros quienes tendrán que decir de qué imagen se trata.

2. Escribe un título para cada imagen. Comparad vuestras ideas en clase y elegid los mejores títulos.

3. ¿Cuál de estas imágenes te gusta más? ¿Por qué? Cuéntaselo a tus compañeros.

4. Busca otra imagen que te parezca representativa[2] para el tema "hombres y mujeres". Preséntala a tus compañeros.

---

1 viceversa umgekehrt, **2 representativo/-a** repräsentativ

106 *ciento seis*

Etapa 5

E2 ¿Qué piensas?
Trabaja con un/-a compañero/-a. ¿Qué temas creéis que se van a tratar en esta etapa? Cambiad una vez de compañero/-a e intercambiad vuestras opiniones.

Etapa 5

Paso 1 *Hombres y mujeres de ayer y de hoy*

E1 Palabras y género

1. Trabaja solo-/a. Mira la siguiente lista de vocabulario y memoriza[1] las palabras y expresiones imaginando gestos[2] para explicarlas. Tienes 5 minutos para hacerlo.

2. A adivinar. Busca un/-a compañero/-a. Uno/-a hace un gesto y el otro adivina qué expresión está representando y formula una frase con ella.

español	alemán
cuidar a los hijos	auf die Kinder aufpassen
cocinar, preparar la comida	kochen, das Essen zubereiten
arreglar cosas del hogar	Haushaltsgegenstände reparieren
arreglarse	sich zurecht machen
educar a los hijos	die Kinder erziehen
dar órdenes a alguien	jdm. Anweisungen geben
hacer trabajos manuales	Handarbeiten machen
estar muy ocupado/-a en el trabajo	viele dienstliche Verpflichtungen haben
tender ropa	Wäsche aufhängen
planchar ropa	(Kleidung) bügeln
limpiar la casa	das Haus putzen

E2 Antes era diferente.

1. Escribe un texto (en imperfecto y presente) sobre las tareas típicas de una mujer y de un hombre hoy en día y antes (por ejemplo, hace 50 años). Escribe al menos 10 frases e intenta usar conectores y frases subordinadas.

2. Intercambiad los textos y corregidlos.

   Modelo: *Antes las mujeres se quedaban casi siempre en casa mientras que hoy en día muchas trabajan ...*

Palabras útiles:
sin embargo / en cambio –
pero – mientras que – al contrario de

---

1 memorizar sich einprägen, **2 el gesto** die Geste

Paso 1 – Hombres y mujeres de ayer y de hoy....Etapa 5

E3 Cualidades y género

1. Mira la lista de adjetivos y decide cuáles de las cualidades son típicas de un hombre o una mujer, cuáles van con ambos, y cuáles no van bien con ninguno de los dos.

alemán	español	H	M	H y M	—
angeberisch sein	ser fanfarrón / fanfarrona	•••	•••	•••	•••
ängstlich sein	ser miedoso/-a	•••	•••	•••	•••
ehrlich sein	ser honesto/-a	•••	•••	•••	•••
eitel sein	ser coqueto/-a	•••	•••	•••	•••
empfindlich, empfindsam sein	ser sensible	•••	•••	•••	•••
gehorsam, fügsam sein	ser obediente	•••	•••	•••	•••
geizig sein	ser tacaño/-a	•••	•••	•••	•••
geschickt sein	ser hábil	•••	•••	•••	•••
großzügig sein	ser generoso/-a	•••	•••	•••	•••
herrisch sein	ser autoritario/-a	•••	•••	•••	•••
redselig sein	ser charlatán / charlatana	•••	•••	•••	•••
mutig sein	ser valiente	•••	•••	•••	•••
oberflächlich sein	ser superficial	•••	•••	•••	•••
selbstbewusst sein	ser seguro/-a	•••	•••	•••	•••
tollpatschig, ungeschickt sein	ser torpe	•••	•••	•••	•••
treu sein	ser fiel	•••	•••	•••	•••
unehrlich sein	ser deshonesto/-a	•••	•••	•••	•••
untreu sein	ser infiel	•••	•••	•••	•••
zärtlich, liebevoll sein	ser cariñoso/-a	•••	•••	•••	•••

2. Compara tu opinión con la de tu compañero/-a. ¿Estáis de acuerdo? ¿En qué aspectos tenéis opiniones diferentes? Discutid si es posible llegar a un acuerdo de forma objetiva[1].

3. Apunta dos adjetivos (en castellano) de la lista en dos tarjetas pequeñas. Busca otro/-a compañero/-a e intercambiadlas.

   a) Decíos el significado en alemán.
   b) Formad una frase con los adjetivos.
   c) Busca un/-a nuevo/-a compañero/-a llevándote las tarjetas del / de la compañero/-a anterior.
   d) Haz lo mismo tres veces más.

---
1 objetivo/-a objektiv

Etapa 5

E4 Trabajo de intérprete

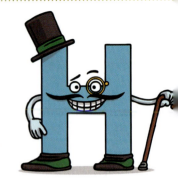

1. Reflexiona sobre las diferencias de significado entre "Herr", "herrlich" y "herrisch" por un lado, y "Dame" y "dämlich" por el otro. Investiga la etimología[1] de cada palabra, después explícaselo a un hispanohablante.

2. Averigua el significado de las siguientes palabras en un diccionario monolingüe y otro bilingüe. Fíjate si las palabras femeninas tienen un segundo significado y llega a una conclusión.

   a) zorro – zorra
   b) señorito – señorita
   c) hombre público – mujer pública
   d) gobernante – gobernanta
   e) hombrezuelo – mujerzuela
   f) héroe – heroína

3. ¿Es el lenguaje inocente? Discutid y llegad a una conclusión.

E5 Así soy.

1. Elige una de las fotos de las primeras dos páginas de la etapa y toma la identidad de una de las personas que muestra la imagen. Escribe una carta contando cómo eres, qué haces, cómo es un día normal de tu vida… Imagínate que te presentas a un desconocido.

2. En parejas. Escribid dos textos cortos cada uno: en el primero cada uno cuenta cómo es, qué hace y cómo es un día normal en su vida. En el segundo contad lo mismo sobre vuestro/-a compañero/-a. Después comparad lo que habéis escrito. ¿Os conocéis bien?

Conciliar trabajo y familia

Lee el artículo con ayuda del diccionario bilingüe.

Conciliar trabajo y familia, en versión masculina

Compaginar profesión y vida de familia puede resultar tan difícil para los hombres como para las mujeres. La principal diferencia es que para las mujeres las dificultades consisten más bien en soportar la carga de la doble jornada (trabajo e hijos) mientras que los maridos tienen más obstáculos en el trabajo y el trabajo gana claramente la partida. Los padres necesitan que se les reconozca que su obligación familiar es mucho más que llevar dinero a casa.
Cuando las mujeres se reincorporan al trabajo tras la maternidad, suelen pedir horario reducido o flexible, cosa que pocos hombres hacen cuando tienen un hijo. Aunque los hombres quieren dedicarse a la educación y están contentos cuando lo hacen, casi el 60 % dice tener dificultades serias para conciliar hogar y trabajo. Y ese porcentaje es mayor que el de las mujeres (42 %). La

---

[1] la etimología die Etymologie

Paso 1 – Hombres y mujeres de ayer y de hoy **Etapa 5**

solución es hacerse amo de casa. Pero muy pocos papás se plantean en serio esa posibilidad porque, en muchos casos, la familia no puede mantenerse solo con un sueldo.

La flexibilidad laboral de forma masculina

En todo caso, tener un hijo afecta claramente las actitudes de los hombres. Al sentir la llamada del hogar, ya no están tan dispuestos a hacer excesos por la empresa. Dicen que ahora tienen una idea del éxito más global y equilibrada.

Sin embargo, los empleados con hijos pequeños sufren una sutil discriminación, porque se supone que sus responsabilidades paternas no les requerirán mucho tiempo, a diferencia de lo que se acepta en el caso de las madres.

En suma, hay mucha menos flexibilidad laboral por razones familiares para los padres que para las madres, y la diferencia se debe en parte a la mentalidad dominante. Así, las mujeres se plantean con naturalidad pedir excedencias o suspender la carrera profesional por algún tiempo para atender a los hijos pequeños; los hombres, en cambio, no.

El reparto de tareas domésticas

No es extraño que no se haya alcanzado la igualdad en cuanto a la dedicación de tiempo al hogar, pese a las ideas de los nuevos papás. Si se echan cuentas, resulta que, en los matrimonios en que ella y él trabajan fuera, el marido emplea mucho menos tiempo en las tareas domésticas que su mujer, en buena parte porque los hombres tienen, por término medio, una semana laboral más larga.

"Conciliar trabajo y familia, en versión masculina." En: *www.mujernueva.org*, 26.07.2010 (adaptado)

E6 Después de leer

1. Completa la tabla en tu cuaderno con una frase para cada tema.

2. Según el texto, ¿conciliar familia y trabajo es más fácil para los hombres o para las mujeres?

3. En grupos, comentad si la imagen que da el texto coincide[6] con lo que pensáis vosotros sobre este tema. Podéis dar ejemplos de vuestras familias o amigos.

	¿Cómo es para los hombres?	¿Cómo es para las mujeres?
Conciliar[1] trabajo y familia	•••	•••
La flexibilidad[2] laboral[3]	•••	•••
El reparto[4] de las tareas domésticas[5]	•••	•••

---

1 conciliar vereinbaren, **2** la flexibilidad die Flexibilität, **3** laboral Arbeits-, **4** el reparto die Aufteilung, **5** doméstico/-a Haushalts-, **6** coincidir übereinstimmen

Etapa 5

E7 Un debate

En el canal 4 de la televisión española ponen el programa *"Las mañanas de Cuatro"*. Hoy el tema es: *"Los padres modernos y el trabajo flexible, ¿todo una mentira?"*

Vais a preparar y hacer este debate en clase.

Tiempo de preparación: 10 minutos
Tiempo del debate: 15 minutos

Vais a preparar vuestro rol en parejas y decidir quién de los dos va a participar. Tened en cuenta los argumentos del texto T1. Las parejas que preparen el rol de "público" deberán pensar en más preguntas y también en argumentos para opinar.

el / la moderador/-a:
- saluda al público y presenta el tema del debate
- presenta a los participantes
- maneja el debate y se ocupa de que cada uno/-a pueda presentar su punto de vista
- hace preguntas y se asegura de que todas las preguntas se respondan
- finalmente, hace un resumen de todo lo tratado para obtener las conclusiones del debate

Ana Esther, 39 años, soltera, un hijo de 4 años
- es de Barcelona
- vive sola con su hijo, que va al kinder
- trabaja todo el día en un restaurante (es camarera) y muchas veces hace horas extra
- una vecina cuida a su hijo mientras ella trabaja
- su lema: *Los hombres son unos ignorantes: no quieren hacer nada en casa y quieren que la mujer esté limpiando la casa todo el día.*

Carlos, 56 años, casado, tres hijos mayores
- es de un pueblo cerca de Córdoba
- tiene una empresa de producción de aceite de oliva
- no se ocupó de la educación de sus hijos, que han crecido bien con la educación de su mujer
- su lema: *Las mujeres tienen que valorar el gran trabajo de los hombres y ayudarlos a estar bien cuando ellos llegan a casa.*

Cecilia, 17 años, soltera
- es de Jaén
- vive con sus padres y dos hermanos
- va al colegio
- sus padres trabajan y todos tienen que ayudar en la casa
- cuando eran pequeños iban a una guardería
- su lema: *Mis padres nos educaron para participar en las tareas de la casa. En mi familia no hay tareas de hombres o de mujeres. Cada uno hace lo que es necesario y punto.*

José Luis, 37 años, casado, dos hijas pequeñas
- es de Madrid
- era ingeniero industrial en la SEAT
- hace poco perdió su trabajo porque quería horario reducido para cuidar a sus hijas y ayudar a su mujer; ahora está en el paro
- depende del dinero de su mujer (casi no llegan a fin de mes)
- su lema: *La igualdad entre sexos es una mentira; los empresarios quieren hombres machistas.*

Jaime, 18 años, soltero
- es de Alicante
- vive con sus padres y una hermana de 7 años
- sus padres trabajan todo el día
- desde que nació su hermana muchas veces tiene que quedarse en casa para cuidarla
- su lema es: *Los padres no pueden tener hijos y hacer carrera los dos al mismo tiempo. No importa si es el padre o la madre, pero uno tiene que estar más tiempo en la casa para cuidar de los niños.*

Preguntas del público para los participantes del debate:
- ¿Crees que el horario reducido o flexible puede resolver todos los problemas?
- ¿Te sientes tan importante como tu pareja?
- ¿Qué piensas de los nuevos papás?
- ¿Cuáles son, según tu opinión, las obligaciones familiares de una mujer / un hombre?

Paso 1 – Hombres y mujeres de ayer y de hoy **Etapa 5**

 Me gustaría ...

 Si pudiera vivir nuevamente mi vida...
En la próxima cometería más errores.
No intentaría ser tan perfecto,
me relajaría mas.
5 Sería más tonto de lo que he sido,
de hecho tomaría muy pocas cosas con
  seriedad.
Sería menos higiénico.
Correría más riesgos,
10 haría más viajes,
contemplaría más atardeceres,
subiría más montañas,
nadaría más ríos.

Iría a más lugares adonde nunca he ido,
15 comería más helados y menos habas,
tendría más problemas reales
y menos imaginarios.

autor desconocido

E8 Sobre el poema ...

1. Describe al "yo lírico"[1]: su edad, la vida que lleva, su situación familiar, ...

2. Analiza si está contento/-a con su vida y justifica tu opinión.

3. Si hay cosas en la vida que esta persona cambiaría, ¿cuáles son? Di por lo menos cinco formando frases condicionales completas.
→ **G** 2.2.2

4. Y tú, ¿qué harías? Formula cinco frases condicionales como las del poema.

   Modelo: *Si pudiera volver a vivir mi vida empezaría a aprender guitarra con cinco años.*

 5. Discute con tu compañero/-a si el "yo lírico" es un hombre o una mujer. Imaginaos cómo sería este texto si lo hubiera escrito una mujer / un hombre. ¿Sería igual?

 6. Escribe ahora un texto parecido al poema de T2 pero desde la perspectiva de una mujer / un hombre.

---
1 el "yo lírico" das lyrische Ich, der Erzähler in Gedichten

Etapa 5

E 9 Si yo fuera un chico

> Beyoncé Knowles: "Si yo fuera un chico."
> En: *If I were a boy.* Columbia Records, 2008

1. Antes de escuchar: ¿Qué te sugiere el título? Escribe algunas palabras clave.
2. Escucha la canción y apunta quién habla y qué haría si fuera chico. Compara tus notas con las de tu compañero/-a.
3. En parejas, continuad la canción con algunas frases más. Si sois chicos, vais a escribir lo que haríais o cómo seríais si fuerais chicas, y si sois chicas, pensaréis cómo seríais si fuerais chicos. Presentad vuestras ideas a la clase formando frases condicionales completas. → G 2.2.2
4. Describe la foto e infórmate sobre la cantante. Cuenta a tus compañeros lo que sabes de Beyoncé.

E 10 Hombres y mujeres del futuro
Escribe un texto explicando cómo te imaginas que serán los roles de un hombre y una mujer en el año 2050.

Paso 2 *La maté porque era mía*

E 1 Campañas contra la violencia de género
En parejas. Mirad los carteles de algunas campañas españolas contra la violencia de género. Elegid uno y describidlo lo más detalladamente posible. Presentad vuestra solución a la clase.

E2 Malo

Apareciste una ●●● fría con olor a tabaco sucio y a ginebra,
el ●●● ya me recorría mientras cruzaba los deditos tras la ●●●.
Tu carita de niño ●●● se la ha ido comiendo el ●●● por tus venas
y tu ●●● machista se refleja cada día en mis lagrimitas.

5 Una vez más, no ●●● que estoy cansá y no puedo con el corazón.
Una vez más, no mi amor por favor, no grites que los ●●● duermen.
Una vez más, no ●●● que estoy cansá y no puedo con el corazón.
Una vez más, no mi amor por favor, no grites que los ●●● duermen.
Voy a volverme como el fuego, voy a quemar tus puños de acero
10 y del morao de mis mejillas sacar valor para cobrarme las heridas.
●●● eres no se daña a quien se ●●●, no.
●●● eres no te pienses mejor que las ●●●.
●●● eres no se daña a quien se ●●●, no.
●●● eres no te pienses mejor que las ●●●.

15 El día es ●●● cuando tú estás y el ●●● vuelve a salir cuando te vas
y la penita de mi corazón yo me la tengo que tragar con el fogón.

Mi carita de ●●● linda se ha ido envejeciendo en el silencio,
cada vez que me dices puta se hace tu ●●● más pequeño.

Una vez más, …

20 Malo, malo, malo eres malo eres, porque ●●●.
Malo, malo, malo eres no me chilles que me ●●●.
Eres débil y eres malo no te ●●● mejor que yo ni que ●●●.
y ahora yo me fumo un cigarrito y te echo el humo en el corazoncito.
porque malo, malo, malo eres, tú, malo, malo, malo eres, sí,
25 malo, malo, malo eres, siempre malo, malo malo eres.

Bebé: "Malo". En: *Pafuera telarañas*. Emi Spain, 2004

1. Escucha la canción de Bebé y completa los espacios vacíos.
2. Explica quién habla en esta canción. ¿Qué sabemos sobre esta persona? ¿Qué sabemos sobre su situación?
3. ¿Cómo se siente?
4. Compara la letra de la canción con la forma en que canta Bebé. ¿Qué piensas, es coherente?
5. Investiga quién es Bebé y preséntala en clase.
6. Formad grupos de 4 alumnos. Dibujad un cartel contra la violencia de género. Presentadlo a los otros compañeros y colgadlo luego en la clase.

Etapa 5

E3 Hablando con números

Mira la siguiente estadística sobre casos de violencia contra la mujer y compara las cifras de España con países como Alemania, Austria y Holanda. ¿Qué es lo que te llama la atención?

Mujeres asesinadas

	Casos	Casos por millón de mujeres
Estonia	40	56,9
Bélgica	152	29,3
Hungría	132	25,6
Rumania	199	17,7
Eslovaquia	43	15,4
Austria	63	15,0
Eslovenia	14	13,7
Luxemburgo	3	13,1
Finlandia	32	11,9
Dinamarca	28	10,4
Alemania	426	10,1
Croacia	23	10,0
Suiza	36	9,4
Holanda	73	9,0
Noruega	20	8,7
España	**168**	**7,7**
Reino Unido	230	7,6
Italia	192	6,5
Suecia	27	5,9
Irlanda	10	5,1
Chipre	2	4,8

Violencia doméstica (ámbito familiar)

	Casos	Casos por millón de mujeres
Hungría	83	16,1
Luxemburgo	3	13,1
Eslovenia	12	11,8
Finlandia	26	9,7
Croacia	17	7,4
Suiza	27	7,0
Eslovaquia	18	6,4
Dinamarca	17	6,3
Rumania	69	6,1
Noruega	14	6,0
Austria	23	5,4
Alemania	210	5,0
Chipre	2	4,8
Italia	124	4,2
Reino Unido	128	4,2
España	**84**	**3,9**
Suecia	16	3,5
Holanda	7	0,8
Andorra	0	0
Islandia	0	0
Malta	0	0

Violencia machista (por la pareja o ex-pareja)

	Casos	Casos por millón de mujeres
Luxemburgo	3	13,1
Hungría	53	12,0
Finlandia	23	10,3
Croacia	16	8,2
Suiza	21	6,5
Chipre	2	6,1
Dinamarca	13	5,8
Eslovenia	5	5,6
Noruega	10	5,3
Reino Unido	94	3,7
España	**65**	**3,6**
Suecia	13	3,4
Andorra	0	0
Islandia	0	0
Malta	0	0

Solo 40 países han proporcionado al Centro Reina Sofía datos de asesinato de mujeres en general, 27 han dado las cifras de asesinato dentro del ambito doméstico y 23 de asesinatos cometidos por la pareja o ex pareja. África y Asia quedan fuera del informe (salvo Japón) por falta de datos.

Centro Reina Sofía para el Estudio de la Violencia: La violencia contra la mujer en 2003, en Europa

E4 ¡Qué título!

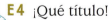

1. Busca en Internet información sobre el título del paso. ¿A qué se refiere?

2. Investiga qué se define exactamente como "violencia de género". ¿Cuándo se habla de un caso de violencia de género, y cuándo no? Intenta encontrar una buena traducción al alemán.

Paso 2 – La maté porque era mía **Etapa 5**

E5 Un debate

Discutid en clase sobre los posibles motivos de la violencia de género. ¿Qué propuestas tendríais para terminar con este problema? Usad las siguientes expresiones.

> Creo que ... / Pienso que ...
>
> En mi opinión / Según mi opinión es interesante tratar los temas siguientes: ...
>
> Desde mi punto de vista, el tema de XY es muy importante porque ...
>
> Mi punto de vista sobre el tema XY es ...
>
> Lo que quiero / intento decir es (que) ...

> Acabas de decir que (+ repetición), pero yo no soy exactamente de la misma opinión porque ...
>
> Has dicho que (+ repetición). Estoy de acuerdo y además quiero añadir / decir que ...
>
> Estoy (completamente) de acuerdo contigo porque ...
>
> Yo, por mi parte, soy de otra opinión respecto a lo que dices.
>
> Yo soy (en parte) de otra opinión porque ...

E6 Quiero que me quieras.

1. Cada uno toma tres tarjetas grandes. Escribid tres puntos importantes (cada uno en una tarjeta) para tener una buena relación con otra persona. Colgad las fichas en la pizarra y clasificad[1] luego los resultados.

   Modelo: *Escuchar al otro.*

2. Trabajad en parejas y formad frases en subjuntivo expresando lo que os parece más importante a cada uno.

   Modelo: *Quiero que me escuches cuando tengo problemas. Para mí, es importante que ...*

3. Mira la viñeta y escribe lo que quiere la mujer de su marido.

   Modelo: *La mujer quiere que su marido no le grite, que no ...*

Forges 2008

4. Mira la viñeta y explica en tus palabras cómo quiere el hombre a su mujer.

---
1 clasificar einordnen

Etapa 5

Paso 3 *Hombres y mujeres en el arte*

E1 Famosos y famosas

1. Describe el aspecto físico de las cuatro personas de las fotos

fig. 1

fig. 2

fig. 3

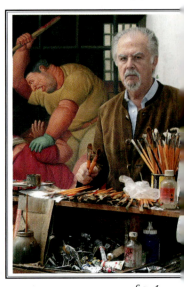

fig. 4

2. Ordena los datos de las cuatro tarjetas con las fotos. ¿Quién es quién?

a) Federico García Lorca nació en Granada el 5 de junio de 1898 y murió ejecutado el 18 de agosto de 1936 durante la Guerra Civil Española por su afinidad al Frente Popular y por ser abiertamente homosexual. Fue un poeta, dramaturgo y prosista español.

b) Fernando Botero Angulo es un pintor, escultor y dibujante nacido el 19 de abril de 1932 en Medellín, Colombia. Es considerado el artista vivo originario de Latinoamérica más reconocido y cotizado actualmente en el mundo.

c) Mercedes Sosa nació en San Miguel de Tucumán, Argentina, el 9 de julio de 1935 y murió en Buenos Aires el 4 de octubre de 2009. *La Negra Sosa*, como la conocen dentro y fuera de su país, fue una cantante de gran popularidad. Las letras de sus canciones se dirigen contra la guerra y la dictadura y subrayan los derechos de los indígenas.

d) Magdalena Carmen Frieda Kahlo y Calderón, más conocida como Frida Kahlo, fue una destacada pintora mexicana. Nació en Coyoacán el 6 de julio de 1907 y murió en el mismo lugar el 13 de julio de 1954.

E2 Una vida de película

Mira la tabla y escribe la biografía de Frida Kahlo con frases completas.

1907	*nacer* en Coyoacán, México	1939	*viajar* a París; *conocer* a Picasso, Kandinsky, Max Ernst, Joan Miró; *separarse* de Rivera
1910	*empezar* la Revolución Mexicana		
1925	*tener* un grave accidente; *tener* que ser operada[1] muchas veces; *empezar* a pintar	1940	*participar* en la Exposición Internacional de Surrealismo; *volver* a casarse con Rivera
1926	*unirse*[2] a las Juventudes del Partido Comunista	1943	*exponer* sus obras en Estados Unidos
1929	*casarse* con Diego Rivera (también pintor); *viajar* a Nueva York	1946	*recibir* el Premio Nacional de Artes y Ciencias de México
1932	*sufrir* un aborto[3]	1950	*tener* seis operaciones de columna[4]; *quedar* en silla de ruedas[5]
1936	*empezar* la Guerra Civil en España, *estar* a favor de los republicanos; *tener* una aventura con el comunista Trotsky	1953	*perder* una pierna; *intentar* suicidarse[6]
		1954	*morir* (quizás *suicidarse*)
1938	*vender* un cuadro por primera vez		

E3 Diario de Frida Kahlo

1. Pon los verbos en el tiempo y el modo correctos.

"Yo debía haber tenido seis años cuando ●●● *(vivir)* intensamente la amistad imaginaria[1] con una niña de mi misma edad más o menos. En la vidriera[2] del que entonces ●●● *(ser)* mi cuarto, y que ●●● *(dar)* a la calle de Allende, sobre uno de los primeros cristales[3] de la ventana ●●● *(echar)* vaho[4], y con un dedo ●●● *(dibujar)* una puerta. Por esa puerta ●●● *(salir)* en la imaginación, con una gran alegría y urgencia[5] ●●● *(cruzar)* todo el llano[6] hasta que ●●● *(llegar)* a una lechería[7] que ●●● *(llamarse)* "Pinzón". Por la "o" de "Pinzón" ●●● *(entrar)* y ●●● *(bajar)* al interior de la tierra, donde mi amiga imaginaria me ●●● *(esperar)* siempre. No ●●● *(recordar)* su imagen ni su color. Pero sí que ●●● *(ser)* alegre. ●●● *(reírse)* mucho. Sin sonidos. ●●● *(ser)* ágil[8] y ●●● *(bailar)* como si no ●●● *(tener)* peso ninguno. ¿Por cuánto tiempo ●●● *(haber, estar)* con ella? No ●●● *(saber)*, ●●● *(poder)* ser un segundo o miles de años. Yo ●●● *(ser)* feliz. ●●● *(haber, pasar)* 34 años desde que ●●● *(vivir)* esa amistad mágica, y cada vez que la ●●● *(recordar)*, ●●● *(avivarse*[9]*)* y ●●● *(aumentar)* más y más dentro de mi mundo."

Hayden Herera: *Frida. Una biografía de Frida Kahlo*. México: Diana, 1983.

1 imaginario/-a erfunden
2 la vidriera das Glasfenster
3 el cristal das Glas
4 echar vaho sobre anhauchen
5 la urgencia die Dringlichkeit
6 el llano die Ebene
7 la lechería der Milchladen
8 ágil flink
9 avivarse aufleben

---

1 operar operieren, 2 unirse a sich anschließen, 3 el aborto die Fehlgeburt, die Abtreibung, 4 la columna *hier:* die Wirbelsäule, 5 la silla de ruedas der Rollstuhl, 6 suicidarse Selbstmord begehen

Etapa 5

2. Después de leer este texto autobiográfico, ¿qué puedes decir sobre el carácter de Frida Kahlo?

   Modelo: *Era una persona …*

E4 La columna rota

1. Observa este cuadro de Frida Kahlo y descríbelo.

2. Ya has conocido la palabra *columna*. Búscala en un diccionario monolingüe y explica el título del cuadro. →📖 6

3. Relaciona la biografía de la pintora con lo que quiere expresar en el cuadro. Justifica tus ideas.

E5 En el museo

1. Escucha los diálogos y apunta en tu cuaderno las expresiones que usa la gente para valorar un cuadro.

2. ¿Cuáles de las expresiones dicen algo positivo y cuáles algo negativo? Haz una tabla.

3. Piensa en otras expresiones y agrégalas a tu tabla.

E6 Entre la frontera de México y Estados Unidos

1. Busca los símbolos en el siguiente cuadro de Frida Kahlo. ¿Qué significan?

2. En parejas, analizad cómo Frida Kahlo ve a México y cómo a los EE. UU. Interpretad también cómo se ve a sí misma.

3. Y a ti, ¿te gusta el cuadro? Valóralo con algunas de las expresiones del ejercicio E5.

4. En parejas o en grupos, preparad un pequeño diálogo como el que habéis escuchado en el ejercicio E5. Representadlo en clase.

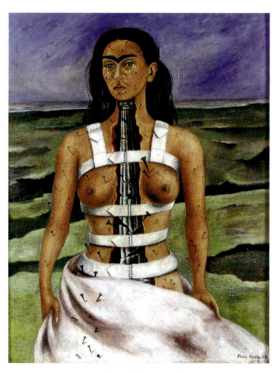

Frida Kahlo: *La columna rota* (1944)

Frida Kahlo: *Autorretrato entre la frontera de México y Estados Unidos* (1932)

E7 Frida y Diego

1. El cuadro a la derecha es de Frida Kahlo y el mural[1] de la izquierda, de su marido, Diego Rivera. Explica cómo ve cada uno al otro. Relaciona tus ideas con la biografía de Frida Kahlo.

2. Escribe por lo menos dos frases con *como si* para cada cuadro.

3. Trabaja con un/-a compañero/-a. Uno/-a es Frida y el / la otro/-a, Diego. Representad su relación como si fuerais estatuas. La clase describe la escena, adivina quién es quién y justifica por qué lo piensan. Luego vais a explicar lo que habéis querido representar.

Diego Rivera: *El arsenal – Frida Kahlo repartiendo armas* (1928)

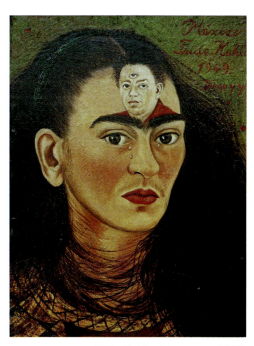

Frida Kahlo: *Diego y yo* (1949)

E8 Fernando Botero y Colombia

1. Escribe la biografía de Fernando Botero y la cronología[2] de la historia de Colombia. Relaciona las frases y escribe un texto.

Modelo: *En el mismo año en el que nació Botero, en 1932, hubo una guerra entre Colombia y Perú.*

Fernando Botero	Colombia
• 19 de abril de 1932 *nacer* en Medellín	• Entre 1932 y 1933 *haber* una guerra entre Colombia y Perú
• A los 13 años *empezar* a pintar	

1 el mural das Wandgemälde, **2 la cronología** die Chronologie

Etapa 5

- A los 16 *trabajar* en un periódico
- En 1951 *mudarse* a Bogotá donde *empezar* a relacionarse con otros artistas
- En 1952 *viajar* a Europa y *estudiar* el trabajo de los artistas clásicos[2] durante cuatro años
- En 1956 *irse* a México. *Comenzar* a exponer sus cuadros en varias ciudades de Estados Unidos
- En 1961 *mudarse* a la capital del arte: Nueva York
- en 1973 *mudarse* a Paris y a partir de ese momento *dedicarse* a la escultura
- En 1980 *irse* a vivir a Italia

- El jefe del Partido Liberal, Jorge Eliécer Gaitán *morir* asesinado
- El número de las guerrillas[1] *crecer* y *aumentar* la violencia en las ciudades. El número de víctimas de la violencia *superar* las cien mil personas y más de medio millón de personas *irse* a otras ciudades o países
- Unos camiones[3] del ejército con unos dos mil kilos de dinamita[4], *explotar*[5] en el centro de Cali y *dejar* semidestruida[6] la capital. *Haber* más de 2.000 muertos
- El presidente de los Estados Unidos John F. Kennedy *visitar* Colombia

2. ¿Por qué Botero se fue de su país y se mudó tantas veces?

E9 Una entrevista a Fernando Botero

Acaba de cumplir 80 años y afirma que lo que más le cansa es descansar. El artista vivo más reconocido y uno de los más cotizados tiene, asegura, más energía que nunca. Pese a dos matrimonios fallidos y la pérdida de un hijo, Botero nunca ha dejado de crear. En su estudio de París, uno de los seis que tiene repartidos por el mundo, recibió a 'XLSemanal'.

"Una entrevista a Fernando Botero." En: *XLSemanal*, 15.07.2012

guerrero

1. Escucha el texto completo. Te damos solo las respuestas de Fernando Botero, no las preguntas del/de la entrevistador/-a.
2. Escucha otra vez y apunta palabras clave para cada respuesta.
3. En parejas. Escribid la pregunta para cada respuesta. Luego, escuchad otra vez la entrevista y formuladlas en voz alta.

---

1 la guerrilla die Partisanengruppe, **2** clásico/-a klassisch, **3** el camión der Lastwagen, **4** la dinamita das Dynamit, **5** explotar explodieren, **6** semidestruido/-a halb zerstört

Paso 3 – Hombres y mujeres en el arte

Etapa 5

4. ¿Dicen esto en la entrevista? Corrige las afirmaciones falsas.

	c	f
a) Desde muy pequeño, Botero quería ser como Picasso.	●	●
b) Botero es pintor y escultor.	●	●
c) Botero estudió en Italia.	●	●
d) Ahora trabaja un poco menos que cuando era joven.	●	●
e) Botero hace esculturas de mujeres delgadas.	●	●
f) Nunca tuvo una novia gordita.	●	●
g) Siempre ha sido artista.	●	●
h) Su madre le dijo que nunca ganaría mucho dinero como artista.	●	●

E 10 Dos esculturas

mujer a caballo

1. Compara las dos esculturas de Botero que ves en las fotos. ¿Qué similitudes ves? ¿En qué aspectos son diferentes?

2. ¿Qué podría significar la gordura[1] de las estatuas? Haz hipótesis.

3. Busca en Internet y mira otras esculturas o pinturas de Botero. ¿Te gustan sus obras? Di cuál te gustó más y explica por qué es así.

4. ¿Crees que puedes describir al artista con solo mirar su obra? Intenta describirlo.

5. Investiga si hay obras de este escultor también en Alemania. Cuenta lo que sabes a tus compañeros.

6. Busca datos sobre algún escultor alemán contemporáneo[2] y cuéntaselo a un/-a amigo/-a castellanohablante. Compara sus obras con las de Botero.

E 11 Mercedes Sosa, la voz del pueblo argentino

1. Escucha el texto sobre la vida de la cantante Mercedes Sosa y apunta las fechas.

2. Escucha otra vez y apunta lo que pasó en esas fechas.

3. Escribe ahora un texto con la biografía de la cantante.

---

1 la gordura die Leibesfülle, **2** contemporáneo/-a zeitgenössisch

Etapa 5

E 12 Todo cambia

1. En parejas, leed la canción y buscad las palabras que no conocéis en un diccionario bilingüe.

2. ¿Qué palabras pensáis que faltan? Apuntadlas en vuestros cuadernos.

3. Ahora escuchad la canción y corregid vuestras hipótesis.

4. ¿Qué otro título podría tener la canción? Proponed uno.

5. La canción fue escrita por Julio Numhauser. Investiga quién es y cuenta lo que sabes a tus compañeros.

Mercedes Sosa

Cambia lo superficial,
cambia también lo ●●●,
cambia el modo de pensar,
cambia todo en este ●●●.

Cambia el clima con los ●●●,
cambia el pastor su rebaño,
y así como ●●● cambia,
que yo cambie no es ●●●.

Cambia todo cambia. (4x)

Cambia el más fino brillante
de ●●● en mano su brillo,
cambia el nido el ●●●,
cambia el sentir un amante.

Cambia el rumbo el caminante
aunque esto le cause daño,
y así como ●●● cambia,
que yo cambie no es ●●●.

Cambia todo cambia. (4x)

Cambia el sol en su ●●●
cuando la ●●● subsiste,
cambia la planta y se viste
de verde en la ●●●.

Cambia el pelaje la fiera,
cambia el cabello el ●●●,
y así como ●●● cambia,
que yo cambie no es ●●●.

Cambia todo cambia. (4x)

Pero no cambia mi ●●●
por mas lejos que me encuentre,
ni el recuerdo ni el dolor
de mi pueblo y de mi ●●●.

Y lo que cambió ayer
tendrá que cambiar ●●●,
así como cambio yo
en esta ●●● lejana.

Cambia todo cambia. (4x)

Mercedes Sosa: "Todo cambia."
En: ¿Será posible el sur?,
Polygram Records, 1984

E 13 Sobre la canción...

1. En grupos, discutid si es verdad que todo cambia. Dad ejemplos. ¿Cómo habéis cambiado vosotros?

2. Analiza el mensaje de la canción. ¿Qué nos propone, qué nos pide y qué nos promete Numhauser?

3. Comenta la siguiente frase de Heráclito: "Nadie se baña[1] dos veces en el mismo río."

4. Escribe un texto sobre lo que ha cambiado y lo que sigue igual en tu vida.

---

[1] bañarse   sich baden

Paso 3 – Hombres y mujeres en el arte — **Etapa 5**

Los chicos se ponen grandes.

El abuelo y la abuela miran unas fotos de su familia.

—Mira los niños… ¡Cómo han crecido! Aquí Manolo tenía cinco años y ahora ya se ha hecho un hombre.

—Sí, claro, ya tiene 25 años. Desde que tiene novia se ha vuelto muy serio, más responsable. Y mira Ana María, era tan pequeñita. Se ha puesto muy alta, más que su hermano. ¿Te acuerdas que de pequeña decía que quería ser modelo[1]?

—Ahora estudia mucho, dice que quiere hacerse economista[2]. No sé. ¿Tú crees que esa es una buena profesión para una chica?

—¡Claro! ¿Por qué no? ¿En qué época vives? Las chicas se hacen astronautas[3] y los chicos son amos de casa.

—¡Todo ha cambiado y tan rápido! Por ejemplo, Fernando antes era un chico bastante difícil, ahora se ha vuelto tranquilo.

—Sí, la verdad es que no parece el mismo. Mira, aquí está Nuria. ¿Recuerdas cuando un día llegó a casa y dijo que se había hecho vegetariana? Perdió unos kilos y se puso muy delgada, pero ahora come carne, verduras y todo lo que le pongas. Se ha puesto muy guapa esa niña.

—Sí, mírala, esta foto es de las últimas Navidades[4], se había puesto muy elegante con ese vestido azul.

1. Lee el texto y escribe en tu cuaderno los verbos que indican cambios. Apunta también el infinitivo.

   Modelo: *se ha hecho un hombre → hacerse un hombre*

2. ¿Cómo expresas estos verbos de cambio en alemán?

E 14 Nos ponemos contentos.

1. Completa el cuadro en tu cuaderno con los verbos de cambio del texto. Apunta también otros ejemplos. → G 5.1

ponerse	+ adj. (aspecto físico)	→ ponerse guapo/-a, ●●●
	+ adj. (sentimientos)	→ ponerse contento/-a, ●●●
llegar a ser	+ profesión (sentido positivo)	→ llegar a ser presidente, ●●●
terminar + gerundio	+ profesión (sentido negativo)	→ terminar trabajando como secretaria (cuando antes tenía un trabajo mejor), ●●●
volverse	+ adj. (carácter)	→ volverse antipático/-a, ●●●
hacerse	+ profesión	→ hacerse periodista, ●●●
	+ ideología	→ hacerse cristiano/-a, ●●●

→

---

1 el/la modelo das Model, **2** el/la economista der/die Betriebswirt/-in, **3** el/la austronauta der/die Astronaut/-in, **4** las Navidades Weihnachten

Etapa 5

2. Completa las siguientes frases con los verbos de cambio correctos en el tiempo correspondiente.

   a) Ayer vi a la prima de Teresa. Casi no la conocí, porque ella, que era bastante fea, *(ella)* ●●● muy guapa. La pena¹ es que también *(ella)* ●●● muy fanfarrona.
   b) En otoño siempre *(yo)* ●●● un poco triste, solamente los días en que sale el sol ●●● más contento.
   c) Si *(tú)* ●●● nerviosa durante el examen vas a olvidar todo lo que estudiaste.
   d) El novio de mi hermana era un chico simpático, pero desde que *(él)* ●●● rico, *(él)* ●●● bastante antipático.
   e) Hay que estudiar y tenemos que ●●● serios.
   f) ¿Te acuerdas de Manolo? *(Él)* ●●● presidente del banco de España.
   g) ¿Y te acuerdas de Cristina? *(Ella)* ●●● planchando² ropa en casa de unos ricos.
   h) Ayer mi vecino salió a la calle vestido de Napoleón, creo que *(él)* ●●● loco.
   i) Conozco a una chica que se casó con un árabe y *(ella)* ●●● musulmana.
   j) Me encanta el teatro, creo que voy a ●●● actriz.

3. Habla de tus cambios físicos y de carácter en los últimos diez años.

E 15 Federico García Lorca

1. Escucha la biografía de Federico García Lorca y di cuáles son las frases correctas. Corrige las afirmaciones falsas.

	c	f
a) Nació en Sevilla.	●	●
b) Murió de viejo.	●	●
c) Fue un cantante bastante conocido.	●	●
d) Escribió "La casa de Bernarda Alba".	●	●
e) Escribió poemas.	●	●
f) Fue amigo de Salvador Dalí.	●	●
g) Nunca salió de España.	●	●
h) Fundó³ un grupo de teatro.	●	●

2. Cuando tiene unos veinte años, Federico García Lorca conoce a otros grandes artistas de su época. Investiga y cuenta quién fue cada uno de ellos: Manuel de Falla, Luis Buñuel, Salvador Dalí, Antonio Machado.

Salvador Dalí

---
1 la pena *hier:* das Pech, **2** planchar bügeln,
3 fundar gründen

Paso 3 – Hombres y mujeres en el arte **Etapa 5**

E 16 Verde que te quiero verde.

1. Relaciona los siguientes fragmentos[1] de poemas de Federico García Lorca con algunos momentos de su vida:

la época en la que vive en Nueva York – su viaje a Cuba – el verano de 1924 – la muerte del torero[2] Ignacio Sánchez Mejías

A
A las cinco de la tarde.
Eran las cinco en punto de la tarde.
Un niño trajo la blanca sábana
a las cinco de la tarde.

de *La cogida y la muerte*

C
LA AURORA DE NUEVA YORK TIENE
CUATRO COLUMNAS DE CIENO
Y UN HURACÁN DE NEGRAS PALOMAS
QUE CHAPOTEAN LAS AGUAS PODRIDAS.

de *La aurora de Nueva York*

B
Verde que te quiero verde.
Verde viento. Verdes ramas.
El barco sobre la mar
y el caballo en la montaña.

de *Romance Sonámbulo*

D
Cuando llegue la luna llena
iré a Santiago de Cuba,
iré a Santiago,
en un coche de agua negra.
Iré a Santiago.
Cantarán los techos de palmera.
Iré a Santiago.
Cuando la palma quiere ser cigüeña.

de *Son de negros en Cuba*

2. Elige un fragmento que te haya gustado y explica su significado a un amigo alemán.

3. Ahora vuelve a leer este famoso poema de García Lorca a la derecha y cambia las palabras subrayadas por otras. Crea así tu propio poema y preséntalo en clase.

4. Aprende de memoria este poema y recítalo en clase.

Verde que te quiero verde.
Verde viento. Verdes ramas.
El barco sobre la mar
y el caballo en la montaña.

E 17 Una entrevista

Tenéis que hacer una entrevista ficticia[3] a uno de los cuatro personajes de este paso. En grupos, vais a escribir la entrevista completa, con unas diez preguntas y sus respuestas. Después la vais a grabar como si fuera un programa de radio. No olvidéis la introducción[4], el saludo[5] y la despedida[6] a vuestro/-a "famoso/-a".
Para hacer esta actividad tenéis que llegar a un acuerdo con los otros grupos para no elegir los mismos personajes.

---

1 el fragmento das Teilstück, **2** el torero der Stierkämpfer, **3** ficticio/-a fiktiv, **4** la introducción die Einleitung, **5** el saludo die Begrüßung, **6** la despedida die Verabschiedung

(facultativo)
Etapa 6
Bienvenidos a México

E1 México es esto y mucho más.
1. Resume cada una de las fotografías con un solo sustantivo.

2. Escribe diez preguntas sobre lo que te interesa saber de lo que muestran las fotos. ¿Cuántas de estas preguntas has podido contestar al final de la etapa?

E2 México en la piel
1. Escucha la canción de Luis Miguel y haz una lista de los lugares que se mencionan: las ciudades, las montañas, etc.

2. Vuelve a escuchar la canción. Anota qué hay en México según el cantante.

3. Hablad en clase sobre cuáles son los aspectos que le gustan a Luis Miguel de su país. Intentad resumirlos en grupos.

   Modelo: *Le gustan los paisajes maravillosos.*

4. Analiza cuáles son los sentimientos que el cantante tiene respecto a su país.

5. Escribe un folleto turístico sobre México a partir de la canción.

Luis Miguel: "México en la piel." En: *México en la piel*, Warner Music, 2004

E3 Un proyecto sobre México

En esta etapa vais a realizar un proyecto sobre México en el que vais a trabajar en grupos. Cada grupo elegirá uno de los temas de las páginas siguientes y preparará una ponencia sobre el mismo. Tenéis que poneros de acuerdo con vuestro/-a profesor/-a y vuestros compañeros sobre los siguientes puntos:

a) ¿Qué tema vais a elegir?
b) ¿Cuánto tiempo vais a necesitar para este trabajo?
c) ¿En qué forma vais a presentar vuestros resultados?

Tenéis la libertad de usar la información que os damos o buscar otra vosotros mismos. En cada tema hay algunos puntos que tenéis que cumplir. Después de trabajarlos, haced una lista de vocabulario importante para hablar sobre vuestro tema y presentadla en clase.

Los temas son:
1. Los jóvenes; 2. Patrimonios de la humanidad;
3. Los indígenas en México; 4. Un país megadiverso;
5. La emigración y el spanglish; 6. Cultura mexicana;
7. El cine mexicano; 8. El narcotráfico.

Tema 1 *Los jóvenes*

E Lo que tenéis que hacer
1. Presentad un perfil de los jóvenes en México y su realidad hoy.

 2. Comparadlos con los jóvenes alemanes respecto a los aspectos que tratan el texto y las dos tablas.

¿Cómo piensas que es la vida en México actualmente?					
	sí	no		sí	no
agotadora	67 %	33 %	una lucha constante	75 %	25 %
aburrida	17%	83 %	costosa	87 %	13 %
peligrosa	88 %	12 %	agradable	66 %	34 %
emocionante	55 %	45 %	difícil	88 %	12 %
confusa	62 %	38 %	interesante	77 %	23 %

México, Selecciones Reader's Digest, Sept. 2008

¿Qué es lo que más miedo te da?	
la muerte	34 %
las enfermedades	26 %
el paro	22 %
no poder tener una familia	9 %
no poder ser feliz	3 %
envejecer	2 %
las drogas	2 %
otras	2 %

ENI 2005

 ## Los jóvenes y el trabajo

Hoy en día, en México residen 20,2 millones de jóvenes entre 15 y 24 años de edad, que representan cerca de la quinta parte de la población total (112,4 millones, Censo 2010).
5 México se ubica como el tercer país con el mayor número de jóvenes que no estudian ni trabajan. Así lo determinó la Organización para la Cooperación y el Desarrollo Económico. Los jóvenes que ni estudian ni traba-
10 jan actualmente tienen entre 15 y 29 años de edad y suman ya 7.226.000 personas en esa situación. El 38% del total son mujeres, el 62% son hombres.
El futuro es incierto para ellos: muchos son
15 desertores de las escuelas, están decepcionados de los sueldos y prefieren no trabajar. Saben que difícilmente podrán tener acceso a una casa propia, a un coche, al seguro social o la posibilidad de realizar un viaje al
20 extranjero. Son parte de una generación de mexicanos sin sueños, envuelta en la pesadilla de la crisis económica.

A estos jóvenes se les conoce ya como "los nini". Así lo publicó la página electrónica de
25 la BBC, en un reportaje sobre el crecimiento de una nueva "tribu" de jóvenes desencantados con la realidad económica de México y la debilidad del sistema educativo del país. Según cifras del Instituto Mexicano de la
30 Juventud en la actualidad existen siete millones de jóvenes bajo esa condición y, lo peor: la cifra va en aumento. "Los nini", paradójicamente, son el futuro sin ninguna clase de porvenir y para colmo también son presa
35 fácil para el crimen organizado, deseoso de "mano de obra" barata, según advirtió a la televisora británica el investigador Alfredo Nateras, de la Universidad Autónoma Metropolitana (UAM). "El crimen organizado es
40 una alternativa real para ellos. Suena duro, pero muchos se preguntan ¿para qué estudio si el narco me da todo?" Hasta ahora, las autoridades desconocen el número de jóvenes que han sido empleados por el narcotráfico,

Tema 1 – Los jóvenes / Tema 2 – Patrimonios de la humanidad

pero recientemente la Secretaría de Defensa destacó que en los últimos tres años, unos 1.200 jóvenes murieron en enfrentamientos entre cárteles rivales.
Por otra parte, el Instituto Nacional de Educación para los Adultos informó que en los últimos años unos 17 millones de personas abandonaron sus estudios en el nivel básico, la mayoría por necesidades económicas.

Además, el panorama no es halagador para los recién egresados de las universidades del país, ya que el sueldo promedio es de 6.600 pesos mensuales (515 dólares), según datos de la Secretaría de Educación Pública.
También "los nini" deben enfrentarse a una economía en crisis, con un alto índice de desocupación.

Tema 2 *Patrimonios de la humanidad*

E Lo que tenéis que hacer
1. Informaos qué significa patrimonio cultural, natural e inmaterial reconocido por la UNESCO.
2. Preparad una explicación clara para el resto de la clase.
3. ¿Cuántos sitios Patrimonio de la Humanidad tiene Alemania? Buscad tres ejemplos.

El patrimonio cultural, natural e inmaterial de México reconocido por la UNESCO

El mes de noviembre en México fue denominado en 2010 como el mes del patrimonio, ya que es un tiempo ideal durante el que se manifiestan algunos de los más preciados elementos culturales de la identidad mexicana como la celebración del Día de los Muertos y los cien años de la Revolución Mexicana, que dio las bases para construir el México moderno. Es un periodo que permite conocer el patrimonio histórico, acercarse a los sitios y prácticas culturales que han sido testigos de innumerables acontecimientos en la vida de los mexicanos.
México cuenta con 29 sitios naturales e históricos declarados como Patrimonio Mundial por la UNESCO (Organización de las Naciones Unidas para la Educación, la Ciencia y la Cultura), y es el tercer país con el mayor número de ciudades inscritas en la lista del Patrimonio Mundial de la Humanidad (con diez ciudades), solo detrás de Italia (16) y España (14). Sin embargo, mucho de esto es incluso desconocido por miles de mexicanos.

celebración de los 100 años de la Revolución

Etapa 6 facultativo

Los voladores de Papantla

25 La ceremonia ritual de los voladores es una danza asociada a la fertilidad que ejecutan diversos grupos étnicos de México y Centroamérica, en particular los totonacos del Estado de Veracruz, situado al este de México. Su
30 objeto es expresar el respeto profesado hacia la naturaleza y el universo espiritual, así como la armonía con ambos.

Según la leyenda Totonaca, los dioses dijeron a los hombres: "Bailen, nosotros observa-
35 remos." Los voladores realizan esta danza espectacular para agradar a los dioses.

"Recorriendo las tradiciones de un hermoso pueblo mágico." En: www.mexicotravelclub.com, 05.04.2012

La fiesta del Día de los Muertos

Tal como la practican las comunidades indígenas, se celebra el retorno transitorio a la tierra
40 de los familiares y seres queridos fallecidos. Estas fiestas tienen lugar cada año a finales de octubre y principios de noviembre. Este periodo marca el final del ciclo anual del maíz, que es el cultivo predominante en el país.

"El Día de Muertos en América Latina." En: *El Periódico de México*, www.elperiodicodemexico.com, 03.11.2006

Santuario de Ballenas El Vizcaíno

45 Ubicado en la península de Baja California este santuario contiene algunos ecosistemas que son excepcionalmente interesantes. Ha sido inscrito en la UNESCO por su valor uni-
50 versal como centro de reproducción e hibernación de la ballena gris, foca moteada, lobos marinos, foca elefante, ballena azul y cuatro especies en extinción de tortugas marinas.

"Una experiencia para no olvidar nunca." En: www.mexicotravelclub.com, 17.04.2012

Centro histórico de Puebla

55 Esta ciudad se ubica sobre el fértil y extenso valle de Cuetlaxcoapan, custodiado por tres imponentes volcanes: Popocatépetl, Ixtaccíhuatl y la Malinche. Su fundación respondió

Tema 2 – Patrimonios de la humanidad

a la expectativa de los conquistadores de crear una villa exclusiva de españoles, entre el camino de Veracruz a México. Un halo de leyenda envuelve este hecho, pues se dice que la perfección del trazo de sus calles se debe a los mismos ángeles celestiales. Doña Isabel de Portugal, reina de España, le otorgó el título de Ciudad de los Ángeles, y con el correr del tiempo la conocemos popularmente como Puebla de los Ángeles.

"Centro histórico de Puebla." En: *www.mexicodesconocido.com.mx*, 27.03.2012

Reserva de biosfera de la mariposa monarca

De una extensión de 56.259 hectáreas, esta reserva de biosfera se sitúa en medio de montañas con mucha vegetación a unos 100 km al noroeste de Ciudad de México. Las montañas de esta reserva de biosfera albergan una variedad de microclimas y numerosas especies endémicas de flora y fauna. Cada otoño, millones de mariposas monarcas procedentes de América del Norte anidan en pequeñas zonas del bosque de esta reserva.

"Reserva de biosfera de la mariposa monarca." En: *www.mexicodesconocido.com.mx*, 27.03.2012

El Mariachi, música de cuerdas, canto y trompeta

El mariachi es una música tradicional y un elemento fundamental de la cultura del pueblo mexicano. Los mariachis tradicionales cuentan con dos o más músicos vestidos con indumentaria regional, inspirada en el traje de charro, que interpretan un amplio repertorio de canciones acompañándose con instrumentos de cuerda. Las orquestas que interpretan la música mariachi "moderna" cuentan con trompetas, violines, vihuelas y guitarrones y suelen estar compuestas por cuatro o más músicos.

"El mariachi, gran pedazo del corazón mexicano." En: *www.contactomagazine.com*, 22.02.2012

Etapa 6 facultativo

Tema 3 Los indígenas en México

E Lo que tenéis que hacer

1. Averiguad cuántos pueblos indígenas hay actualmente en México y cuáles son las lenguas indígenas más habladas.

2. ¿Existen escuelas bilingües para los indígenas en México? Presentad alguna información.

3. ¿Sabéis si existe poesía, música rock, literatura en alguna lengua indígena de México? Buscad información.

4. ¿Sabéis cómo se asignan los nombres a los niños indígenas? ¿Conocéis algunos de sus significados? Investigad.

5. Investigad y contad cómo era un día en la vida de un indígena azteca.

Los indígenas en México

Los pueblos indígenas de México son las colectividades que asumen una identidad étnica sobre la base de su cultura, sus instituciones y una historia que los define como los pueblos autóctonos del país, sucesores de las sociedades prehispánicas. El Estado mexicano reconoce a los pueblos indígenas al definirse en su Constitución Política como una nación multicultural fundada en sus pueblos indígenas. De acuerdo con un cálculo del Instituto Nacional Indigenista (INI, actualmente Comisión Nacional para el Desarrollo de los Pueblos Indígenas CDI), en 1998 la población indígena era de aproximadamente doce millones de personas, que correspondían a 11% de los mexicanos en 1995.

En contraste con otros países de América Latina, [...] en México existen alrededor de 65 pueblos indígenas que hablan entre sesenta y dos y más de una centena de lenguas diferentes (dependiendo de la fuente consultada).

El estado con mayor población indígena es Oaxaca, aunque muchos han emigrado, y el que tiene mayor población indígena viviendo en su propio territorio es Yucatán.

Grupos étnicos como los zapotecos, mayas, nahuas, purépechas, mixtecos, yaquis, kikapúes y otomíes han logrado mejorar sus condiciones de vida y se han adaptado fácilmente a la cultura del comercio y la globalización; a pesar de los esfuerzos realizados por diferentes organismos gubernamentales y no-gubernamentales en pro del reconocimiento legal de la cultura y de la calidad de vida de los pueblos originarios de México, existe aún en algunos grupos un alto grado de marginación, discriminación, desnutrición y pobreza extrema que los está llevando a la extinción de su cultura.

"Los indígenas en México." En: *http://revistaaltavoz101.blogspot.de,* 14.09.2010

Tema 3 – Los indígenas en México / Tema 4 – Un país megadiverso

De Raíz Luna

De Raíz Luna, un programa varias veces galardonado dedicado a los pueblos indígenas de México, cumplió tres años al aire en el Canal 22 del Conaculta. Mardonio Carballo, su conductor, se refirió al hecho de que la emisora apostara por abrir un espacio inédito en la televisión mexicana tanto pública como privada. "Llegamos a nuestra temporada seis. Cada una se compone de trece programas. Intentamos reproducir patrones culturales propios de los pueblos indígenas en un programa que no es de una sola persona, sino es colectivo".

De Raíz Luna "está hecho por indígenas para los ojos no indígenas y se abre para mostrar otras posibilidades de organización, otras formas de vida. Es una ventana para intentar resarcir la discriminación y el racismo que permean a la sociedad mexicana".

Pero además, *De Raíz Luna* es el primer programa en la historia de la televisión mexicana que es conducido, coordinado y reporteado en contenidos editoriales por un indígena mexicano, Mardonio Carballo, náhuatl de la huasteca de Veracruz. A partir de ese ser indígena, es como se acerca a las comunidades para brindarles un lugar en los medios de comunicación.

"De Raíz Luna, inédito programa de TV dedicado a los pueblos indígenas."
En: *http://ciudadania-express.com,* 15.07.2011

Tema 4 *Un país megadiverso*

E Lo que tenéis que hacer
1. Preparad un mapa mental de la megadiversidad en México.
2. Comparad México con otro país megadiverso.
3. Describid y dad ejemplos de las actividades humanas que amenazan la biodiversidad.

México, un país megadiverso

En el mundo existen alrededor de 200 países, pero solo en doce de ellos se encuentra el 70% de la biodiversidad del planeta. Por eso, a estos países se los denomina "megadiversos". México es uno de los países con mayor diversidad de tipos de vegetación del mundo solo debajo de China y la India. Posee no solo un alto número de especies en plantas, anfibios y reptiles, sino también una diversidad genética y de ecosistemas. Se estima que en el país se encuentran entre 10 y 12% de las especies conocidas por la ciencia,

a pesar de contar únicamente con 1,3 % de la superficie terrestre del planeta.
Tiene un poco más de 11 mil kilómetros de litorales ricos en ecosistemas marinos acuáticos –como los arrecifes de coral, las lagunas costeras o las comunidades de pastos marinos y estuarios–. Además, también posee una importante riqueza en cuerpos de agua dulce continentales. Su complejo paisaje forma más de 70 cuencas fluviales, con ríos caudalosos como el Grijalva, el Balsas y el Usumacinta. Setenta lagos y más de 4.500 embalses artificiales también cobijan una multitud de especies y ecosistemas. México es también el sitio de origen y diversificación de distintos cultivos de importancia nacional e internacional, entre los que sobresalen especies comestibles como el maíz, chile, vainilla y frijol y algunas especies de plantas domesticadas en México, tanto comestibles como ornamentales, de las que se obtienen fibras, colorantes y compuestos químicos medicinales.
Debido a todo lo anterior, en el territorio mexicano pueden encontrarse prácticamente todos los tipos de ecosistemas conocidos, lo cual también favorece a que se cuente con muchas especies endémicas. Una especie endémica es la que solo puede encontrarse en un lugar determinado. Por el contrario, la que puede encontrarse en casi todo el globo es una especie cosmopolita. En México, algunas especies que tienen dentro de sus miembros organismos endémicos son: pinos, agaváceas, cactáceas, peces de agua dulce, anfibios, reptiles, aves, y mamíferos.

"México, un país megadiverso." En: *Guía didáctica de Ciencias Uno*. Editorial Nuevo México, 2012 (adaptado)

Tema 5 *La emigración y el spanglish*

E Lo que tenéis que hacer

1. Enumerad las consecuencias que, según vuestra opinión, puede tener tanto para México como para los EE. UU. la emigración o inmigración de jóvenes mexicanos.

2. Imaginaos que formáis un grupo de importantes intelectuales y realizad propuestas para cambiar esta situación.

3. Explicad si existe un fenómeno parecido al spanglish en el idioma alemán.

4. ¿Cuál pensáis que es la palabra en castellano para: *barberchop, japiverdei, güindou, marketa, lonchar*? ¿Y la palabra en inglés? Haced hipótesis.

5. Expresad vuestra opinión sobre el uso y la expansión del spanglish.

6. Buscad un pequeño texto en spanglish y presentadlo en clase.

Historias de la frontera: niños migrantes

"No son analfabetos, [...] al terminar la secundaria o la primaria ven que no existen maneras de continuar sus estudios y tampoco de trabajar en algo que les permita vivir con dignidad. La única opción es emigrar". El día que Efraín García llegó a Nuevo Laredo procedente del rancho familiar, en Jarácuaro, Michoacán, la policía y los medios de información estaban absortos con el hallazgo de dos narcotraficantes ejecutados en las horas previas tras una larga sesión de tortura.

El niño de 14 años no fue noticia cuando lo deportaron. Sin embargo, él es un ejemplo vivo de un fenómeno desestimado que encamina al país hacia un escenario mucho más trágico que las víctimas de los sicarios: el éxodo de menores mexicanos hacia Estados Unidos.

"La cantidad de niños entre 12 y 17 años que cruzan la frontera es verdaderamente enorme", dice Candelaria Espinoza Argüello, la coordinadora local del Albergue para Menores en Situaciones Extremadamente Difíciles. "En mes y medio hemos atendido a 150 que han cruzado estrictamente por cuestiones de afecto, para reunirse con sus padres. Pero la cifra total de menores repatriados aumenta considerablemente si sumamos a los que se van obligados por la necesidad".

El albergue que maneja Espinoza atendió durante el 2004 a cerca de 900 menores que fueron devueltos a México después de ser capturados por autoridades norteamericanas. La funcionaria estima que por cada 10 menores que cruzan, menos de tres son repatriados. La causa fundamental del éxito alcanzado después del cruce, es una: sus padres o hermanos mayores los esperan para protegerlos, con miras a legalizar su estancia después de unos cuantos años.

En el rancho donde vive Efraín, llamado El Sauz, el viaje sin documentos se planeó meticulosamente. Paulino García, su padre, llegó en noviembre para terminar el año acompañado de su mujer y sus seis hijos. Fue en esas semanas, según contó Efraín, que acordaron el viaje sin documentos.

Es la misma travesía que realizó Paulino hace 25 años, cuando contaba más o menos con la misma edad de su hijo mayor. Y la apuesta le salió bien: hace 15 años obtuvo su pasaporte de residencia y estableció su hogar, o una parte de él, en Pleno, Texas, donde vive de instalar losetas en casas y comercios. La idea entonces era que su hijo le siguiera unos días después de partir hacia ese pequeño pueblo cercano a San Antonio, y para ello le envió, a principios de enero, 500 dólares para el viaje.

Para diciembre Efraín con 13 años de edad decidió no regresar a la escuela. Terminó el primer grado de secundaria y dice que no tuvo motivación para continuar. Así que estaba listo para irse.

"Después de la escuela ya no había mucho que hacer: en el rancho tenemos una hectárea para sembrar maíz, pero las cosas no están muy bien. Yo mejor quise cruzarme para trabajar aquí", dice. Él está sentado en una gran sala de juntas en el albergue, en donde hay unos 20 menores en su misma situación. Afuera lo espera su padre, quien fue llamado para que lo lleve de regreso al rancho. Es solo una formalidad: ambos lo intentarán otra vez.

No hay estadísticas confiables que digan cuántos menores como Efraín cruzan cada año hacia los Estados Unidos. Los varones no son los únicos en huir. En proporción cada vez mayor, las adolescentes y niñas han tomado la misma decisión. Muchas de ellas son recién casadas o novias con promesas de matrimonio, y muchas otras se aventuran con embarazos de más de tres meses, y con ellas se va la garantía de sobrevivencia de cientos de pueblos y rancherías. En los registros de los albergues esparcidos por la frontera mexicana, los datos son alarmantes: unos 500 mil niños fueron devueltos en el 2004, y eso da una idea del enorme desafío que enfrenta el país. [...]

"Historias de la frontera: Niños Migrantes."
En: *Elestatal.com*, 04.12.2005

 ## Spanglish, una nación de iguales

La práctica del spanglish se remonta a mediados del siglo XIX, cuando México, tras perder la guerra, cedió a Estados Unidos más de la mitad de su territorio (con el Tratado Guadalupe-Hidalgo) y ciudades como Los Ángeles, San Diego y San Francisco pasaron al control de Washington. Los habitantes de origen mexicano que vivían allí fueron forzados a aprender inglés, pero mantuvieron el español como lengua materna y comenzaron a usar el spanglish como símbolos de identidad y resistencia ante el Gobierno norteamericano. La inmigración masiva de latinoamericanos a Estados Unidos en la segunda mitad del siglo XX significó un impulso definitivo para la expansión del español y el spanglish.

Mientras idiomas como el francés y el alemán pierden hablantes, el spanglish se ha expandido como ninguna otra lengua y hoy es la herramienta cultural de integración e identidad para los 40 millones de hispanos que viven en Estados Unidos. Se habla en los barrios, en la radio, se lee en revistas y periódicos, hace parte de las nuevas campañas de publicidad y su uso se ha vuelto corriente en las poderosas cadenas latinas de televisión que transmiten de costa a costa. Con todo ello, el spanglish ha ganado una posición social, política e intelectual sin precedentes en las últimas décadas.

Y para comprender su verdadera dimensión basta con escuchar al pintor y escritor chicano Guillermo Gómez-Peña: "El spanglish es nuestra única patria. Muchos mexicanos que hemos vivido varios años en Estados Unidos y volvemos a nuestra tierra de origen nos sentimos y somos ajenos. México nos dice que no somos mexicanos y Estados Unidos nos repite a diario que no somos anglosajones. Solo el spanglish y su cultura híbrida me han otorgado la plena ciudadanía que ambos países me negaban".

Alexander Prieto Osorno: "Spanglish, una nación de iguales." En: *Ómnibus no. 4,* 01.07.2005 (adaptado)

Tema 6 – Cultura mexicana

Tema 6 *Cultura mexicana*

E Lo que tenéis que hacer

1. Presentad al menos tres personajes famosos de México. Podéis elegirlos de la lista que os damos. Explicad por qué fueron o todavía son relevantes en la cultura de ese país y contad a la clase lo que os despertó especialmente el interés en estas personas.

2. Preparad una tarea interesante para la clase sobre literatura, música o cine mexicano.

Personajes famosos de México
María Asunción Aramburuzabala Larregui – Carmen Aristegui – Eufrosina Cruz Mendoza – Paola Espinosa – Carlos Fuentes – Alejandro González Iñárritu – Javier "Chicharito" Hernández – José Hernández Moreno – Luis Miguel – Jorge Negrete – Octavio Paz – Elena Poniatowska – Ana de la Reguera – Diego Rivera – Hugo Sánchez – Guillermo del Toro – Emiliano Zapata

El nacimiento del Sol

Los dioses estaban tristes porque en la Tierra no había luz, no había días ni noches.
—¿Quién podrá dar el calor y la vida a los hombres?– se preguntaban preocupados.
5 El Señor de los Caracoles se enteró del problema y, como era muy vanidoso, se presentó ante los dioses lujosamente vestido.
—Yo merezco brillar. Yo seré el Sol– les dijo. Pero, al mirar a la concurrencia para recibir
10 su aprobación, vio que en un rincón alguien levantaba la mano. —Yo quiero competir– se oyó una voz.
Todos se sorprendieron: el que había hablado era el Señor de las Heridas, el más des-
15 preciado de los dioses. Había, por lo tanto, dos candidatos para transformarse en Sol, y se organizó una competencia para decidir cuál de ellos merecía semejante honor. Los dos contendientes debían sortear difíciles
20 pruebas y realizar ofrendas a los dioses para demostrar su valentía.
El día de la competencia, el Señor de los Caracoles mostraba orgulloso sus ropas hermosamente adornadas con metales.
25 —Ese dios irrespetuoso no podrá superar mi riqueza– pensaba al ver al Señor de las Heridas vestido con unos pobres y sucios harapos. Sin embargo, a medida que pasaban las pruebas, el Señor de los Caracoles
30 demostró que no solo era vanidoso, sino también muy cobarde. Los dioses estaban más contentos con el coraje demostrado por el Señor de las Heridas que con los valiosos regalos ofrecidos por su competidor.
35 Por fin llegó el momento de la prueba decisiva. Todos los dioses se sentaron alrededor de la hoguera sagrada: los contendientes debían entrar en las llamas para transformarse en Sol. El Señor de los Caracoles avanzó pri-
40 mero y saludó a los presentes. Al llegar ante la hoguera, sintió miedo y retrocedió.
–Las llamas son aún muy pequeñas –explicó para justificarse. Hubo un murmullo general de aprobación. El gran Señor de los Caraco-
45 les se quitó su manto de plumas de quetzal y volvió a avanzar, pero, cuando ya estaba al borde del fuego, retrocedió nuevamente. No pudo disimular su miedo y tuvo que retirarse avergonzado. Ahora le tocaba el turno al
50 Señor de las Heridas. En realidad, nadie creía realmente que fuera tan valiente.
—Si el Señor de los Caracoles fue incapaz de resistir la prueba, ¿cómo va a lograrlo un dios tan poco importante?– comentaban los
55 dioses.

→

Ante la sorpresa de los presentes, el Señor de las Heridas avanzó sin temor hacia la hoguera y entró tranquilamente en las enormes lenguas de fuego, que en ese momento
60 se hicieron más brillantes. Su rival, al ver la satisfacción de los dioses, no soportó la idea de ser menos que ese dios segundón y repentinamente entró también en el fuego. De pronto, en el cielo apareció el disco
65 radiante del Sol. Era el Señor de las Heridas, que se había transformado para dar la luz a los hombres. Pero, ¿qué era ese disco de menor tamaño y de luz blanquecina que avanzaba detrás del Sol?
70 —El Señor de los Caracoles no tiene luz propia porque tuvo miedo. Solo se ha convertido en Luna, que refleja la luz del Sol– explicó uno de los dioses.

—Dos discos luminosos no pueden brillar al
75 mismo tiempo –sostuvo otro dios– La luz del Sol es suficiente para los días, no hace falta más.

—En cambio, de noche, cuando el Sol descansa, podría sustituirlo la Luna –propuso
80 un tercero–. Su luz no es muy potente, pero también es hermosa.

—Entonces, hay que separarlos– acordaron todos.

Y es así que, a partir de ese momento, el Sol
85 irradia su luz y su calor de día, mientras que la Luna ilumina las noches oscuras con su reflejo apagado.

Mito teotihuacano, México

 ## Julieta Venegas: Limón y sal

Tengo que confesar que a veces
no me gusta tu forma de ser,
luego te me desapareces y no entiendo muy bien por qué.
No dices nada romántico cuando llega el atardecer.
5 Te pones de un humor extraño con cada luna llena al mes.

Pero a todo lo demás le gana lo bueno que me das,
solo tenerte cerca siento que vuelvo a empezar.

coro:
Yo te quiero con limón y sal,
yo te quiero tal y como estás,
10 no hace falta cambiarte nada.
Yo te quiero si vienes o si vas,
si subes y bajas y no estás
seguro de lo que sientes.

Tengo que confesarte ahora
15 nunca creí en la felicidad.
A veces algo se le parece, pero
es pura casualidad.

Luego me vengo a encontrar con tus ojos
y me dan algo más,
solo tenerte cerca siento que vuelvo a empezar.

coro (2x)

20 Solo tenerte cerca
siento que vuelvo a empezar...

Julieta Venegas: "Limón y sal." En: *Limón y sal,* Sony BMG, 2006

Tema 7 *El cine mexicano*

E Lo que tenéis que hacer
1. Leed el texto, después relacionad la imagen con la acción de la película y escribid una frase explicativa.
2. Buscad en Internet una película mexicana y contad su argumento.
3. Haced una crítica de la película.
4. Elegid una pequeña parte de la película que habéis trabajado y representadla en clase. Buscad una música apropiada como fondo.

Un ejemplo de cine mexicano: *Como agua para chocolate*

Como agua para chocolate

Director: Alfonso Arau
Año de producción: 1992
Duración: 123 minutos

Introducción

Esta película está basada en una novela del mismo título escrita por Laura Esquivel. La autora adaptó su obra para el cine y en 1992 Alfonso Arau realizó su producción. Los personajes principales
5 son Tita (Lumi Cavazos), Pedro (Marco Leonardi) y Mamá Elena (Regina Torné). La historia ocurre en México a finales del siglo diecinueve y los primeros años del siglo veinte.
Tita es la última de las tres hijas de Mamá Elena y
10 está obligada a cuidar de su madre hasta la muerte. Esto implica que Tita no puede casarse y, por lo tanto, no puede mantener relaciones con su único amor y novio Pedro. Es una película sobre el amor, la tradición, la pasión, y la comunicación. La cocina
15 se convierte en un espacio de creación y libertad donde Tita puede mostrar su amor y sus deseos mediante platos exquisitos. La película presenta la influencia de la magia y el misticismo con la alegoría de la comida, mientras trata también de aconte-
20 cimientos políticos como la Revolución Mexicana, la condición de la mujer, y el machismo.

Sinopsis

Mamá Elena se ha quedado viuda tras el infarto de su marido. Tiene tres hijas: Rosaura, Gertrudis y Tita. Para mantener la tradición de la
25 familia De la Garza, la hija menor, Tita, está obligada a renunciar a su propia vida para mantener a su madre durante la vejez. Como los enamorados no pueden casarse, Pedro busca una manera alternativa para acercarse a Tita. La situación crea represiones
30 y fuertes emociones que se muestran a través de la comida. La película examina la sensibilidad humana, los efectos de la represión y la fuerza del amor. Las recetas culinarias son una parte importante de la película y marcan el paso de las estaciones de su
35 vida y la acompañan en su tránsito a una sabrosa eternidad.

Jorge Pérez y Parissa Tadrissi: "Como agua para chocolate." En: *www.spanport.ucsb.edu/*, 27.09.2011

Tema 8 *El narcotráfico*

E Lo que tenéis que hacer
1. Preparad una lista de palabras relacionadas con la viñeta usando el diccionario bilingüe si es necesario. Usad este vocabulario para describir lo que veis y presentad vuestra idea a la clase.
2. Presentad algunas medidas que debería proponer el gobierno de un país para frenar el consumo de drogas.
3. Traed noticias actuales sobre el narcotráfico en México y organizad un debate.
4. Preparad un cartel para una campaña anti-drogas.
5. Informaos y comparad la situación de México con la de Alemania respecto a la venta y el consumo de drogas.

 ### La guerra perdida de México contra el narcotráfico

Año 2010, el más violento e inseguro de la historia reciente de México. En los primeros 14 días de 2011, cada 40 minutos ha sido muerta una persona en el país en incidentes
5 relacionados con el crimen organizado, con un total de 507 homicidios. El narcotráfico genera cada año en el mundo entero más de 300 mil millones de dólares, y en México cada año la cifra es de 40 mil millones de
10 dólares. En este gobierno de Felipe Calderón ya son más de 34.500 asesinatos relacionados con el crimen organizado y el narcotráfico. Entre 2000 y 2010, 67 periodistas asesinados. En lo que va del sexenio de Felipe
15 Calderón, hay 49 periodistas asesinados, y los llamados "narcohuérfanos" pueden llegar a pasar de 50 mil.
En México hay 43 mil menores de edad en las filas del crimen organizado. Cada día en
20 México son secuestrados 54 migrantes o indocumentados, y en estos secuestros participan los "coyotes", los narcotraficantes y los agentes policíacos o de otro tipo que responden al gobierno mexicano. En 2010 han sido
25 secuestrados más de 20.000 indocumentados centroamericanos.
Por territorio mexicano pasan cada año entre 200.000 y 300.000 inmigrantes centroamericanos con la intención de llegar a Estados
30 Unidos. Seis de cada diez mujeres que llegan a los albergues para migrantes sufren violación sexual. Los recursos que se pierden por la lucha contra el narcotráfico y la delincuencia organizada representan 154 mil
35 millones de pesos. ¡Las múltiples y variadas "fuerzas del mal" desangran a México! Y mientras México se desangra, la guerra entre los políticos y gobernantes de este país, y entre los políticos y la Iglesia católica mexi-
40 cana, es cada vez más sucia. Cómo imaginar que en México, justamente un país que vive de sus migrantes, de sus indocumentados, de las remesas de dinero, en solamente 6 meses, se ha llegado a secuestrar a 9700
45 migrantes – y esto pasó entre 2008 y 2009. Esto no solamente es un crimen. ¡Imagínense nada más un pueblo en donde se corta la mano que le da de comer!

EE. UU., partes de conferencias impartidas sobre este tema por Fernando Antonio Ruano Faxas (primera versión 2006).

Bedienungsanleitung Manual de instrucciones

❶ Resumen, Comentario, Opinión
Zusammenfassung, Texterschließung, Stellungnahme

Ein resumen ist das, was du aus dem Deutschunterricht als Textzusammenfassung bzw. Inhaltsangabe kennst. Achte dabei besonders darauf, die vorgegebene Wortzahl nicht zu überschreiten! Ein resumen darf keine Nacherzählung werden! Den comentario kennst du als Texterschließungsaufgabe: Hier geht es – anders als im resumen – nicht mehr allein darum, einen Text zusammenzufassen oder – im Gegensatz zur opinión – die eigene Meinung mit Argumenten zu untermauern, sondern es soll eine kritische Auseinandersetzung mit einem vorgegebenen Text, einem Zitat oder einer Karikatur erfolgen.

Die opinión kennst du als Stellungnahme: Hier sollst du zu einem vorgegebenen Thema Stellung beziehen und dafür gute Argumente in einer sinnvollen Reihenfolge klar formuliert darlegen.

Resumen y comentario: palabras útiles

La introducción:
El texto titulado … / que lleva el título …
El texto escrito en … por … trata de …
El tema principal del texto es …
En este texto, el autor …

La intención del autor y el procedimiento:
El autor expone / explica / describe / defiende la tesis / ilustra / intenta convencer al lector / justifica / critica / informa sobre / ataca / analiza / confirma / modifica / basa su argumentación en / valora …

La estructura del texto:
al comienzo, al principio, primero, en primer lugar
luego, entonces, después, a continuación, en segundo lugar, además
al final, para terminar, por último, en conclusión

El orden de los argumentos:
En cuanto a / acerca de / con referencia a …
Es decir … / Lo que quiero decir es que …
a causa de / por eso / ya que
en comparación con
a pesar de / sin embargo / mientras que
por un / otro lado, por una / otra parte

Opinión: palabras útiles

Desde mi punto de vista …
Soy de la opinión que …
En mi opinión …
Me parece que …
Me parece bien / lógico / mal / increíble que …
  (immer Subjuntivo!)
Opino / creo / pienso que …
Estoy seguro/-a de que …
Supongo que …
(No) dudo que … (immer Subjuntivo!)

¡Ojo! Verneint man Verben der Meinungsäußerung, braucht man den Subjuntivo!

Para mí, lo más / menos importante es que …
A mi modo de ver …

Está bien / claro / demostrado / comprobado
  (que …)
Es verdad / evidente / cierto / obvio (que …)

Comparto tu opinión (sin embargo …)
Estoy de acuerdo con …
Por una parte tienes razón, aunque …
En parte tienes razón, pero …
Estoy completamente en contra de …

ciento cuarenta y tres 143

Manual de instrucciones Bedienungsanleitung

❷ Analizar textos literarios
Analyse literarischer Texte

Grundsätzlich seid ihr mit der Analyse eines literarischen Textes vertraut, selbst wenn sie in der Fremdsprache erfolgen soll. Hier findet ihr viel hilfreiches Vokabular, das ihr für die Literaturanalyse braucht.

Clasificación de los textos:
Se trata de
- (un pasaje / un extracto / un capítulo de) una novela, un cuento, un relato
- (un pasaje / un extracto / una estrofa / unas líneas de) un poema, una canción
- (un pasaje / un acto / una escena de) una obra de teatro, un drama, una comedia

El desarrollo de la acción:
el argumento, la acción principal, acciones secundarias, el hilo del argumento
el momento culminante / el punto crítico
la tensión aumenta / disminuye

Lugar y tiempo:
La acción se localiza / se desarolla / transcurre en … (¡tiempo o espacio!)
El ambiente social / político se caracteriza por …

Personajes:
la caracterización de los personajes / caracteres / protagonistas
el comportamiento / la actitud de … ante …
la relación armónica / conflictiva entre los protagonistas…
desempeñar / jugar un papel importante
ser una persona introvertida, pensativa, agradable, humilde, impulsiva, ambiciosa, vaga, generosa, confusa, torpe, inocente, cruel, egoísta, traidora, rencorosa, sabia, impaciente, antipática, misteriosa, cortés, amable, …

Perspectiva y técnica narrativa:
El texto está escrito desde la perspectiva / el punto de vista de …
el cambio de perspectiva
el / la narrador/-a omnisciente / el Yo narrador / el Yo lírico
El narrador se muestra (im)parcial / (no) interviene directamente
el estilo directo / indirecto / el monólogo interior

Análisis lingüístico:
el registro culto, coloquial, literario
el lenguaje sencillo, complicado, preciso
el autor emplea / utiliza / usa expresiones / frases cortas / largas / ordinarias / inacabadas …

Recursos estilísticos:
la metáfora, la imagen, la comparación, la perífrasis, la aliteración, la anáfora, la hipérbole, la elipsis, la enumeración, la repetición, la exclamación, la interrupción

Bedienungsanleitung Manual de instrucciones

❸ Analizar textos del periódico
Analyse von Zeitungsartikeln

Grundsätzlich besitzt du bereits das Werkzeug, um Zeitungstexte zu analysieren. Das Vorgehen unterscheidet sich im Prinzip nicht von dem, das du bei anderen Textverständnis und -analyseaufgaben anwenden musst (vgl. die entsprechenden Strategieseiten). Was du allerdings benötigst, ist das spezifische „Presse-Vokabular":

Tipos de prensa:
la prensa especializada
la prensa sensacionalista
la prensa del corazón

la prensa local
la prensa regional
la prensa nacional
la prensa internacional

En España son muy comunes los periódicos en las lenguas regionales.

Clasificación de textos:
un artículo puede ser:
- un editorial (Leitartikel),
- un reportaje,
- un comentario,
- una glosa,
- una columna,
- una reseña de un libro,
- una crítica de una película,
- una carta al director (Leserbrief)

Cada artículo tiene un titular.

Periódicos importantes de España:
El País: www.elpais.com
ABC: www.abc.es
El Mundo: www.elmundo.es
La Vanguardia: www.lavanguardia.com

❹ Hablar de una película
Über einen Film sprechen

Um eine Inhaltsangabe, eine Analyse oder einen Kommentar zu einem Film zu verfassen, brauchst du spezifisches „Film-Vokabular":

El tipo de película
La película es
- una comedia.
- un drama.
- un documental.

Se trata de
- una película de suspense.
- una película de acción.
- una película de amor.
- una película de terror.

El lugar, la acción, la época
La película está ambientada / se desarrolla en Barcelona en los años 60 / en España durante la Guerra Civil.
La escena muestra a los personajes principales en …

Los personajes
El protagonista de la película se llama …
Uno de los personajes más / menos importantes es …

La opinión personal
La película es divertida / aburrida / fácil de entender / pesada / …
(No) me ha gustado porque…

Manual de instrucciones Bedienungsanleitung

⑤ Corregir tus errores
Methoden der Selbstkorrektur

Eigene Texte korrigieren in vier Schritten
Beim Verfassen von fremdsprachlichen Texten unterlaufen einem leicht Fehler.
Die Fragen auf dieser Seite sollen dich auf typische Fehler aufmerksam machen, damit du deine Texte künftig gezielter Korrektur lesen kannst. Ergänze auf einer eigenen Liste weitere Punkte, um **für dich** typische Fehler zu vermeiden.

Erster Schritt: Das Überprüfen der Konkordanz
Damit dein Text verständlich ist, ist es unerlässlich, dass die Bezüge stimmen.
- Stehen Nomen und Verben, die sich aufeinander beziehen, alle im Singular bzw. Plural? **La** gent**e** est**á** content**a**. **Las** cancion**es** de Shakira me gust**an**.
- Ist das Genus eines Wortes richtig gewählt? Oft enden maskuline Wörter auf **-o**, feminine auf **-a**, **-ión** oder **-dad**. Viele Wörter griechischer Herkunft, die auf -a enden, sind aber maskulin, wie el tema, el día. Bei Kurzformen hilft der Blick auf die „Langfassung" des Wortes: la foto(grafía), la moto(cicleta).
- Stimmen Genus und Numerus von Adjektiv/Partizip und dessen Bezugswort überein? **una** falda amarilla, **un** día frío. Bei femininen Wörtern, die mit betontem a- beginnen, steht im Singular der männliche Artikel, das Adjektiv behält aber die weibliche Form: **el** agu**a** fría.

Zweiter Schritt: Das Überprüfen der Verbformen und -zeiten
- Habe ich das Verb „sein" (ser, estar und hay) richtig übersetzt?
- Habe ich das a gesetzt, wenn es sich beim Akkusativobjekt um eine Person handelt? Llamo **a** mi hermana, esperamos **a** nuestros padres.
- Sind meine Vergangenheitszeiten richtig gewählt? Lies noch einmal nach, wann genau pretérito imperfecto und indefinido verwendet werden.
- Habe ich an die Verwendung des Subjuntivo gedacht? Überprüfe alle Sätze mit **que** und achte darauf, ob das einleitende Verb oder die Präposition die Verwendung des Subjuntivo auslöst: pedir que+Subjuntivo, para que+Subjuntivo.

Dritter Schritt: Das Überprüfen bestimmter Ausdrücke
- Habe ich muy und mucho richtig verwendet?
- Habe ich korrekt zwischen por und para unterschieden?
- Habe ich si (konditional) und cuando (temporal) richtig verwendet?

Vierter Schritt: Das Überprüfen der Rechtschreibung
- Habe ich auf Schreibumstellungen zur Ausspracheerleichterung geachtet?: español e inglés, una u otra cosa
- Habe ich alle nötigen Akzente gesetzt? Prüfe noch einmal die Akzentregeln.

Geschafft!

Bedienungsanleitung Manual de instrucciones

❻ Trabajar con el diccionario monolingüe
Arbeiten mit dem einsprachigen Wörterbuch

Mit dem einsprachigen Wörterbuch arbeiten in fünf Schritten

Der Gebrauch des einsprachigen Wörterbuchs ist bei vielen Schulaufgaben und Tests erlaubt. Das bedeutet eine große Erleichterung: Es kann dir helfen
- unbekannte Wörter beim Textverständnis zu erschließen,
- Synonyme für eine abwechslungsreichere Textproduktion zu finden,
- Fehler im schriftlichen Sprachgebrauch zu korrigieren,
- mit Hilfe der Anwendungsbeispiele die verschiedenen Bedeutungen von Wörtern in unterschiedlichen Kontexten zu erfassen,
- wichtige grammatikalische Informationen zu erhalten,
- die Stilebene eines Wortes zu erkennen,
- Ausdrücke und Wendungen zu verstehen und zu lernen.

Um das Wörterbuch nun sinnvoll einzusetzen, müssen folgende Schritte beachtet werden.

Erster Schritt: Überprüfung der Notwendigkeit des Einsatzes

Noch ehe du zum Wörterbuch greifst, solltest du dir überlegen, ob du es für deine Zwecke wirklich brauchst. Das Nachschlagen von Wörtern und Begriffen kostet Zeit, oft ist es besser, den Kontext zu betrachten und die fehlende Vokabel so zu erschließen, bzw. bei der Textproduktion bekannten Wortschatz zu verwenden und so „Fehlgriffe" zu vermeiden. Falls du dich für den Gebrauch des Wörterbuchs entscheidest, lege fest, wie viel Zeit du dafür aufwenden willst, die Bedeutung eines Wortes zu erfassen. Oft musst du hierfür weitere, dir nicht bekannte Worte aus der Erklärung suchen. Gerade in Prüfungssituationen kann das zu lange dauern.

Zweiter Schritt: Vertrautmachen mit dem Register

Schaue dir die Erläuterungen am Anfang des Wörterbuchs genau an. Du musst die Informationen zur Nutzung und die Abkürzungen kennen, um das Wörterbuch effektiv einsetzen zu können.

Dritter Schritt: Nachschlagen des gesuchten Wortes

Schlage nun das fehlende Wort nach. Bleibe aber nicht bei dem ersten Eintrag stehen, sondern betrachte die Angaben zu allen Kontexten. Nur so ist sicher gestellt, dass du die richtigen Erkenntnisse gewonnen hast.

Vierter Schritt: Die Wortfamilie im Hinterkopf haben

Findest du ein Wort nicht, suche nach einem ähnlichen aus der gleichen Familie. Häufig sind Adjektive nicht eingetragen, das dazugehörige Verb kann aber Aufschluss über die Bedeutung geben.

Fünfter Schritt: Den Gebrauch regelmäßig üben

Benutze das Wörterbuch regelmäßig zu Hause, um Übung im Gebrauch zu bekommen. Nur so ist ein effektiver Einsatz in Prüfungssituationen gewährleistet.

Geschafft!

Tipp: Das Wörterbuch kann auch eine Lernhilfe sein: Mit ihm kannst du dein Vokabular und dein Ausdrucks-Repertoire erweitern! Viel Spaß!

Manual de instrucciones Bedienungsanleitung

❼ Escribir una solicitud
Eine Bewerbung schreiben

Eine Bewerbung schreiben in drei Schritten

Du suchst einen Ferienjob? Du willst ein Praktikum oder ein freiwilliges soziales Jahr machen? Warum nicht in Spanien? Hier findest du Hilfestellungen, um deinen Lebenslauf auf Spanisch zu verfassen.

Erster Schritt: Vorüberlegungen

Ehe du zu schreiben beginnst, musst du dir einige Fragen stellen:
- Warum will ich in Spanien arbeiten?
- Warum will ich mich auf genau diesen Job / dieses Praktikum bewerben?
- Warum bin ich geeignet, um diesen Job / dieses Praktikum zu machen?

Die Beantwortung dieser Fragen hilft dir, ein überzeugendes Anschreiben zu verfassen. Mache dir bereits Stichpunkte auf Spanisch zu den einzelnen Fragen.

Zweiter Schritt: Der Lebenslauf (el currículum vitae)

Bereite nun deinen tabellarischen Lebenslauf vor (siehe rechts!). Dieser enthält viele unveränderliche Punkte, die du nicht an die „Stelle", auf die du dich bewirbst, anpassen musst. Bei den Fragen nach Hobbys, Fähigkeiten und Erfahrungen („Otros datos de interés") jedoch kannst du dir überlegen, welche deiner Kapazitäten für die jeweilige Ausschreibung besonders relevant sind.

Dritter Schritt: Das Anschreiben (la carta de presentación)

Ein wichtiger Punkt für eine erfolgreiche Bewerbung ist ein gelungenes Anschreiben. Begründe hier,
- warum dich genau dieser Job besonders interessiert.
- warum genau du für diesen Job geeignet bist. Gehe dabei kurz auf deinen Werdegang / deine Vorerfahrungen ein, die für die Stelle entscheidend sein könnten. Übertreibe bei dem Anschreiben nicht, zeige aber ehrliches Interesse und Begeisterung.

Die Gestaltung des Lebenslaufs:

Datos personales: nombre y apellido, fecha de nacimiento, lugar de nacimiento, estado civil (casado/-a, soltero/-a, viudo/-a), nacionalidad, dirección, teléfono, correo electrónico

Nombre y apellido:	Tanja Maier
Fecha de nacimiento:	17 de marzo de 1995
Lugar de nacimiento:	Erlangen
Estado civil:	…
…	

Formación: años, escuela, instituto, estudios, diplomas, prácticas, cursos de formación

2000 – 2004	Escuela primaria en Erlangen (Löschgeschule)
2004 – 2012	Instituto "Ohm-Gymnasium" en Erlangen, Alemania

Experiencia profesional: años, nombre del empleador, funciones

Idiomas: lengua materna, otros: nivel básico, intermedio, avanzado, fluido

Informática: programas, aplicaciones

Otros datos de interés: deportes, clubes, asociaciones, conocimientos específicos etc.

Fecha y firma

Geschafft!

148 *ciento cuarenta y ocho*

Bedienungsanleitung Manual de instrucciones

Die Gestaltung des Anschreibens:

Tanja Maier
Birkenallee 12
91088 Bubenreuth

Escuela de idiomas "La Molina"
A la atención de la Sra. Galán
Avenida de Salamanca, 133
47014 Valladolid

Bubenreuth, 11/05/2012

Solicitud de trabajo como profesora de alemán

Estimada Sra. Galán:

He leido con interés su anuncio publicado en el periódico El País del 09/05/2012 y *desearía presentarme* a la plaza que solicitan de profesora de alemán.

Como *podrán comprobar* en mi CV *he finalizado* mi formación como profesora de alemán y español / mis estudios de Filología Alemana y de Hispánicas. Ahora me gustaría *adquirir experiencia laboral* en el extranjero. Podría empezar a trabajar el 01/07/2012.

Siempre me ha gustado la enseñanza de idiomas, *he realizado* varias prácticas en colegios e institutos privados. Al final de mis estudios he trabajado como profesora de alemán para extranjeros en Siemens. *Poseo* buenos *conocimientos* de métodos de enseñanza y un nivel alto de inglés y español. *Estoy familiarizada*, además, con el uso de nuevos medios en clase, ya que he participado en primavera en un curso sobre este tema. Por eso creo que mi formación y mi experiencia *se ajustan muy bien al perfil* que están buscando.

En caso de serles útil pueden ponerse en contacto conmigo. Les estaría muy agradecida si tuvieran a bien invitarme a realizar una entrevista personal.

Reciban un cordial saludo, / *Atentamente,*

Tanja Maier

Anexo: currículum vitae

Portfolio zu *Contigo 3*

Mit *Contigo 3* schließt du den Sprachlehrgang ab und kannst deine Zielsprache Spanisch schon recht gut: Du kennst alle wichtigen Grammatikbereiche, verfügst über einen differenzierten Wortschatz und weißt, wie Spanischsprecher miteinander kommunizieren. Zugleich hast du viele Bereiche und Themen aus der spanischsprachigen Welt kennengelernt.

Um dir dein Wissen (und auch eventuelle Lücken) bewusst zu machen und es nachhaltig abzusichern, musst du selbst aktiv werden und nach deinen eigenen Interessenschwerpunkten mit der Zielsprache umgehen.

Eine gute Möglichkeit ist dabei das Anlegen eines Portfolios: Du legst eine Mappe zu *Contigo 3* an, in der du eigene Arbeiten zu den *etapas* sammelst und so deinen Lernfortschritt, aber auch deine Überlegungen zu den Themen in den *etapas* dokumentierst. Deine Arbeiten können verschieden sein:
- Kreatives Schreiben: Tagebucheinträge einer Figur, Stellungnahme, …
- Künstlerisch: Erstellen einer Collage, Konzeption eines Bühnenbildes, …
- Recherche: Hintergrundinformationen, Personen in Kurzbiografien vorstellen, …

Wichtig ist, dass du selbst etwas erarbeitest! Du solltest dabei auf eine ansprechende, kreative, ordentliche Aufmachung achten.

Propuestas para trabajos de tu *Portfolio:*

Etapa 1

Paso 1: – Elige un nombre de la lista de los latinoamericanos famosos, busca datos y fotos sobre esa persona y escribe su biografía.

Paso 2: – Haz un dominó con nombres de ciudades y sus gentilicios: Lima – limeños, Buenos Aires – porteños, Valencia – valencianos, …
- Busca información sobre otra ciudad de Latinoamérica. Escribe una bonita ponencia y preséntala a la clase.
- La ciudad del futuro. ¿Cómo te la imaginas? Escribe un texto.

Paso 3: – Prepara un *collage* de fiestas de tu país o región que pueden ser interesantes para un español o latinoamericano. Preséntalo.
- La fiesta más bonita de mi vida. ¿Cuándo fue? ¿Cuál fue la razón de esta fiesta? ¿Con quién estabas? ¿Por qué fue la más bonita para ti?

Paso 4: – Infórmate sobre los diferentes idiomas indígenas. ¿Cuántos hay, dónde se hablan, cuántos los hablan, … ? ¿Te interesaría aprender alguno? ¿Cuál? ¿Por qué? Averigua dónde podrías aprenderlo.
- Elige una de las fotos del último ejercicio del paso e inventa una historia bonita alrededor de la misma.
- Escribe tus impresiones sobre las primeras horas de español: qué habéis hecho, qué has aprendido, qué te ha parecido fácil, difícil, interesante, aburrido. Cuenta qué te ha gustado y qué no te ha gustado, qué te gustaría hacer durante el curso y cómo crees que puedes aprender más y mejor.

Etapa 2

Paso 1: – Imagínate que eres una monja / un monje en esta época: has leído el texto de fray Bartolomé y le escribes una carta, ¿qué le pones?

Portfolio zu *Contigo 3*

- Haz un mapa de los pueblos precolombinos y pon símbolos para que sea más bonito y más claro.

Paso 2: – Comercio justo con América Latina: ve a una tienda "Eine Welt" e infórmate. Escribe luego un texto informativo.

Paso 3: – Dibuja algo (un dios, un animal u otra cosa) siguiendo el estilo azteca. Preséntalo.

- Malinche fue, para muchos, una traidora a su pueblo. Imagínate que ella nos escribe una carta. ¿Qué nos pondría?

Paso 4: – Haz un pequeño diccionario de palabras importantes para comparar la vida de los yanomamis con la nuestra.

Etapa 3

Paso 1: – Profesiones en el sector turístico: Haz una lista de estas profesiones y elige una para hacer una buena presentación. Investiga diferentes aspectos, por ejemplo: ¿Qué formación se necesita? ¿Cuánto se gana? ¿Cuál es el perfil necesario para ejercer esta profesión?, etc.

Paso 2: – Inmigrantes ilegales en Alemania. Escribe un artículo para un periódico de un colegio español o latinoamericano sobre este tema.

- Has ganado doscientos mil euros en la lotería y quieres donar parte de este dinero a algunas ONG. ¿A cuáles les vas a dar dinero y por qué? Escribe un texto.

- Piensa en algo importante que ha pasado en tu ciudad o en tu país. Escríbele un e-mail a un/-a amigo/-a español/-a y cuéntale qué ha pasado. Cuéntale también dónde estabas tú, con quién estabas y qué estabas haciendo cuando esto pasó.

Paso 3: – Escríbele un e-mail a un/-a amigo/-a español/-a y cuéntale todo lo que hiciste durante las últimas vacaciones de verano.

- Una isla alemana. Elige una isla, prepara una presentación para un/-a compañero/-a español/-a o latinoamericano/-a y explícale lo que se puede hacer allí.

- Tienes que escribir un folleto turístico sobre tu ciudad / región. Escribe una lista con los cinco lugares más interesantes para visitar. Explica por qué los recomiendas y pon algunos consejos para los turistas.

Etapa 4

Aquí podéis elegir algunos de los trabajos que haréis para las diferentes estaciones.

Etapa 5

Paso 1: – Busca una foto vieja de alguna persona de tu familia y cuenta cómo ha cambiado esa persona en su aspecto físico, su forma de vestirse, su personalidad, sus gustos y su vida en general.

- Muchos anuncios utilizan a las mujeres para convencer al consumidor de elegir uno u otro producto. Elige uno y analízalo. ¿Qué opinas tú sobre esta forma de publicidad?

Paso 2: – ¿Ganan lo mismo en Alemania las mujeres que los hombres haciendo el mismo trabajo? Infórmate y escribe un comentario.

- ¿Cómo es la situación de la violencia de género en Alemania? Infórmate, escribe un comentario y compárala con la situación en España.

Paso 3: – Piensa en una novela o película que te guste y que trate el tema de hombres y mujeres. Prepara una presentación de su argumento y personajes y coméntalo en clase.

- Elige a un/-a artista del mundo castellanohablante e investiga acerca de su vida y su obra. Prepara una presentación utilizando también fotos, videos o música.

Etapa 6

Aquí podéis elegir algunos de los trabajos que haréis para vuestro tema.

Frases útiles

Para hablar de gramática Grammatikalische Ausdrücke

el adjetivo	das Adjektiv	el plural	der Plural
el adverbio	das Adverb	la preposición	die Präposition
el artículo	der Artikel	el presente	das Präsens
el comparativo	der Komparativ	el pretérito imperfecto	das Imperfekt
la conjunción	die Konjunktion	el pretérito indefinido	das Indefinido
femenino	feminin	el pretérito perfecto	das Perfekt
el futuro	das Futur	el pronombre reflexivo / relativo / posesivo / personal	das Reflexiv- / Relativ- / Possessiv- / Personal- pronomen
el gerundio	das Gerundium		
el imperativo	der Imperativ		
el infinitivo	der Infinitiv	el singular	der Singular
el marcador temporal	die Zeitangabe	el subjuntivo	der Subjuntivo
masculino	maskulin	el superlativo	der Superlativ
la negación	die Verneinung, Negation	el sustantivo	das Substantiv
el objeto directo / indirecto	das direkte / indirekte Objekt	el verbo regular / irregular	das regelmäßige / unregelmäßige Verb

Para trabajar en clase Arbeitsanweisungen

en español		auf Deutsch	
Adivina/-d		Errate/-t	
Busca/-d	· en el diccionario · en el mapa	Suche / Sucht	· im Wörterbuch · auf der Landkarte
Cambia/-d	· los roles · las palabras subrayadas por …	(Ver-)Tausche/ (Ver-)Tauscht	· die Rollen · die unterstrichenen Sätze gegen … aus
¿Cómo se dice … en español?		Was heißt … auf Spanisch?	
¿Cómo se forma …?		Wie bildet man …?	
Compara/-d	· otra vez · con los compañeros	Vergleiche / Vergleicht	· nochmals · mit den Mitschülern
Completa/-d	· la tabla · los espacios vacíos	Vervollständige / Vervollständigt	· die Tabelle · die Lücken
Comprueba / Comprobad	· con el modelo · si es correcto	Überprüfe / Überprüft	· anhand des Modells · ob es stimmt
Contesta/-d	las siguientes preguntas	Beantworte/ Beantwortet	die folgenden Fragen
Controla/-d	en clase	Überprüfe / Überprüft	im Klassenverband
Corrige / Corregid	las afirmaciones falsas	Berichtige / Berichtigt	die falschen Aussagen
Decide / Decidid	cuál es la información correcta	Entscheide/-t	welche Information richtig ist
Describe / Describid	la imagen / el dibujo	Beschreibe/-schreibt	das Bild
Dibuja/-d	en la pizarra	Zeichne/-t	an die Tafel
Dicta/-d	las sílabas	Diktiere / Diktiert	die Silben

Frases útiles

en español		auf Deutsch	
Elige / Elegid	un título para el texto	Wähle / Wählt	einen Texttitel
En parejas / en grupos		Zu zweit / in Gruppen	
Escribe / Escribid	· los contrarios · la solución · frases completas · en el cuaderno las expresiones que faltan	Schreibe / Schreibt	· die Gegenteile · die Lösung · vollständige Sätze · die fehlenden Ausdrücke ins Heft
Escucha/-d	el CD / la canción	Höre dir / Hört euch	die CD / das Lied an
Forma/-d grupos de cuatro/cinco personas.		Bilde/-t Vierer-/Fünfergruppen.	
Formula/-d	· una regla · una carta	Formuliere / Formuliert	· eine Regel · einen Brief
Habla/-d	sobre los errores	Sprich / Sprecht	über die Fehler
Haz / Haced	· una lista · una encuesta · un mapa mental · una lluvia de ideas	Mache / Macht	· eine Liste · eine Umfrage · ein Mind map · ein Brainstorming
Imagina/-d	una situación	Stelle dir / Stellt euch	eine Situation vor
Infórmate / Informaos	sobre ...	Informiere dich / Informiert euch	über ...
Interpreta/-d	el diálogo	Führe / Führt	den Dialog auf
Investiga/-d	en Internet	Recherchiere / Recherchiert	im Internet
Lee/-d	en voz alta / en silencio	Lies / Lest	laut vor / still
Marca/-d	· la respuesta correcta · correcto o falso	Kennzeichne/-t	· die richtige Antwort · richtig oder falsch
Mira/-d	· la página ... · la gramática	Betrachte/-t	· die Seite ... · die Grammatik
Ordena/-d	las siguientes frases	Ordne / Ordnet	die folgenden Sätze
Piensa / Pensad	en un ejemplo	Überlege dir / Überlegt euch	ein Beispiel
Pregunta/-d	al / a la profesor/-a	Frage / Fragt	eure/-n Lehrer/-in
Presenta/-d		Stelle / Stellt ... vor	
¿Qué número corresponde a cada una de las fotos?		Welche Nummer gehört zu jedem der Fotos?	
¿Qué significa ... en el contexto?		Was bedeutet ... im Kontext?	
Relaciona/-d	· las palabras con las definiciones correspondientes · las dos partes	Bringe / Bringt	· die Wörter mit den zugehörigen Definitionen · die beiden Teile in Verbindung
Traduce / Traducid	al español / al alemán	Übersetze / Übersetzt	ins Spanische / ins Deutsche
Usa/-d, Utiliza/-d	las siguientes formas	Verwende/-t	die folgenden Formen

ciento cincuenta y tres

Vocabulario

Im folgenden Vokabelverzeichnis sind alle neuen Wörter in der Reihenfolge aufgeführt, in der sie im Buch vorkommen. In der linken Spalte findet ihr das neue spanische Wort oder einen neuen spanischen Ausdruck. Die deutsche Entsprechung dazu steht in der mittleren Spalte. In der rechten Spalte findet ihr dann Beispielsätze, verwandte Wörter aus anderen Sprachen, Begriffe aus der gleichen Wortfamilie und Wörter mit der gleichen oder der entgegengesetzten Bedeutung, also Lernhilfen, um die neuen Wörter leichter zu behalten. Alle Vokabeln in diesem Verzeichnis sind Lernwörter. Die neuen Wörter der fakultativen Aufgaben und der Globalverstehenstexte sind hier nicht enthalten, da ihr sie nicht zu lernen braucht; das gleiche gilt für die unbekannten Wörter der Etapa 6.

Symbole und Abkürzungen:

abr.	**abreviatura** / Abkürzung, Kurzform	*sust.*	**sustantivo** / Substantiv	*sin.*	**sinónimo** / Synonym
f.	**femenino** / Femininum	*temp.*	**temporal** / zeitlich	*ant.*	**antónimo** / Antonym
inf.	**infinitivo** / Infinitiv	-i-, -ie-, -ue-	Verb mit Stammwechsel	*FAM.*	**familia léxica** / Wortfamilie
irr.	**irregular** / unregelmäßig				
loc.	**locución** / feststehender Ausdruck			*L*	Lateinisch
		jdm.	jemandem	*E*	Englisch
Pl.	**plural** / Plural	*jdn.*	jemanden	*F*	Französisch
Sg.	**singular** / Singular	*etw.*	etwas		

Etapa 1 *Latinoamérica*

E1	algún/-uno/-una	(irgend-)ein/-e	*L* aliqui *ant.* ningún/-uno/-una • ¿Hay algún polideportivo por aquí?
	el aspecto	Aspekt, Gesichtspunkt	Tenemos que pensar en muchos aspectos.
E2	el / la político/-a	Politiker/-in	*FAM.* la política • Algunos políticos hablan sin decir nada.
	el / la científico/-a	Wissenschaftler/-in	*FAM.* la ciencia • Los científicos presentaron sus investigaciones.
	el / la escritor/-a	Schriftsteller/-in	*L* scriptor *FAM.* escribir • La escritora acaba de publicar una novela.
	el actor / la actriz	Schauspieler/-in	*E* actor, actress *F* acteur, actrice *FAM.* la acción • La actriz ganó premios importantes.
E3	encontrarse (-ue-) Centroamérica	sich befinden Mittelamerika	*F* se trouver • ¿Dónde se encuentra Guatemala? En Centroamérica puedes hacer turismo de aventura.

Etapa 1 Vocabulario

Hispanoamérica	Hispanoamerika	Gabriel García Márquez es uno de los escritores más famosos de Hispanoamérica.
definir	definieren	No sé cómo definir mi situación.
pertenecer (a) *irr.*	gehören (zu)	La casa no nos pertenece, la alquilamos.
el conjunto	Gesamtheit, Gruppe	*FAM.* juntos • El conjunto de datos es demasiado grande.

Paso 1 América Latina hoy

el / la entrevistador/-a	Interviewer/-in	*FAM.* la entrevista • La entrevistadora preparó preguntas interesantes.
la mezcla	Mischung	*E* mixture *FAM.* mezclar • ¿Para qué es esa mezcla?
el / la esclavo/-a	Sklave/-in	*E* slave *F* esclave • Los esclavos no tenían ningún derecho.
la alimentación	Ernährung	Tu alimentación, ¿es sana?
la pobreza	Armut	*E* poverty *F* pauvreté *FAM.* pobre • La pobreza no les permite una alimentación sana.
orgulloso/-a	stolz	*F* orgueilleux • Juan se siente orgulloso por la nota de su examen.
la realidad, en realidad	Wirklichkeit, in Wirklichkeit	*E* reality *F* réalité *FAM.* real • En realidad no tengo ganas de ir.
ya que	da, weil	Lo llamé por teléfono ya que no nos vimos ayer.
describir	beschreiben	*E* to describe *F* décrire *FAM.* escribir • Y ahora describe lo que ha pasado.
la comparación, en comparación con	Vergleich, verglichen mit	*L* comparatio *FAM.* comparar • En comparación con Alemania, Argentina es siete veces más grande.
la niñez	Kindheit	*FAM.* el niño • Pasé mi niñez en un pueblo muy tranquilo.
cualquier/-a	irgendein, jeder, welcher auch immer	Cualquiera lo puede haber hecho. • No lo encuentro, puede estar en cualquier lado.
lleno/-a	voll	*L* plenus • La botella está llena.
la escuela	Schule	*L* schola *E* school *F* école • Mi papá todavía tiene contacto con sus compañeros de la escuela.
el juguete	Spielzeug	*FAM.* jugar • ¿Recuerdas cuál era tu juguete favorito?
varios/-as	mehrere	*E* various • Tengo varios proyectos para este año.
la economía	Wirtschaft	*E* economy *F* économie • El turismo es importante en la economía española.
la seguridad	Sicherheit	*L* securitas *E* security *F* sécurité *FAM.* seguro • Tengo la seguridad de que estoy aprendiendo bien el español.

Vocabulario *Etapa 1*

	la educación	Erziehung, Bildung	*E* education *F* éducation • Con una buena educación tienes más posibilidades.
	el descubrimiento	Entdeckung	*E* discovery *F* découverte *FAM.* descubrir • El descubrimiento de América fue en 1492.
	influir en *irr.*	beeinflussen	*E* to influence *F* influer • Los viajes del pintor influyeron en sus cuadros.
	la conquista	Eroberung	Para la conquista los españoles usaron caballos, que los indígenas no conocían.
	desarrollar(se)	(sich) entwickeln	Todo se desarrolló como esperábamos.
	la llegada	Ankunft	*FAM.* llegar *ant.* la salida • Hacemos una fiesta por la llegada de la primavera.
	el sistema	System	El sistema de educación me parece muy bueno.
E6	el carácter	Charakter, Persönlichkeit	*sin.* la personalidad • ¿Puedes describir el carácter de tu mejor amigo?
	el (aspecto) físico	Aussehen, Äußeres	Y ahora describe su aspecto físico: ¿es rubio o moreno?, ¿alto o bajo?
E10	la agencia de viajes	Reisebüro	*E* agency *F* agence *FAM.* el viaje • Una agencia de viajes organiza nuestra excursión.
	el precio	Preis, Kaufpreis	*L* pretium *E* price *F* prix • ¿Me puede decir el precio de esta camiseta?
E11	el / la artista	Künstler/-in	*E* artist *F* artiste *FAM.* el arte • Entre mis artistas favoritos hay varios pintores del siglo XX.
	la intención	Absicht, Intention	*E/F* intention • No fue mi intención decírtelo.
	la postura	Haltung, Einstellung	¿Cuál es tu postura en este tema?

Paso 2 Lima, una ciudad en cifras

	la cifra	Zahl, Ziffer	¿Cuántas cifras tiene tu número de teléfono?
	la impresión	Eindruck	*E/F* impression • Nos contó las impresiones de su viaje por Ecuador.
E2	llamar la atención	Aufmerksamkeit erregen, auffallen	Me llama la atención verte aquí.
E3	la minoría	Minderheit	*E* minority *F* minorité *FAM.* menor *ant.* la mayoría • Una minoría no participó en las elecciones.
E4	la conclusión	Schlussfolgerung	*L* conclusio *E/F* conclusion • ¿A qué conclusión llegaste?

Etapa 1 **Vocabulario**

E5	el porcentaje	Prozentsatz	El porcentaje de niños que trabajan es alto en Perú.
	el / la limeño/-a	Einwohner/-in Limas	Los limeños disfrutan de las playas en el Pacífico.
T2	la multa	Strafzahlung, Geldstrafe	*L* multa • Tuvo que pagar una multa.
	empezar por +*inf.* (-ie-)	damit beginnen, etw. zu tun	¡Qué lío! Emp<u>ie</u>za por ordenar tu habitación.
	en lugar de	anstelle von	*FAM.* el lugar • Juega al aire libre en lugar de ver televisión.
	la falta	Fehler, Fehlen	*FAM.* faltar • ¡Cuántas faltas! Tienes que practicar más. • La falta de agua es un problema.
	la corrupción	Korruption	Las nuevas medidas tratan de evitar la corrupción.
	solucionar	lösen	*FAM.* la solución • Quiero solucionar el problema ahora.
	la inseguridad	Unsicherheit	*E* insecurity *F* insécurité *ant.* la seguridad • Hay un ambiente de inseguridad.
	ahorrar	sparen	Estoy ahorrando para comprarme un coche.
	roto/-a	kaputt	¿Por qué guardas esa maleta rota?
	principal	Haupt-, wichtigste/-r	*E/F* principal • La oficina está en la avenida principal.
	el tráfico	Verkehr	*E* traffic *F* trafic • El tráfico en la autopista es enorme.
	la contaminación	(Umwelt-)Verschmutzung	*E/F* contamination • La contaminación del medio ambiente nos preocupa.
E11	convivir	zusammenleben	*L* convivere *FAM.* vivir • En mi casa convivimos tres generaciones.

Paso 3 América Latina: un continente y muchas culturas

E1	la calavera	Totenkopf	Los niños reciben calaveras de azúcar.
	el altar	Altar, Schrein	Ponen muchas flores en el altar.
	la vela	Kerze, *auch:* Segel	En el cementerio había muchas velas.
	el cementerio	Friedhof	*E* cemetery *F* cimetière • Van al cementerio para recordar a sus muertos.
T	dedicar	widmen, aufwenden	*E* to dedicate *F* dédier *FAM.* dedicarse a • El poeta le dedicó su último libro a su mujer.
	la perspectiva	Blickwinkel	*E/F* perspective • Desde la perspectiva del europeo eso es difícil de entender.
	aprovechar	(aus-)nutzen	Hay que aprovechar todas las oportunidades.
	el / la familiar	Verwandte/-r	*FAM.* la familia • ¿Invitas también a tus familiares a tu cumpleaños?

ciento cincuenta y siete **157**

Vocabulario *Etapa 1*

relacionar	in Verbindung setzen	*FAM.* la relación • ¿Me puedes relacionar con jóvenes latinoamericanos?
el significado	Bedeutung	*L* significatio *E* significance *F* signification *FAM.* significar • No conozco el significado de algunas de las palabras.
los aztecas	Azteken	Los aztecas fundaron la ciudad de Tenochtitlán en el siglo XIV.
los mayas	Maya	Las ruinas de los mayas son una atracción turística.
el ritual	Ritual	Algunos rituales son un poco extraños.
Dios, el / la dios/-a	Gott / Göttin	*L* deus • Los aztecas tenían un dios del sol y otro de la guerra.
ambos/-as	beide	*L* ambo • Para ambos celebraban fiestas.
el objeto	Objekt, Gegenstand	En el mercadillo puedes comprar objetos típicos.
la artesanía	Handwerk	*L* artificium *FAM.* el arte • Los indígenas venden sus productos de artesanía.
E2 la similitud	Ähnlichkeit	*L* similitudo *E/F* similitude *ant.* la diferencia • La similitud entre los dos es increíble.
E3 guatemalteco/-a	aus Guatemala	Las mujeres guatemaltecas llevan vestidos de muchos colores.
E9 la capacidad	Fähigkeit	*E* capability *F* capacité • Laura tiene una gran capacidad para aprender.

Paso 4 Las dos caras de América Latina

E1 el / la diseñador/-a	Zeichner/-in, Designer/-in	Hay muchos diseñadores en Barcelona.
el reto	Herausforderung	Este nuevo proyecto es un reto difícil.
diseñar	zeichnen, entwerfen	*FAM.* el diseñador • Quiero diseñar mi futuro piso.
la pelea	Streit	Lo insultó y así empezó la pelea.
en medio de	mitten in	En medio de la pelea llegó el policía.
el crimen	Verbrechen	*E/F* crime • No hay testigos del crimen.
el / la sospechoso/-a	Verdächtige/-r	Un vecino es el sospechoso.
informar	berichten, mitteilen, informieren	*L* informare *FAM.* el informe • La policía informa sobre el peligro.
la fuente	Quelle	*L* fons • Lo sé de buena fuente.
ocurrir	sich ereignen	*E* to occur • El accidente ocurrió delante de mi casa.
la esquina	(Straßen-)Ecke	La farmacia está en la próxima esquina.

Etapa 2 **Vocabulario**

a raíz de	aufgrund von	A raíz del ataque tuvo que quedarse varios días en el hospital.
herir (-ie-)	verletzen	Los insultos h<u>ie</u>ren.
la bala	Pistolenkugel	Una bala lo hirió en la pierna.
el ataque	Angriff	Nadie esperaba el ata<u>que</u>.
la víctima	Opfer	*L* victima *E* victim *F* victime • Hubo vari<u>as</u> víctim<u>as</u>.
identificar	identifizieren	*E* to identify *F* identifier • Los familiares tuvieron que identificar a la víctima.
la consecuencia	Folge, Konsequenz	*E* consequence *F* conséquence • Los edificios destruidos son conse<u>cu</u>encia del ataque.
E4 la violencia	Gewalt	*L* violentia *E/F* violence • No podemos permitir violencia en el instituto.
la causa	Ursache	*L* causa *E/F* cause • La violencia tiene muchas causas.
E6 el titular	Überschrift, Schlagzeile	*FAM.* el título • ¿Leíste los titulares de hoy?
la vergüenza	Schande, Schmach	Da verg<u>ü</u>enza cómo está tu habitación, deberías ordenarla un poco.
E7 el / la participante	Teilnehmer/-in	*FAM.* participar • Los participantes de la competición tienen que ser mayores de 18 años.

Etapa 2 *¿Conquista o invasión?*

la invasión	Invasion	*E/F* invasion • El ejército comenzó con la invasión del país vecino.
E1 la descripción	Beschreibung	*E/F* description • La descripción del sospechoso es muy exacta.
sí mismo/-a	sich selbst	Está hecho por mí misma.
el prejuicio	Vorurteil	*E/F* prejudice • Algunas opiniones son falsos prejuicios.
la tarjeta	die Karte	¿Puedo pagar con tarjeta?
el / la recepcionista	Rezeptionist/-in	La recepcionista nos cambió la habitación.
recoger, recogido/-a	sammeln, zusammengebunden	Unos hombres recogen la basura que los turistas dejan en la playa. • La niña lleva el pelo recogido.
E2 monolingüe	einsprachig	*FAM.* la lengua *ant.* bilingüe • Busca la palabra en el diccionario monoling<u>ü</u>e.

ciento cincuenta y nueve 159

Vocabulario *Etapa 2*

Paso 1 El encuentro

el encuentro	Treffen, Zusammentreffen	*F* rencontre • El encuentro con mis compañeros fue muy divertido.
T1 el sueño	Traum, Schlaf, Müdigkeit	*L* somnus • Mi sueño es ir de vacaciones a Canadá.
el oro	Gold	*F* or • En el museo hay una colección de objetos de oro.
desnudo/-a	nackt	De la cueva salieron hombres casi desnudos.
poco a poco	nach und nach	Poco a poco nos acercamos.
el / la nativo/-a	Ureinwohner/-in	*E/F* native • Los nativos nos miraban con curiosidad.
E3 como si +*subj. imp.*	als ob	Él hace como si no te escuchara.
E4 el contexto	Kontext, Zusammenhang	Lo principal es entender el contexto.
E5 tener sueño	müde sein	*FAM.* el sueño *sin.* estar cansado • No sé por qué tengo tanto sueño.
E6 desconocido/-a	unbekannt	*FAM.* conocer *ant.* conocido • Un autor hasta ahora desconocido ganó el primer premio.
oír *irr.*	hören	*FAM.* oye *sin.* escuchar • ¿Oyes ese ruido? —No, lo siento, no oigo nada.
E8 el territorio	Gebiet	*E* territory *F* territoire • El territorio les pertenecía.
la condición física	Kondition, Fitness	Su condición física era buena.
T3 precolombino/-a, el/la precolombino/-a	präkolumbisch, *hier:* Indigene/-r	Los precolombinos nunca habían visto a un hombre blanco.
la humanidad	Menschheit	*E* humanity *F* humanité • La humanidad tiene que aprender a vivir sin guerras.
la construcción	Bau	*E/F* construction *FAM.* construir • La construcción de la catedral duró dos siglos.
la escritura	Schrift	*F* écriture *FAM.* escribir • Los mayas tuvieron una escritura muy desarrollada.
E10 la señal	Zeichen, Hinweis	*E* sign *F* signal • Las nubes negras son señal de tormenta.
E13 la esperanza	Hoffnung	*FAM.* esperar • Tengo la esperanza de que me escriba.
la desilusión	Enttäuschung	*F* désillusion • No vino. ¡Qué desilusión!

Etapa 2 **Vocabulario**

Paso 2 Influencias mutuas: patatas por azúcar

la influencia	Einfluss	*E/F* influence *FAM.* influir en • Se ve la influencia de sus padres en sus opiniones.
mutuo/-a	gegenseitig	*L* mutuus *E* mutual *F* mutuel • La ayuda mutua es buena para los dos.
el azúcar	Zucker	*E* sugar *F* sucre • Bebo el café sin azúcar.
T1 el alimento	Nahrungsmittel	*L* alimenta • Me gusta comprar alimentos de la región.
el contacto	Kontakt	Tuve contacto con ella hasta su muerte.
el ámbito	Gebiet	*E* ambit • Eso pertenece a mi ámbito privado.
común	häufig, gemeinsam, verbreitet	*L* communis *E* common *F* commun • Tenemos gustos co<u>m</u>unes. • Eso es muy com<u>ú</u>n.
consumir	konsumieren, verbrauchen	*E* to consume *F* consumer • Consumes más de lo que ganas.
originario/-a de	stammend aus	*FAM.* el origen • Tú no eres originario de España, ¿verdad?
el resumen, en resumen	Zusammenfassung, zusammenfassend	*F* résumé • Es muy largo, haz un resumen. • En resumen se puede decir que …
cultivar	anbauen	*E* to cultivate *F* cultiver • Los aztecas cultivaban el maíz.
variado/-a	abwechslungsreich	*FAM.* varios • En Chile encuentras paisajes muy variados.
T2 resistir	widerstehen, aushalten, sich widersetzen	*L* resistere *E* to resist *F* résister • Tuvo que resistir el calor y la sed durante la excursión.
la raíz	Wurzel	*L* radix *F* racine *FAM.* a raíz de • La zanahoria es una raíz.
el secreto	Geheimnis	*E/F* secret • No se lo cuentes a nadie, es un secreto.
frito/ a	frittiert	¿Comemos el pescado con patatas fri<u>t</u>as?
E11 aportar	beitragen	*L* apportare *F* apporter • Quiero aportar mi idea a la discusión.

Paso 3 La historia continúa: la conquista de México

continuar	weitermachen, -gehen	*E* to continue *F* continuer • Es importante continuar el proyecto.
E2 confundir	verwechseln	*E* to confound *F* confondre • Confundí los paquetes de regalos y le di el juguete a mamá.
la confusión	Verwirrung, Verwechslung	*E/F* confusion *FAM.* confundir • ¡Qué confusión después del accidente!

ciento sesenta y uno

Vocabulario *Etapa 2*

el mito	Mythos	El libro comenta algunos m<u>i</u>tos de los nativos.
la profecía	Prophezeiung, Weissagung	*E* prophecy *F* prophétie • No creo en las prof<u>e</u>cías.
suficiente	ausreichend, genug	*E* sufficient *F* suffisant • No necesito más. Es suf<u>i</u>ciente.
E3 enamorarse, enamorado/-a	sich verlieben, verliebt	*F* amoureux *FAM.* el amor • Estar enamorado es maravilloso.
T2 cumplirse	wahr werden	La profecía se cumplió.
el conquistador	Eroberer	Los conquistadores usaban armas desconocidas por los indígenas.
sitiar	belagern	Antes del ataque sitiaron la ciudad.
jamás	niemals	*F* jamais *sin.* nunca • Jamás había ocurrido algo así.
la enfermedad	Krankheit	*L* infirmitas *FAM.* enfermo • Su enfermedad era un secreto.
decidido/-a	entschieden, entschlossen	*FAM.* decidir • Estaba decidido a resistir.
la batalla	Schlacht	*E* battle *F* bataille • Muchos murieron en la batalla.
vencer	besiegen, schlagen	*L* vincere *F* vaincre • Su intención era vencer.
E12 distribuir *irr.*	verteilen	*L* distribuere *E* to distribute *F* distribuer • Distrib<u>u</u>yen las tareas entre ellos.
la tarea	Aufgabe	Me gustan las tareas para hacer en equipo.
E13 la emancipación	Emanzipation, Befreiung	Con la emancipación de la mujer, ahora hay más mujeres que trabajan que hace 50 años.

Paso 4 El paraíso perdido

el paraíso	Paradies	¡Qué lugar tan hermoso! ¡Es un par<u>a</u>íso!
E2 por turnos	abwechselnd	Hablemos por turnos para entendernos.
un/-o/-a por vez	eine/-r auf einmal	*ant.* juntos • Venid uno por vez, no todos juntos.
E5 cuyo/-a/-os/-as	dessen / deren	*L* cuius • Estoy leyendo una novela cuyo autor es paraguayo.
la hamaca	Hängematte, Schaukel	*E* hammock • Sueño con una hamaca en una playa muy tranquila.
colgar (-ue-)	hängen	Compro una hamaca y la c<u>ue</u>lgo en el jardín.
la pared	Wand	*L* paries • No me gusta la pared desnuda, voy a colgar unos cuadros.

Etapa 3 Vocabulario

el / la antropólogo/-a	Anthropologe/-in	Mi tío es antropólogo.
pacífico/-a	friedlich	*E* pacific *F* pacifique • Los nativos son pacíficos.
la choza	Hütte	Viven en chozas pequeñas.
compartir	teilen	*L* partiri *FAM.* la parte • Comparten lo poco que tienen.
el casamiento	Hochzeit, Heirat	*FAM.* casarse • Un casamiento es la fiesta más grande, todo el pueblo participa.
E6 acostumbrarse, acostumbrado/-a	sich gewöhnen, gewöhnt	*E* accustomed *F* accoutumé *FAM.* la costumbre • No es fácil acostumbrarse a la nueva situación.
E7 llegar a un acuerdo	sich einigen	*FAM.* acordarse • Después de una larga discusión llegamos a un acuerdo.

Etapa 3 *Las Islas Canarias*

formar	bilden	*FAM.* la forma • ¿Cómo se forma el condicional?
el islote	Eiland, kleine Insel	*FAM.* la isla • Han construido un puente para llegar al islote.
habitar, habitado/-a	bewohnen, bewohnt	*L* habitare • El islote está habitado por aborígenes.

Paso 1 Canarias, siete islas entre dos continentes

firme	fest	*L* firmus *E* firm • Me lo dijo con voz firme.
cargar	einladen, aufladen	Cargué mi mochila en un caballo
el / la aborigen	Ureinwohner/-in	*E* aborigine *F* aborigène • Los turistas toman fotografías de los aborígenes.
intentar	versuchen	*F* tenter • Los extranjeros intentan hablar con los nativos.
aparecer *irr.*	auftauchen	*L* apparere *E* appear *F* apparaître • De pronto aparece un grupo cantando.
el / la tinerfeño/-a	Einwohner/-in von Teneriffa	Los tinerfeños preparan sus comidas típicas.
defender(se) (-ie-)	(sich) verteidigen	*L* defendere *E* to defend *F* défendre • Se defendían de los ataques de otros pueblos.
firmar	unterschreiben	No pudo firmar porque no sabe escribir.
atacar	angreifen	*E* to attack *F* attaquer • ¿Por qué atacas sin motivo?
E1 comentar	kommentieren	No quiero comentar tus críticas.

ciento sesenta y tres

Vocabulario *Etapa 3*

E2	la mirada	Blick	*FAM.* mirar • Por su mirada me doy cuenta de que está contenta.
	el / la guerrero/-a	Krieger/-in	*F* guerrier *FAM.* la guerra • Los guerreros llevaban armas y una bandera.
	el metal	Metall	Los indígenas trabajaban muy bien el metal.
E4	armado/-a	bewaffnet	*E* armed *F* armé • ¿Un policía siempre está armado?
	atento/-a	aufmerksam	*L* attentus *E* attentive *F* attentif • Escuchamos atentos las explicaciones.
	saludar	grüßen, begrüßen	*L* salutare *F* saluer • No me saluda y no sé por qué.
	tradicional	traditionell	En España se celebran muchas fiestas tradicionales.
	la salud	Gesundheit	Hay programas para mejorar la salud de los habitantes.
E8	el sitio	Ort, Platz	*sin.* el lugar • No quiero que toques eso, ponlo en su sitio.
	como	da, weil	Como hace buen tiempo voy a ir en bici.
	funcionar	funktionieren	*E* to function *F* fonctionner • ¿Cómo funciona el reproductor de mp3?
	salvaje	wild	*F* sauvage • En la selva hay animales salvajes.
	el / la campesino/-a	Landwirt/-in, Bauer / Bäuerin	*FAM.* el campo • Mis abuelos eran campesinos: tenían campos y muchos animales.
	inventar	erfinden, ausdenken	*L* invenire *E* to invent *F* inventer • Inventa un nombre para tu perrito.
	el lenguaje	Sprache, Ausdrucksweise	*E* language *F* langage *FAM.* la lengua • Mi abuela dice que no comprende el lenguaje de los jóvenes.
	comunicarse con	kommunizieren, sich verständigen mit	*E* to communicate • Intento comunicarme con él, pero no contesta el móvil.

Paso 2 ¿Un paraíso para todos? Inmigrantes en las Islas Canarias

E2	llorar	weinen	El niño llora porque ha perdido su juguete.
E3	indispensable	unabdingbar	*F* indispensable • Una buena condición física es indispensable para participar en la competición.
	integrar(se)	(sich) integrieren	Los inmigrantes deben integrarse.
	temer que +*subj.*	fürchten, dass	*L* timere • Él teme que lo ataquen.
	rescatar	retten	*E* to rescue • La policía rescató a las víctimas.

Etapa 3 **Vocabulario**

subsahariano/-a, el / la subsahariano/-a	zentralafrikanisch, Zentralafrikaner/-in	Los subsaharianos llegan a España con grandes sueños.
magrebí, el / la magrebí	maghrebinisch, Einwohner/-in des Maghreb	Tú eres de Marruecos, ¿hablas el árabe magrebí?
el nivel, el nivel de vida	Niveau, Lebensstandard	Los alemanes tienen un nivel de vida muy bueno.

E4 el orden — Reihenfolge, Ordnung — *L* ordo *E* order *F* ordre *FAM.* ordenar • Me gusta mi piso cuando todo está en orden.

E8 justificar — begründen, rechtfertigen — *E* to justify *F* justifier • Nada justifica la violencia.

el instrumento — (Musik-) Instrument — Me gustaría saber tocar un instrumento.
la melodía — Melodie — Esa melodía me suena conocida.
dinámico/-a — dynamisch, anpackend — Carlos es muy dinámico.
referirse a (-ie-) — sich beziehen auf — *L* referri ad *E* to refer to *F* se référer á • La canción se refiere a una historia increíble.

E9 la organización no gubernamental, *abr.* la ONG — Nichtregierungsorganisation, gemeinnützige Organisation — *E* NGO • Es una buena experiencia trabajar en una ONG.

el registro — Verzeichnis, Register — La biblioteca tiene un registro de autores.
realizar — durchführen — *FAM.* real • Está realizando con éxito un programa de televisión.
el / la consumidor/-a — Verbraucher/-in, Konsument/-in — *E* consumer *F* consommateur *FAM.* comsumir • Los consumidores deben ser críticos.
la integración — Integration, Einbindung — *FAM.* integrar • Nuestro objetivo es la integración de los inmigrantes.
el Tercer Mundo — Dritte Welt — Hay mucha pobreza en algunos países del Tercer Mundo.
el / la voluntario/-a — Freiwillige/-r — *E* voluntarius *E* voluntary *F* volontaire • En su tiempo libre trabaja como voluntario en una ONG.
el tipo — Typ, Sorte — *FAM.* típico • ¡Qué tipo tan orgulloso!

Paso 3 Las Islas Canarias: un paraíso para muchos

E1 dirigirse a — sich richten an — *FAM.* la dirección • El proyecto se dirige a los jóvenes en paro.

analizar — analysieren — *E* to analyse *F* analyser • Hay que analizar todas las posibilidades.
prometer — versprechen — *L* promittere *E* to promise *F* promettre *FAM.* meter • No podemos prometerlo.
atraer *irr.* — anziehen, anlocken — *L* atrahere *E* to attract • Queremos atraer empresas extranjeras.

Vocabulario *Etapa 4*

E2 tomar sol	sich sonnen	Tengo muchas ganas de tomar sol.
el vuelo	Flug	*L* volatus • *F* vol • Durante el vuelo, dormí.
la marcha	Nachtleben	Ven a conocer la marcha de Madrid.
el senderismo, hacer senderismo	Wandern, wandern	Hacer senderismo no es nada aburrido.
la tienda de campaña	Zelt	Dormíamos en una tienda de campaña.
el surf	Surfen	El surf es un deporte alucinante.
bucear	tauchen	Nunca he buceado, pero me gustaría hacerlo.
el camping	Campingplatz	Quiero volver al camping junto al mar.
E3 la discusión	Diskussion	*E/F* discussion *FAM.* discutir • La discusión fue larga, pero llegamos a una conclusión.
limitar	beschränken	*E* to limit *F* limiter *FAM.* limitar con • Limito las horas que dedico a navegar en Internet.
a favor	pro, dafür	Estoy a favor del cambio.
en contra	contra, dagegen	*L* contra • Los ciudadanos están en contra de la construcción del aeropuerto.
E4 ecológico/-a	ökologisch	*E* ecologic *F* écologique • Todos están a favor del programa ecológico.
la fundación	Stiftung	*E* foundation *F* fondation • La fundación tiene el objetivo de ayudar a los pobres.
sostenible	nachhaltig	*E* sustainable • La arquitectura sostenible es una característica del barrio.

Etapa 4 *España: varias culturas, lenguas y tradiciones*

la Unión Europea, *abr.* la UE	Europäische Union, EU	*E/F* union *FAM.* unir • La Unión Europea funciona desde 1993.
el separatismo	Separatismus	*FAM.* separar • El separatismo vasco ha usado la violencia.
la enseñanza	Lehre, Unterricht	*F* enseignement *FAM.* enseñar • En la enseñanza en Cataluña, el catalán es el idioma más importante.
independiente	unabhängig, selbstständig	*E* independent *F* indépendant • Pablo es muy independiente en sus opiniones.
el regionalismo	Regionalismus	*FAM.* la región • El turismo puede sacar ventajas del regionalismo.
el movimiento	Bewegung	*E* movement • El movimiento pide que se respeten los derechos de los animales.
separatista	separatistisch	El movimiento separatista es más fuerte en el País Vasco y Cataluña.
regional	regional	*FAM.* la región • Queremos comer productos regionales.

Etapa 4 Vocabulario

| la identidad | Identität | *L* identitas *E* identity *F* identité • Los habitantes están orgullosos de su identidad. |
| el / la usuario/-a | Nutzer/-in | *E* user *F* usager *FAM.* usar • Crece cada día el número de usuarios de Internet. |

Estación 1 Lengua e identidad

T1 lingüístico/-a — linguistisch, sprachlich, Sprachen- — Es interesante hacer comparaciones lingüísticas.

E1 el estereotipo — Klischee, Stereotyp — Algunos estereotipos se aceptan sin crítica.

E2 el franquismo, franquista — Franco-Zeit, Franco-da, dadurch dass — El franquismo marcó la vida de los españoles durante más de tres décadas.
dado que — da, dadurch dass — Dado que no vienes, voy yo a verte.
el / la hablante — Sprecher/-in — *FAM.* hablar • El hablante presentó argumentos a favor.

E5 el / la castellanohablante — Spanischsprecher/-in — *FAM.* hablar • ¿Cuántos castellanohablantes habrá en el mundo en 2050?

Estación 2 Las lenguas durante la dictadura

E2 la represión, represivo/-a — Unterdrückung, repressiv — *E* repression *F* répression • La dictadura fue muy represiva.
el / la terrorista, terrorista — Terrorist/-in, terroristisch — Los terroristas llevaban armas.

E3 el sentimiento — Gefühl, Empfindung — *E/F* sentiment • ¿Muestras tus sentimientos?
provocar — hervorrufen, provozieren — *E* to provoke *F* provoquer • Su comentario provocó la pelea.

E4 el uso — Gebrauch — *L* usus *FAM.* usar • Los ordenadores del cole no son para uso privado.

Estación 3 El País Vasco – ¿un país o una comunidad?

E1 relacionar algo con algo — etw. in Beziehung setzen, verknüpfen — *E* to relate to *FAM.* la relación • Relaciona las frases con las imágenes.
la densidad de población — Bevölkerungsdichte — *E* density of population • El País Vasco tiene una densidad de población muy elevada.
elevado/-a — hoch, erhöht — *L* elevare *E* elevated *sin.* alto • El número es elevado.

cerrar (-ie-) — (ab-)schließen — Cerramos la pelea con un abrazo.
incluir *irr.* — beinhalten — *L* includere *E* to include *F* inclure • El precio incluye el desayuno.

Vocabulario *Etapa 5*

E3	la entrada	Eintrag, Eingang	*F* entrée *ant.* la salida • Esta entrada en el foro no me parece seria.
E4	la independencia	Unabhängigkeit	*E* independence *F* indépendance *FAM.* independiente • Lucharon para lograr su independencia.
	el refrán	Sprichwort	Mi abuelo usa muchos refranes al hablar.

Estación 4 Los catalanes prefieren el bilingüismo

	no entender ni jota (-ie-)	rein gar nichts verstehen	Habla más lentamente, no entiendo ni jota.
	enseguida	sofort	*sin.* inmediatamente • ¡Ven aquí enseguida!
	causar	bewirken, verursachen	*E* to cause *F* causer *FAM.* la causa • La guerra causó una falta de alimentos.
	extremista	radikal	*E* extremist *F* extrémiste • No me gustan los extremistas de ningún partido.
E3	la consulta	Anfrage	*L* consultatio • Hice una consulta al dentista.
	la queja	Klage, Beschwerde	Escribí mi queja a la agencia de viajes.
E4	el reconocimiento	Anerkennung	*FAM.* reconocer • En reconocimiento a su ayuda, le hice un regalo.
E5	tener en cuenta *irr.*	beachten, berücksichtigen	Ten en cuenta el precio antes de comprar.

Tareas finales

	final	abschließend, endgültig	*L* finalis *E/F* final • Al final le dije que sí.
	aceptar	annehmen, akzeptieren	*L* accipere *E* to accept *F* accepter • Acepté ir al cine con él.
	la oferta	Angebot	*E* offer *F* offre *FAM.* ofrecer • Mi tío recibió una oferta de trabajo en Perú.
	intercambiar	austauschen	*E* to interchange *FAM.* cambiar • Chateando intercambiamos opiniones.

Etapa 5 *De hombres y mujeres*

Paso 1 Hombres y mujeres de ayer y de hoy

| E1 | el género | Geschlecht, Art | *L* gens *E* gender *F* genre • ¿Hay diferencias propias del género entre ellos? |
| E2 | en cambio | dagegen, hingegen | *FAM.* cambiar • A ti te gusta esa cantante, a mí, en cambio, no me gusta nada. |

Etapa 5 · **Vocabulario**

mientras que	wohingegen	*FAM.* mientras • Él iba a trabajar, mientras que ella era responsable de la casa.
el contrario, al contrario de	Gegenteil, Gegensatz, im Gegensatz zu	*L* contrarium *E* contrary *F* contraire • Al contrario de él, no tengo motivos para irme.
E3 fanfarrón/-ona	angeberisch	¡Qué fanfarrón!, solo habla de su dinero y de todo lo que tiene.
miedoso/-a	ängstlich	*FAM.* el miedo • No seas miedoso, no hay ningún peligro.
honesto/-a	ehrlich	*E* honest *F* honnête • Nico es honesto, encontró un móvil y lo devolvió.
coqueto/-a	eitel	*F* coquet • Es muy coqueta, su aspecto es lo más importante para ella.
sensible	empfindlich, empfindsam	Liliana es muy sensible, si la criticamos, llora.
obediente	gehorsam, fügsam	*E* obedient *F* obéissant • Es muy obediente, no puede decirles no a sus padres.
tacaño/-a	geizig	No seas tacaño, cómpralo si lo necesitas.
hábil	geschickt	*F* habile • ¡Qué bien lo has reparado! Eres muy hábil.
generoso/-a	großzügig	*L* generosus *E* generous *F* généreux • Los voluntarios son generosos con su tiempo.
autoritario/-a	herrisch, autoritär	*E* authoritative *F* autoritaire • Mi abuelo cuenta que sus profesores eran muy autoritarios.
charlatán/-ana	redselig, geschwätzig	*FAM.* charlar • No me gusta encontrarme con mi vecina porque es demasiado charlatana.
valiente	mutig, tapfer	Oscar fue muy valiente al ayudar a la víctima.
superficial	oberflächlich	*E* superficial *F* superficiel • No hablo con ella de cosas serias, es muy superficial.
torpe	tollpatschig, ungeschickt	Soy torpe para realizar eso.
fiel	treu	*L* fidus *F* fidèle *ant.* infiel • Un amigo fiel siempre ayuda.
deshonesto/-a	unehrlich	*E* dishonest *ant.* honesto • En mi opinión, es un deshonesto.
infiel	untreu	*L* infidus *F* infidèle *ant.* fiel • Es muy importante que mi novio no sea infiel.
cariñoso/-a	zärtlich, liebevoll	Victoria es muy cariñosa con los animales.
E4 inocente	unschuldig	*L* innocens *E/F* innocent • Te repito que soy inocente del crimen.
E7 el debate	Debatte	*E* debate *F* débat *sin.* la discusión • Llegamos a una conclusión después del debate.

ciento sesenta y nueve 169

Vocabulario *Etapa 5*

flexible	flexibel, biegsam	Es un programa flexi<u>le</u>, podemos hacer cambios.
el rol	Rolle	El actor interpreta muy bien su rol de esclavo.
el público	Publikum	*FAM.* público • El público lo criticó mucho.

Paso 2 La maté porque era mía

E1	la campaña	Kampagne, Aktion	Es una campaña contra la violencia.
E2	coherente	kohärent, stimmig	*E* coherent *F* cohérent • El informe no es coherente, hay que mejorarlo.
E5	la propuesta	Vorschlag	*E/F* proposition *FAM.* proponer • La propuesta del gobierno es esperar hasta marzo.
	tratar	behandeln	*L* tractare *E* to treat *F* traiter • Me trató bastante fríamente, no se interesa por mí.
	añadir	hinzufügen	Podemos añadir otros detalles más.
	el punto de vista	Blickwinkel	*E* point of view *sin.* la perspectiva • Desde mi punto de vista, eso es lo mejor.
	respecto a	bezüglich, in Bezug auf	*E* respective • Respecto a tu propuesta, no la acepto.
	en parte	zum Teil, teilweise	*FAM.* la parte • En parte tienes razón.

Paso 3 Hombres y mujeres en el arte

E3	la amistad	Freundschaft	*L* amicitia *E* amity *F* amitié *FAM.* el amigo • Me hace muy feliz nuestra amistad.
	la imaginación	Vorstellungskraft, Fantasie	*E/F* imagination *FAM.* imaginar • Me encantan sus dibujos, tiene mucha imaginación.
	la alegría	Freude	*FAM.* alegre • ¡Cuánta alegría me da verte!
	el peso	Gewicht	*FAM.* pesar • Se puso serio e intentó dar peso a sus palabras.
	el segundo	Sekunde	*E* second *F* seconde • Espérame un segundo, enseguida voy.
	feliz	glücklich	*L* felix *sin.* contento • Contigo estoy feliz.
	aumentar	ansteigen, zunehmen	*L* augeri *E* to augment *F* augmenter • A<u>u</u>menta el número de ONG en el mundo.
	dentro de	in, innerhalb von	*sin.* en • ¿Qué hay dentro de ese armario?
E5	valorar	bewerten, wertschätzen	*E* to value • Deberías valorar más lo que tienes.
E6	el símbolo	Symbol, Sinnbild	La calavera es el símbolo de la muerte.
E7	representar	aufführen, darstellen, repräsentieren	*E* to represent *F* représenter *FAM.* presentar • Los actores representan una obra.

Etapa 5 Vocabulario

la estatua	Statue	*L* statua *E/F* statue • La estatua del indígena es una atracción turística.
la escena	Szene	*L* scaena *E* scene *F* scène • La última escena cerró muy bien el caso.

E8
asesinar	ermorden	*E* to assassinate *F* assassiner • Fue asesinado por su postura respecto a la política.
mudarse	umziehen	El año pasado mis tíos se mudaron a Madrid.
superar	übertreffen, übersteigen	*L* superare • El número de víctimas supera las diez mil personas.
el ejército	Heer, Armee	*L* exercitus • En esa escena los campesinos se enfrentan con el ejército.
exponer	ausstellen	*L* exponere *E* to expose *F* exposer *FAM.* poner • El artista expone sus obras en los museos más famosos del mundo.
el presidente	Präsident	*E* president *F* président • Cuando el presidente fue asesinado empezó la guerra.
la escultura	Bildhauerei, Skulptur	*L* sculptura *E/F* sculpture • De joven pintaba mucho, pero de mayor se dedicó más a la escultura.

E9
el / la escultor/-a	Bildhauer/-in	*L/E* sculptor *F* sculpteur *FAM.* la escultura • Fernando Botero es uno de los escultores más famosos del mundo castellanohablante.
delgado/-a	dünn, schlank	*ant.* gordo • Las personas en las esculturas de Botero no son delgadas.

responsable	verantwortlich, verantwortungsbewusst	*E* responsible *F* responsable • Dice que es inocente, pero yo creo que es responsable del crimen.
el / la vegetariano/-a	Vegetarier/-in, vegetarisch	Mi prima es vegetariana porque no le gusta la carne.

E14
antipático/-a	unsympathisch	*ant.* simpático • Qué antipático es conmigo, parece que tiene un muy mal día.

E16
la memoria, de memoria	Gedächtnis, auswendig	*L* memoria *E* memory *F* mémoire • Tengo que aprender el poema de memoria.
recitar	aufsagen, vortragen	*L* recitare *E* to recite *F* réciter • Recita tu poema favorito.

E17
grabar	aufnehmen	Voy a grabar un CD de mis canciones favoritas para escucharlo en el viaje.
el programa	Programm, Sendung	Están pasando un programa muy interesante sobre la música tradicional de Colombia.

Diccionario
español – alemán

A

a, al hin, zu, nach	I	
a. C. vor Christus	II	
a caballo zu Pferd	II	
a cambio im Gegenzug	II	
a favor pro, dafür	3.3 E3	
a la derecha rechts	I	
a la izquierda links	I	
a lo largo de entlang	II	
a partir de ab, von … an	II	
a pie zu Fuß	I	
¿a qué hora? Um wieviel Uhr?	I	
a que no wetten, dass nicht	II	
a raíz de aufgrund von	1.4 T	
a veces manchmal	I	
a ver mal sehen	I	
el/la aborigen Ureinwohner/-in	3.1 T	
el abrazo Umarmung	II	
el abril April	I	
abrir öffnen	I	
absurdo/-a absurd	I	
el/la abuelo/-a Großvater/-mutter	I	
aburrido/-a langweilig, gelangweilt	I	
aburrirse sich langweilen	I	
acabar de etw. gerade getan haben	I	
el accidente Unfall	I	
la acción Tat, Handlung	II	
el aceite Öl	I	
aceptar akzeptieren	4.5	
aconsejar empfehlen, raten	II	
acostarse zu Bett gehen	I	
acostumbrado/-a gewöhnt	2.4 E6	
acostumbrarse sich gewöhnen	2.4 E6	
la actitud Einstellung	II	
el actor/la actriz Schauspieler/-in	1 E1	
la actividad Aktivität	I	
activo/-a aktiv, lebhaft	II	
actual aktuell	I	
el acueducto Aquädukt	II	
además außerdem	I	
adicto/-a süchtig, abhängig	II	
adiós Tschüß!	I	
adivinar raten, erraten	I
¿adónde? Wohin?	I
el/la adulto/-a Erwachsene/-r	II
el aeropuerto Flughafen	II
la agencia de viajes Reisebüro	1.1 E10
el agosto August	I
agradable angenehm	I
el agua *f.* Wasser	I
el agua mineral *f.* Mineralwasser	I
ahora (mismo) jetzt	I
ahorrar sparen	1.2 T2
el ajo Knoblauch	I
al aire libre draußen, im Freien	II
al contrario de im Gegensatz zu	5.1 E2
al final (de) am Ende	I
al lado neben	I
al mismo tiempo gleichzeitig, zeitgleich	II
al principio zuerst	II
el albergue Pension, Jugendherberge	II
alegre fröhlich	II
la alegría Freude	5.3 E3
el alemán das Deutsche	I
alemán/-ana deutsch	I
algo etwas	I
alguien jemand	I
algún/-uno/-a irgendein	1 E1
algunos/-as einige	I
la alimentación Ernährung	1.1 T
el alimento Nahrungsmittel	2.2 T1
allí dort, da, dorthin	I
alquilar mieten, vermieten	II
el altar Altar, Schrein	1.3 E1
alto/-a groß, hoch	I
alucinante unglaublich	II
el ama de casa *f.* Hausfrau	II
amar lieben	II
amarillo/-a gelb	I
el ambiente Stimmung, Atmosphäre	II
el ámbito Gebiet	2.2 T1
ambos/-as beide	1.3 T
la ambulancia Krankenwagen	I
el/la amigo/-a Freund/-in	I
la amistad Freundschaft	5.3 E3
añadir hinzufügen	5.2 E5
analizar analysieren	3.3 E1
ancho/-a weit, breit	II
andaluz/-a andalusisch	II
los Andes Anden	II
el anfiteatro Amphitheater	II
el animal Tier	II
el año Jahr	I
anoche gestern Abend	I
anteayer vorgestern	I
antes (de), … antes vorher, vor dem/-r …	I
antes de Cristo vor Christus	II
antiguo/-a antik, sehr alt	I
antipático/-a unsympathisch	5.3 E14
el/la antropólogo/-a Anthropologe/-in	2.4 E5
apagar ausschalten, löschen	II
el apellido Nachname	I
aparecer auftauchen	3.1 T
apetecerle algo a alguien Lust haben zu	I
aportar beitragen	2.2 E11
aprender lernen	I
el aprobado Ausreichend *(Note)*	II
aprovechar (aus)nutzen	1.3 T
apuntar notieren	I
apuntarse a sich anmelden	I
aquel/-lla/-os/-as diese/-r/-s (dort)	I
aquí hier	I
árabe arabisch	II
el árbol Baum	II
argentino/-a argentinisch	I
el arma *f.* Waffe	II
armado/-a bewaffnet	3.1 E4
el armario Schrank, Kleiderschrank	I
la arquitectura Architektur	II
arrancar *hier:* anspringen *(Motor)*	I
el arroz Reis	I
el arte Kunst	II

172 *ciento setenta y dos*

español – alemán **Diccionario**

la artesanía Handwerk	1.3 T	
el artículo Artikel	I	
el/la artista Künstler/-in	1.1 E11	
el asado Grillfleisch	II	
el ascensor Aufzug	II	
asesinar ermorden	5.3 E8	
así so, auf diese Weise	I	
así que daher, deshalb	II	
el asiento Sitz	I	
el asiento trasero Rücksitz	I	
la asignatura Schulfach	I	
el aspecto Aspekt	1 E1	
el aspecto físico Aussehen	1.1 E6	
atacar angreifen	3.1 T	
el ataque Angriff	1.4 T	
la atención Achtung, Aufmerksamkeit	II	
atento/-a aufmerksam	3.1 E4	
la atracción turística Sehenswürdigkeit	II	
atraer anziehen, anlocken	3.3 E1	
aumentar ansteigen, zunehmen	5.3 E3	
aunque obwohl, auch wenn	II	
el autobús Bus	I	
el autógrafo Autogramm	II	
la autopista Autobahn	II	
el/la autor/-a Autor/-in	II	
autoritario/-a herrisch	5.1 E3	
la avenida Allee	II	
la aventura Abenteuer	II	
el avión Flugzeug	I	
ayer gestern	I	
la ayuda Hilfe, Unterstützung	II	
ayudar a helfen	I	
el Ayuntamiento Rathaus	II	
el azafrán Safran	I	
los aztecas Azteken	1.3 T	
el azúcar Zucker	2.2	
azul blau	I	
el azulejo Fliese	II	

B

bailar tanzen	II	
bajar sinken; aus-, absteigen; herunterladen (Internet)	II	
bajo/-a klein, niedrig	I	
bajo cero unter Null	I	
la bala Pistolenkugel	1.4 T	
el baloncesto Basketball	I	
el banco Bank	II	
la bandera Fahne, Flagge	II	
el baño Bad	I	
el bar Café, Kneipe, Bar	I	
barato/-a billig	I	
el barco Schiff	II	
la barra Stange, Laib (Brot)	I	
la barriga Bauch	I	
el barrio Stadtviertel	II	
bastante genug, ziemlich, ausreichend	I	
la basura Müll, Abfall	II	
la batalla Schlacht	2.3 T2	
beber trinken	I	
la bebida Getränk	I	
el beso Kuss	I	
la biblioteca Bibliothek	II	
la bicicleta Fahrrad	I	
bien gut	I	
el bien Befriedigend (Note)	II	
bienvenido/-a willkommen	II	
bilingüe zweisprachig	II	
el billete Fahrkarte	I	
la biografía Biographie	II	
el/la bisabuelo/-a Urgroßvater/-mutter	II	
blanco/-a weiß	I	
el blog Blog, Internettagebuch	II	
la boca Mund	I	
el bocadillo belegtes Brötchen	I	
el bolígrafo, el boli Kugelschreiber	I	
el/la bombero/-a Feuerwehrmann/-frau	II	
bonito/-a schön, hübsch	I	
el bosque Wald	II	
las botas Stiefel	I	
la botella Flasche	I	
el brazo Arm	I	
bucear tauchen	3.3 E2	
buenas noches Gute Nacht!	I	
buenas tardes Guten Tag! Guten Abend!	I	
bueno gut, na dann, na ja	I	
bueno/-a gut, nett, lieb	I	
buenos días Guten Morgen! Guten Tag!	I	
buscar suchen	I	

C

el caballo Pferd	II	
la cabeza Kopf	I	
cada (uno/-a) jede/-r	I	
caerse fallen, hinfallen	I	
el café Kaffee	I	
la cafetería Cafeteria	I	
la caja Kasse	I	
la calavera Totenkopf	1.3 E1	
calentar erwärmen, erhitzen	II	
la calle Straße	I	
callejero/-a Straßen-	II	
el calor Wärme, Hitze	I	
la cama Bett	I	
el/la camarero/-a Kellner/-in	I	
cambiar ändern, wechseln	I	
caminar gehen, wandern	I	
el camino Weg	I	
el Camino de Santiago Jakobsweg	II	
la camisa Hemd	I	
la camiseta T-Shirt	I	
la campaña Kampagne	5.2 E1	
el/la campesino/-a Landwirt/-in	3.1 E8	
el camping Campingplatz	3.3 E2	
el campo Feld, Land	II	
la cancha Sportplatz, Spielfeld	I	
la canción Lied	I	
cansado/-a müde	I	
el/la cantante Sänger/-in	I	
cantar singen	II	
la cantidad Menge	I	
la capacidad Fähigkeit	1.3 E9	
la capital Hauptstadt	I	
el carácter Charakter, Persönlichkeit	1.1 E6	
la característica Eigenschaft, Merkmal	II	
el caramelo Bonbon	I	
cargar einladen, aufladen	3.1 T	
cariñoso/-a zärtlich, liebevoll	5.1 E3	
la carne Fleisch	II	
caro/-a teuer	I	
la carrera Wettrennen	I	
la carretera Landstraße, Bundesstraße	II	
la carta Brief	I	
el cartel Plakat, Schild	II	
la casa Haus	I	
casado/-a verheiratet	II	
el casamiento Hochzeit	2.4 E5	
casarse (con) heiraten	II	
el casco Helm, Sturzhelm	I	
casi fast	I	
el castellano das Kastilische	II	
castellano/-a kastilisch	II	

Diccionario *español – alemán*

el/la castellanohablante Spanischsprecher/-in	4.1 E5	
el catalán das Katalanische	I	
catalán/-ana katalanisch	I	
la catedral Dom, Kathedrale	I	
católico/-a katholisch	II	
la causa Ursache	1.4 E4	
la causa justa guter Zweck	II	
causar bewirken, verursachen	4.4 T1	
la cebolla Zwiebel	I	
el cedé, el CD CD	I	
celebrar feiern	I	
celeste hellblau	I	
el cementerio Friedhof	1.3 E1	
cenar zu Abend essen	I	
el céntimo Cent	I	
el centro Mitte, Zentrum	I	
Centroamérica Mittelamerika	1 E1	
cerca (de) nah	I	
el cero Null	I	
cerrar (ab-)schließen	4.3 E3	
la chaqueta Jacke, Sakko	I	
charlar plaudern	I	
charlatán/-ana redselig	5.1 E3	
chatear chatten	I	
el/la chico/-a Kind, Junge / Mädchen	I	
la choza Hütte	2.4 E5	
las ciencias naturales Naturwissenschaften	II	
Ciencias Sociales, Geografía e Historia Sozialwissenschaften, Erdkunde und Geschichte	I	
el/la científico/-a Wissenschaftler/-in	1 E1	
la cifra Zahl, Ziffer	1.2	
el cine Kino	I	
la ciudad Stadt	I	
el/la ciudadano/-a (Staats-)Bürger/-in	II	
clandestino/-a heimlich	II	
claro, claro/-a na klar; hell	I	
la clase, las clases Klasse, Unterricht	I	
el/la cliente Kunde/-in	I	
el clima Klima	I	
el coche Wagen, Auto	I	
la cocina Küche	I	
cocinar kochen	I	
el cocinero Koch	II
el codo Ellenbogen	I
coherente kohärent, stimmig	5.2 E2
el colegio, el cole Schule	I
colgar hängen	2.4 E5
el color Farbe	I
la columna Säule	II
el comedor Esszimmer	I
comentar kommentieren	3.1 E1
el comentario Kommentar	II
comer essen	I
el/la comerciante Geschäftsmann/-frau	II
la comida Essen	I
como da, weil	3.1 E8
como wie, so wie	I
¿cómo? Wie?	I
¿cómo estás? Wie geht es dir?	I
como si als ob	2.1 E3
el/la compañero/-a Mitschüler/-in	I
la comparación Vergleich	1.1 T
compartir teilen	2.4 E5
la competición Wettkampf	I
la compra (Ein-)Kauf	I
comprar kaufen	I
común häufig, gemeinsam, verbreitet	2.2 T1
comunicarse con sich verständigen mit	3.1 E8
la comunidad autónoma autonome Region	I
con mit	I
el concierto Konzert	I
la conclusión Schlussfolgerung	1.2 E4
la condición Zustand, Bedingung	II
la condición física Kondition, Fitness	2.1 E8
conducir fahren, lenken	I
conectarse a Internet ins Internet gehen	II
confundir verwechseln	2.3 E2
la confusión Verwirrung	2.3 E2
el conjunto Gesamtheit, Gruppe	1 E1
conmigo mit mir	I
conocer kennen(lernen)	I
la conquista Eroberung	1.1 T
el conquistador Eroberer	2.3 T2
conquistar erobern	II
la consecuencia Folge, Konsequenz	1.4 T
el consejo Rat, Ratschlag	II
la Constitución Verfassung	II
la construcción Bau	2.1 T3
construir erbauen, errichten	II
la consulta Anfrage	4.4 E3
el/la consumidor/-a Verbaucher/-in	3.2 E9
consumir verbrauchen	2.2 T1
el contacto Kontakt	2.2 T1
la contaminación (Umwelt-)Verschmutzung	1.2 T2
contar erzählen	I
contento/-a froh, zufrieden	I
contestar (be-)antworten	II
el contexto Kontext, Zusammenhang	2.1 E4
contigo mit dir	I
el continente Kontinent	II
continuar weitermachen, -gehen	2.3
el contrario Gegenteil	5.1 E2
convencer überzeugen	II
convivir zusammenleben	1.2 E11
coqueto/-a eitel	5.1 E3
el coro Chor	II
la corona Krone, Spitze	II
correcto/-a richtig, wahr	I
correr rennen, laufen	I
la corrupción Korruption	1.2 T2
corto/-a kurz	I
la cosa Ding, Sache	I
cosmopolita weltoffen	II
la costa Küste	I
costar kosten	I
la costumbre Gewohnheit, Brauch	II
crear erschaffen	II
crecer wachsen, aufwachsen	II
creer que glauben, dass	I
el crimen Verbrechen	1.4 T
el/la cristiano/-a Christ/-in	II
cristiano/-a christlich	II
crítico/-a kritisch	II
el cruasán Croissant	II
cruzar überqueren	I
el cuaderno Heft	I
la cuadra *in Arg.:* 100 Meter	II
el cuadro Gemälde, Bild	II
¿cuál/-es? Welche/-r/-s?	I
la cualidad Eigenschaft	II
cualquier/-a irgendein, jeder, welcher auch immer	1.1 T

español – alemán **Diccionario**

cuando wenn *(temp.)*	I	
¿cuándo? Wann?	I	
¿cuánto/-a/-os/-as? Wie viel/-e?	I	
¿cuánto es? Wieviel kostet es?	I	
el cuarto Viertel	II	
el cuarto de baño Bad	I	
el cuerpo Körper	I	
la cueva Höhle	II	
cuidar aufpassen auf, hüten	I	
el culo Hintern	I	
cultivar anbauen	2.2 T1	
la cultura Kultur	II	
cultural kulturell	II	
el cumpleaños Geburtstag	I	
cumplirse wahr werden	2.3 T2	
la curiosidad Neugierde	II	
el curso Klasse, Kurs	II	
cuyo/-a dessen/deren	2.4 E5	

D

d. C. nach Christus	II	
el dado Würfel	I	
dado que da, dadurch dass	4.1 E2	
dar geben	I	
dar un paseo spazieren gehen	II	
dar una orden befehlen	I	
darse cuenta de (que) etw. bemerken, feststellen	II	
los datos Angaben	I	
de, del von, aus	I	
de... a ... von ... bis ...	I	
de acuerdo einverstanden	II	
de carne y hueso aus Fleisch und Blut	II	
¿de dónde? Woher?	I	
de memoria auswendig	5.3 E16	
de nada bitte sehr	I	
de pequeño/-a als Kind	II	
de pronto plötzlich	I	
de repente plötzlich	I	
de vuelta zurück	I	
debajo de unter	II	
el debate Debatte	5.1 E7	
deber müssen, sollen	II	
los deberes Hausaufgaben	I	
decidido/-a entschieden	2.3 T2	
decidir entscheiden	I	
decir sagen	I	
dedicar widmen, aufwenden	1.3 T	
dedicarse a algo sich beschäftigen mit, einen Beruf ausüben	II	
el dedo Finger, Zeh	I	
defender verteidigen	3.1 T	
definir definieren	1 E1	
dejar (zurück-, über-)lassen	II	
dejar de aufhören etw. zu tun	I	
delante de vor	I	
delgado/-a dünn, schlank	5.3 E9	
los demás die anderen, die übrigen	II	
demasiado zu (viel, sehr)	I	
la densidad de población Bevölkerungsdichte	4.3 E1	
el/la dentista Zahnarzt/-ärztin	II	
dentro de in, innerhalb von	5.3 E3	
el/la dependiente/-a Verkäufer/-in	I	
el deporte Sport	I	
el/la deportista Sportler/-in	I	
deprimirse niedergeschlagen sein	I	
la derecha rechte Seite	I	
el derecho Recht	II	
derrotar besiegen, schlagen	I	
desaparecer verschwinden	II	
desarrollar(se) (sich) entwickeln	1.1 T	
el desarrollo demográfico Bevölkerungsentwicklung	II	
desayunar frühstücken	I	
el desayuno Frühstück	I	
descansar (sich) ausruhen	II	
desconocido/-a unbekannt	2.1 E6	
describir beschreiben	1.1 T	
la descripción Beschreibung	2 E1	
el descubrimiento Entdeckung	1.1 T	
descubrir entdecken	II	
desde *(mit Ort)* von ... aus	I	
desde (las ...) von, ab, seit (... Uhr)	I	
deshonesto/-a unehrlich	5.1 E3	
el desierto Wüste	II	
la desilusión Enttäuschung	2.1 E13	
desnudo/-a nackt	2.1 T1	
el despertador Wecker	I	
despertar wecken	I	
despertarse aufwachen	I	
después danach, nach	I	
después de Cristo nach Christus	II	
la desventaja Nachteil	II	
detener verhaften, anhalten	II	
detrás de hinter	I	
devolver zurückgeben	I	
el día Tag	I	
el dialecto Dialekt, Mundart	II	
el diario Tagebuch	I	
diario/-a täglich, alltäglich	II	
dibujar zeichnen, malen	II	
el diciembre Dezember	I	
la dictadura Diktatur	II	
dictar diktieren	II	
la diferencia Unterschied	I	
diferente verschieden	I	
difícil schwer	I	
¿dígame? Ja, bitte?	I	
dinámico/-a dynamisch	3.2 E8	
el dinero Geld	I	
Dios, el/la dios/-a Gott/Göttin	1.3 T	
la dirección Adresse	I	
dirigirse a sich richten an	3.3 E1	
la discoteca Disko(-thek)	II	
la discusión Diskussion	3.3 E3	
discutir diskutieren, debattieren, streiten	II	
el/la diseñador/-a Zeichner/-in, Designer/-in	1.4 E1	
diseñar zeichnen, entwerfen	1.4 E1	
disfrutar de genießen	I	
la distancia Entfernung, Abstand	II	
distribuir verteilen	2.3 E12	
divertirse Spaß haben	II	
la docena Dutzend	I	
el/la doctor/-a Arzt/Ärztin	I	
el documento nacional de identidad (DNI) Personalausweis	I	
doler schmerzen, weh tun	I	
el domingo Sonntag	I	
¿dónde? Wo?	I	
donde wo	I	
dorado/-a golden	I	
dormir(se) (ein)schlafen	II	
el dormitorio Schlafzimmer	I	
ducharse sich duschen	I	
la duda Zweifel	II	
el/la dueño/-a Besitzer/-in, Inhaber/-in	I	
durante während	I	

Diccionario español – alemán

durar dauern		I
duro/-a hart, schwierig		II
el DVD DVD		I

E

echar de menos vermissen		I
ecológico/-a ökologisch		3.3 E4
la economía Wirtschaft		1.1 T
económico/-a wirtschaftlich		II
la edad Alter		II
el edificio Gebäude		II
la educación Erziehung		1.1 T
Educación Física Sportunterricht		I
Educación para la Ciudadanía y Derechos Humanos Staatsbürgerkunde		I
Educación Plástica y Visual Kunstunterricht		I
los EE. UU. USA		II
el ejército Heer, Armee		5.3 E8
él / ella er / sie		I
el / la / los / las der, die, das		I
la elección Auswahl, Wahl		II
las elecciones Wahlen		II
la electricidad Elektrizität		II
elegante elegant		II
el elemento Element		II
elevado/-a hoch, erhöht		4.3 E1
el e-mail E-Mail		I
la emancipación Emanzipation, Befreiung		2.3 E12
el / la emigrante Auswanderer/-in		II
emigrar auswandern		II
emocionante aufregend		I
la empanada gefüllte Teigtasche		II
empezar beginnen		I
empezar por damit beginnen, etw. zu tun		1.2 T2
el / la empleado/-a Angestellte/-r		I
la empresa Unternehmen		II
en in		I
en cambio dagegen, hingegen		5.1 E2
en casa zu Hause		I
en comparación con verglichen mit		1.1 T
en contra contra, dagegen		3.3 E3
en el interior drinnen, innen		II
en especial besonders		I
en general im Allgemeinen		I
en lugar de anstelle von		1.2 T2
en medio de mitten in		1.4 T
en parte zum Teil, teilweise		5.2 E5
en público in der Öffentlichkeit		II
en punto Punkt, genau		I
en realidad in Wirklichkeit		1.1 T
en resumen zusammenfassend		2.2 T1
en serio mal ehrlich		II
enamorado/-a verliebt		2.3 E3
enamorarse sich verlieben		2.3 E3
encantarle algo a alguien begeistern		I
encender anmachen		I
encima de über		I
encontrar finden		II
encontrarse sich befinden		1 E1
encontrarse con treffen, sich treffen mit		II
el encuentro Treffen		2.1
la encuesta Umfrage		I
el enero Januar		I
enfadarle algo a alguien jdn. verärgern		I
enfadarse sich ärgern		II
la enfermedad Krankheit		2.3 T2
el / la enfermero/-a Krankenpfleger/-in		II
enfermo/-a krank		I
enfrente (de) gegenüber		I
enorme riesig, gewaltig		I
la ensalada Salat		I
enseguida sofort		4.4 T1
la enseñanza Lehre, Unterricht		4
enseñar zeigen, beibringen		I
entender verstehen		I
entonces dann, damals		II
la entrada Eintrag, Eingang, Eintrittskarte		4.3 E4
entrar en hereinkommen, eintreten, betreten		I
entre zwischen		I
entregar überreichen, (ab-)geben		I
el / la entrenador/-a Trainer/-in		I
entrenarse trainieren		I
la entrevista Interview		II
el / la entrevistador/-a Interviewer/-in		1.1 T
la época Zeitraum, Epoche		II
el equipo Team		I
equivocado/-a falsch, verwählt		II
equivocarse sich irren		II
es decir das heißt		II
la escena Szene		5.3 E7
el / la esclavo/-a Sklave/-in		1.1 T
escolar Schul-, schulisch		II
escribir schreiben		I
el / la escritor/-a Schriftsteller/-in		1 E1
la escritura Schrift		2.1 T3
escuchar hören, zuhören		I
la escuela Schule		1.1 T
el / la escultor/-a Bildhauer/-in		5.3 E9
la escultura Bildhauerei, Skulptur		5.3 E8
ese/-a/-os/-as diese/-r/-s (da)		I
eso das		I
la espalda Rücken		I
el español das Spanische		I
español/-a spanisch		I
especial speziell, besonders		I
la esperanza Hoffnung		2.1 E13
esperar warten, hoffen		I
esquiar Ski fahren		I
la esquina (Straßen-)Ecke		1.4 T
la estación Bahnhof, Haltestelle		I
la estación Jahreszeit		I
el estadio Stadion		II
la estadística Statistik		II
el estado Zustand, Staat		II
los Estados Unidos Vereinigte Staaten von Amerika		II
estadounidense US-amerikanisch		II
el estanco Kiosk		I
estar sein, sich befinden		I
estar bien / mal gesund / krank sein		I
estar conectado/-a verbunden sein (Internet)		II
estar despejado/-a wolkenlos sein		I
estar mejor besser gehen		I
estar nublado bewölkt sein		I
estar sentado/-a sitzen		I
estar unido/-a verbunden sein		II
la estatua Statue		5.3 E7
el este Osten		I

español – alemán **Diccionario**

este/-a/-os/-as diese/-r/-s	I	
el estereotipo Klischee, Stereotyp	4.1 E1	
el estilo Stil	II	
esto das hier	II	
el estuche Etui, Federmappe	I	
el/la estudiante Student/-in, Schüler/-in	I	
estudiar lernen, studieren	I	
los estudios Studium	II	
la etapa Etappe, Abschnitt	II	
el euro Euro	I	
el euskera das Baskische	I	
euskera baskisch	I	
exacto/-a exakt, genau	II	
exagerar übertreiben	II	
el examen Prüfung, Test	I	
la excursión Ausflug	I	
existir existieren	II	
el éxito Erfolg	I	
la experiencia Erlebnis, Erfahrung	I	
la explicación Erklärung	II	
explicar erklären	I	
exponer ausstellen	5.3 E8	
expresar ausdrücken, formulieren	II	
el extranjero Ausland	I	
extraño/-a seltsam	I	
extremado/-a extrem	I	
extremista radikal	4.4 T1	

F

la fachada Fassade	II	
fácil leicht	I	
la factura Rechnung	II	
la falda Rock	I	
falso/-a falsch	I	
la falta Fehler, Fehlen	1.2 T2	
faltar fehlen	I	
la familia Familie	I	
familiar familiär, vertraut	II	
el/la familiar Verwandte/-r	1.3 T	
famoso/-a berühmt	I	
fanfarrón/-ona angeberisch	5.1 E3	
la farmacia Apotheke	II	
el favor Gefallen	II	
favorito/-a Lieblings-	I	
el febrero Februar	I	
la fecha Datum	I	
felicitar gratulieren	I	
feliz glücklich	5.3 E3	
feo/-a hässlich	I	
la fiebre Fieber	I	
fiel treu	5.1 E3	
la fiesta Fest	I	
el fin Ende, Ziel	II	
el fin de semana Wochenende	I	
el final Ende	I	
final abschließend, endgültig	4.5	
firmar unterschreiben	3.1 T	
firme fest	3.1 T	
el físico Aussehen	1.1 E6	
flexible flexibel, biegsam	5.1 E7	
la flor Blume	I	
el folleto Prospekt	II	
la forma Form, Art, Sorte	II	
formar bilden	3	
el foro Forum	II	
la fotografía, la foto Foto	I	
el/la fotógrafo/-a Fotograf/-in	II	
fracturarse algo sich etw. brechen *(Knochen)*	I	
el francés das Französische	I	
francés /-esa französisch	I	
el franquismo Franco-Zeit	4.1 E2	
franquista Franco-	4.1 E2	
fresco/-a frisch	I	
frío/-a kalt	I	
el frío Kälte	I	
frito/-a frittiert	2.2 T2	
la frontera Grenze	II	
la fruta Obst, Frucht	I	
la fuente Quelle	1.4 T	
fuerte stark, laut	I	
funcionar funktionieren	3.1 E8	
la fundación Stiftung	3.3 E4	
el fútbol Fußball	I	
el/la futbolista Fußballspieler/-in	I	
el futuro Zukunft	II	

G

el gallego das Galicische	I	
gallego/-a galicisch	I	
ganar siegen, gewinnen, *(Geld)* verdienen	II	
el garaje Garage	I	
la garganta Kehle, Hals	I	
el/la gato/-a Kater/Katze	I	
gemelo/-a Zwillings-	II	
la generación Generation	II	
general allgemein	I	
el género Geschlecht, Art	5.1 E1	
generoso/-a großzügig	5.1 E3	
genial genial, toll, super	II	
la gente Leute	I	
el gimnasio Fitnessstudio, Turnhalle	I	
girar abbiegen	I	
el/la gitano/-a der/die Sinti, Roma	II	
gordo/-a, gordito/-a dick, Dickerchen	I	
gótico/-a gotisch	II	
grabar aufnehmen	5.3 E17	
gracias danke	I	
gracias a dank	I	
gracioso/-a witzig	I	
el grado Grad *(Celsius)*	I	
el gráfico Grafik, Schaubild	II	
el gramo Gramm	I	
grande groß	I	
gratis kostenlos, gratis	I	
grave schwerwiegend	I	
la gripe Grippe	I	
gris grau	I	
el grupo Gruppe, Band	I	
guapo/-a hübsch, gutaussehend	I	
guatemalteco/-a aus Guatemala	1.3 E3	
guay toll, prima	II	
la guerra Krieg	II	
la guerra civil Bürgerkrieg	II	
el/la guerrero/-a Krieger/-in	3.1 E2	
el/la guía Stadtführer/-in	II	
la guía turística Reiseführer *(Buch)*	II	
la guitarra Gitarre	I	
gustar gefallen	I	
el gusto Geschmack	I	

H

haber hielo glatt sein	I	
haber niebla neblig sein	I	
haber tormenta gewittern	I	
hábil geschickt	5.1 E3	
la habitación Zimmer	I	
el/la habitante Einwohner/-in	I	
habitar bewohnen	3	
el/la hablante Sprecher/-in	4.1 E2	
hablar sprechen	I	
hablar por teléfono telefonieren	I	
hace vor	I	
hacer machen	I	

ciento setenta y siete 177

Diccionario español – alemán

hacer buen / mal tiempo gutes / schlechtes Wetter sein, haben	I	
hacer calor heiß sein	I	
hacer fresco kühl sein	I	
hacer frío kalt sein	I	
hacer la compra einkaufen gehen	I	
hacer la maleta den Koffer packen	I	
hacer senderismo wandern	3.3 E2	
hacer sol sonnig sein	I	
hacer un asado grillen	II	
hacer (un) picnic picknicken	II	
hacer viento windig sein	I	
hacia zu ... hin, gen, nach	II	
la hamaca Hängematte, Schaukel	2.4 E5	
el hambre Hunger	I	
hasta bis	I	
hasta ahora Bis gleich!	I	
hasta luego Bis bald!	I	
hasta mañana Bis morgen!	I	
hay es gibt	I	
hay que man muss	I	
el hecho Ereignis, Tatsache	II	
el / la hermano/-a Bruder / Schwester	I	
hermoso/-a toll	I	
herir verletzen	1.4 T	
el héroe / la heroína Held/-in	II	
el hielo (Glatt-)Eis	I	
el / la hijo/-a, los hijos Sohn, Tochter, Kinder	I	
el hip hop Hip Hop	II	
la hipótesis Vermutung, Hypothese	II	
Hispanoamérica Hispanoamerika	1 E1	
la historia Geschichte	I	
histórico/-a historisch, geschichtlich	II	
hola hallo	I	
el hombre Mann	II	
honesto/-a ehrlich	5.1 E3	
la hora Stunde, Uhrzeit	I	
el horario Stundenplan	I	
el horario de verano Sommerzeit	I	
el horóscopo Horoskop	II	
horrible schrecklich	I	
el hospital Krankenhaus	I	
el hostal Hostel, Pension	II	
el hotel Hotel	I	
hoy heute	I	
el hueso Knochen	II	
el huevo Ei	I	
la humanidad Menschheit	2.1 T3	

I

la ida Hinweg, Hinfahrt	II	
la idea Idee	I	
ideal ideal	I	
el idealismo Idealismus	II	
la identidad Identität	4	
identificar identifizieren	1.4 T	
el idioma Sprache	I	
el ídolo Idol	I	
la iglesia Kirche	II	
igual gleich, egal	II	
ilegal illegal	II	
la imaginación Vorstellungskraft, Fantasie	5.3 E3	
imaginar(se) sich etw. vorstellen	II	
importante wichtig	I	
importar wichtig sein	I	
la impresión Eindruck	1.2 T1	
impresionante beeindruckend	II	
impresionar beeindrucken	II	
el incendio Brand, Feuer	II	
incluido/-a inklusive	II	
incluir beinhalten	4.3 E3	
incluso sogar	II	
increíble unglaublich	I	
la independencia Unabhängigkeit	4.3 E4	
independiente unabhängig	4	
la India, las Indias Indien; hier: Amerika	II	
indígena Indio-	I	
indispensable unabdingbar	3.2 E3	
inesperado/-a unerwartet	II	
infiel untreu	5.1 E3	
la influencia Einfluss	2.2	
influir en beeinflussen	1.1 T	
la información Information	I	
informar berichten, mitteilen, informieren	1.4 T	
el informe Bericht	I	
el inglés das Englische	I	
inglés/-esa englisch	I	
inmediato/-a sofortig	I	
la inmigración Einwanderung	II	
el / la inmigrante Einwanderer/-in	I	
inmigrar einwandern	II	
inocente unschuldig	5.1 E4	
inolvidable unvergesslich	I	
inquietante unheimlich	II	
la Inquisición Inquisition	II	
la inseguridad Unsicherheit	1.2 T2	
el instituto hier: Gymnasium	I	
el instrumento (Musik-)Instrument	3.2 E8	
la integración Integration	3.2 E9	
integrar(se) (sich) integrieren	3.2 E3	
inteligente intelligent	I	
la intención Absicht	1.1 E11	
intenso/-a intensiv	I	
intentar versuchen	3.1 T	
intercambiar austauschen	4.5	
el intercambio Austausch	II	
interesante interessant	I	
interesar(se por) (sich für etw.) interessieren	II	
el interior das Innere	II	
internacional international	II	
interno/-a intern, Binnen-	II	
interpretar interpretieren, darstellen (Schauspieler)	II	
el / la intérprete Dolmetscher/-in	I	
la invasión Invasion	2	
inventar erfinden	3.1 E8	
la investigación Recherche, Forschung	I	
el invierno Winter	I	
invitar einladen	I	
ir a gehen, fahren nach	I	
ir de compras einen Einkaufsbummel machen	I	
ir en bicicleta Fahrrad fahren	I	
irle algo a alguien bien jdm. gut stehen, passen	I	
irreal unwirklich, unecht	II	
irse weg-/fortgehen	I	
la isla Insel	I	
el islote Eiland, kleine Insel	3	
la izquierda linke Seite	I	

J

jamás niemals	2.3 T2	
el jardín Garten	I	

español – alemán **Diccionario**

el / la jefe/-a Chef/-in II
el jersey Pullover I
¡jolín! ach herrje! na sowas! I
el / la joven, joven I
   Jugendliche/-r, jung
judío/-a jüdisch II
el juego Spiel I
el juego de roles Rollenspiel I
el jueves Donnerstag I
jugar spielen I
el juguete Spielzeug 1.1 T
el julio Juli I
el junio Juni I
junto con zusammen mit II
juntos/-as zusammen I
justificar begründen, 3.2 E8
   rechtfertigen

K

el kilo Kilo I

L

el lado Seite I
ladrar bellen I
el lago See II
el lápiz Bleistift I
largo/-a lang I
latín lateinisch II
el latín das Lateinische II
latino/-a lateinamerikanisch II
lavar(se) (sich) waschen I
la leche Milch I
leer lesen I
legal legal, gesetzmäßig II
lejos (de) fern, weit weg II
la lengua Sprache II
Lengua Castellana I
   y Literatura Spanische
   Sprache und Literatur
el lenguaje Sprache, 3.1 E8
   Ausdrucksweise
lento/-a langsam I
la lesión Verletzung I
la letra Buchstabe, II
   Handschrift, Liedtext
el levantamiento Aufstand II
levantar (hoch-)heben I
levantarse aufstehen I
la ley Gesetz II
la libertad Freiheit II
libre frei I
el libro Buch I
el / la limeño/-a 1.2 E5
   Einwohner/-in Limas

limitar beschränken 3.3 E3
limitar con grenzen an II
limpiar putzen I
la línea Linie, Zeile II
lingüístico/-a linguistisch, 4.1 T1
   sprachlich, Sprachen-
el lío Durcheinander I
la literatura Literatur II
el litro Liter I
la llamada telefónica I
   Anruf, Telefongespräch
llamar a rufen, anrufen I
llamar la atención Aufmerk- 1.2 E2
   samkeit erregen, auffallen
llamarle la atención a al- II
   guien jdn. zurechtweisen
llamarse heißen I
la llave Schlüssel I
la llegada Ankunft 1.1 T
llegar ankommen I
llegar a un acuerdo 2.4 E7
   sich einigen
lleno/-a voll 1.1 T
llevar bringen, ausführen, I
   tragen, anhaben *(Kleidung)*
llevarse bien II
   sich gut verstehen
llevarse un (buen) susto I
   sich (sehr) erschrecken
llorar weinen 3.2 E2
llover regnen I
la lluvia Regen I
lo siento es tut mir leid I
loco/-a verrückt II
el / la locutor/-a II
   Moderator/-in, Sprecher/-in
lógico/-a logisch II
el lugar Ort I
el lunes Montag I
la luz Licht II

M

la madre Mutter I
maduro/-a reif I
mágico/-a magisch II
magrebí maghrebinisch 3.2 T
mal, malo/-a schlecht I
la mala pata Pech, Unglück I
la mala suerte Pech, I
   Unglück
la maleta Koffer I
la mamá Mama, Mutti I
la mañana der Morgen I
mañana morgen I

mandar schicken, absenden II
la manera Art, Weise II
la mano Hand I
la manzana Apfel I
el mapa Stadtplan, I
   Landkarte
maquillarse sich schminken I
el mar, el Mar Mediterráneo I
   Meer, Mittelmeer
maravilloso/-a wunderbar I
la marcha Nachtleben 3.3 E2
el marido Ehemann II
los mariscos Meeresfrüchte I
marrón braun I
el martes Dienstag I
el marzo März I
más mehr I
matar töten II
el mate Matetee II
Matemáticas Mathematik I
la matrícula de honor II
   Ausgezeichnet *(Note)*
los mayas Maya 1.3 T
el mayo Mai I
mayor älter I
la mayoría Mehrheit II
el / la mecánico/-a II
   Mechaniker/-in
la medicina Medizin II
el / la médico/-a Arzt / Ärztin II
medio/-a ein/-e halbe/-s/-r I
el medio ambiente Umwelt II
el medio de transporte I
   Fortbewegungsmittel
los medios Medien II
mejor besser I
mejorar verbessern, II
   sich bessern
el melocotón Pfirsich I
la melodía Melodie 3.2 E8
la memoria Gedächtnis 5.3 E16
menor jünger, jüngster I
menos weniger I
menos cuarto Viertel vor I
el mensaje Nachricht, SMS II
la mentira Lüge II
el mercadillo Flohmarkt I
el mercado Markt I
el mes Monat I
la mesa Tisch I
el metal Metall 3.1 E2
el metro Meter, U-Bahn I
la mezcla Mischung 1.1 T
mezclar (ver-)mischen I

ciento setenta y nueve **179**

Diccionario español – alemán

mi mein/-e		I
el miedo Angst, Furcht		II
miedoso/-a ängstlich		5.1 E3
mientras während, solange		II
mientras que wohingegen		5.1 E2
el miércoles Mittwoch		I
la migración Migration		II
mil Tausend		I
militar militärisch		II
los militares Militärangehörige		II
el millón Million		I
la minifalda Minirock		I
la minoría Minderheit		1.2 E3
el minuto Minute		I
mío/-a meine/-r		II
la mirada Blick		3.1 E2
mirar schauen, anschauen		I
la miseria Elend, Armut		II
mismo/-a, lo mismo gleich, identisch, der-/die-/dasselbe		I
misterioso/-a mysteriös		II
la mitad Hälfte		II
el mito Mythos		2.3 E2
la mochila Rucksack, Schultasche		I
la moda Mode		II
el modelo Modell, Vorbild		II
moderno/-a modern		I
molar mogollón total toll sein (ugs.)		II
molestar stören		I
el momento Moment		II
el/la mono/-a Affe/Äffin		II
monolingüe einsprachig		2 E2
la montaña Berg		I
montar a caballo reiten		II
montarse aufsteigen		I
el montón Menge		II
el monumento Monument, Denkmal		II
morder beißen		I
moreno/-a dunkelhaarig, dunkelhäutig		I
morir sterben		II
el/la moro/-a Maure/-in		II
mostrar zeigen, anzeigen		I
el motivo Motiv, Grund		II
la motocicleta, la moto Motorrad, Motorroller		I
el motor Motor		I
el móvil Mobiltelefon		II
el movimiento Bewegung		4
el mp3, el reproductor de mp3 Mp3-Spieler		I
mucho viel, sehr		I
mucho/-a/-os/-as viel/-e		I
mudarse umziehen		5.3 E8
la muerte Tod		II
la mujer Frau		II
el/la mulato/-a Mulatte/-in		II
la multa Geldstrafe		1.2 T2
mundial Welt-		
el mundo Welt		I
el museo Museum		II
la música Musik		I
musulmán/-ana muslimisch		II
mutuo/-a gegenseitig		2.2
muy sehr		I

N

nacer geboren werden		I
nacional national		II
la nacionalidad Staatsangehörigkeit		II
nada nichts		I
nadar schwimmen		I
nadie niemand		I
la naranja Apfelsine		I
naranja orangefarben		I
la nariz Nase		I
el/la narrador/-a Erzähler/-in		II
el/la nativo/-a Ureinwohner/-in		2.1 T1
natural natürlich		I
la naturaleza Natur		II
navegar (im Internet) surfen		I
necesario/-a nötig		I
necesitar brauchen		I
negativo/-a negativ		I
negro/-a schwarz		I
nervioso/-a nervös		I
neutral neutral, unparteiisch		II
nevar schneien		I
la nevera Kühlschrank		I
ni … ni … weder … noch …		II
la niebla Nebel		I
el/la nieto/-a Enkel/-in		I
la nieve Schnee		I
ningún/-uno/-a kein/-e		I
el/la niño/-a (kleines) Kind, Junge/Mädchen		I
la niñez Kindheit		1.1 T
el nivel Niveau		3.2 T
el nivel de vida Lebensstandard		3.2 T
no nein, nicht		I
no deber nicht dürfen		II
no entender ni jota rein gar nichts verstehen		4.4 T1
no fue nada das war doch gar nichts		II
no me digas sag bloß		II
no pasa nada das macht doch nichts		I
la noche Nacht		I
el nombre Name, Vorname		I
normal normal		
el norte Norden		I
nosotros wir		I
la nota Schulnote, Zensur		II
el notable Gut (Note)		II
la noticia Nachricht, Meldung		I
la novela Roman		II
el noviembre November		I
el/la novio/-a (feste/-r) Freund/-in		I
nublado/-a wolkig		I
nuestro/-a unser/-e/-r		II
nuevo/-a neu		I
el número Zahl		I
nunca nie		I

O

o/u oder		I
obediente gehorsam		5.1 E3
el objetivo Ziel, Zweck, Absicht		II
el objeto Objekt, Gegenstand		1.3 T
la obra Werk, Kunstwerk		II
el océano, el Océano Atlántico Ozean, Atlantischer Ozean		I
el octubre Oktober		I
ocurrir sich ereignen		1.4 T
el oeste Westen		I
la oferta Angebot		4.5
oficial offiziell		I
la oficina Büro		I
ofrecer anbieten		II
oír hören		2.1 E6
el ojo Auge		I
la ola Welle		I
el olivo Olivenbaum		I
olvidar vergessen		I
la opinión Meinung		I

Diccionario español – alemán

la oportunidad Gelegenheit, Chance — II
optimista optimistisch — I
el orden Reihenfolge, Ordnung — 3.2 E4
la orden Befehl — I
el ordenador Computer — I
ordenar aufräumen, ordnen — II
la oreja Ohr — I
la organización no gubernamental, la ONG Nichtregierungsorganisation, gemeinnützige Organisation — 3.2 E9
organizar organisieren — II
orgulloso/-a stolz — 1.1 T
el origen Herkunft — II
originario/-a de stammend aus — 2.2 T1
el oro Gold — 2.1 T1
oscuro/-a dunkel — I
el otoño Herbst — I
otro/-a andere/-r — I

P

pacífico/-a friedlich — 2.4 E5
el padre, los padres Vater, Eltern — I
la paella Paella (Reispfanne) — I
pagar bezahlen — I
el país Land — I
el paisaje Landschaft — I
la palabra Wort — I
la palabra clave Schlüsselwort, -begriff — II
el palacio Schloss — II
las palomitas Popcorn — II
el pan Brot — I
la panadería Bäckerei — I
el/la panadero/-a Bäcker/-in — II
los pantalones Hose — I
el papá Papa, Vati — I
el papel Papier — I
la papelería Schreibwarengeschäft — I
el paquete Paket, Packung — I
para für, um zu — I
parado/-a arbeitslos — II
el/la parado/-a Arbeitslose/-r — II
el paraíso Paradies — 2.4
parecer scheinen — I
parecerle algo a alguien jdm. etw. erscheinen — I

parecido/-a ähnlich — II
la pared Wand — 2.4 E5
el paro Arbeitslosigkeit — II
el parque Park — I
el parque nacional Nationalpark — II
la parte Teil — I
participar teilnehmen — II
el/la participante Teilnehmer/-in — 1.4 E7
el partido Spiel, Match — I
el partido (político) (politische) Partei — II
la pasada Wahnsinn (ugs.) — II
el pasado Vergangenheit — II
pasado/-a vergangen/-e/-r/-s — I
el pasaporte Pass — II
pasar verbringen, geschehen, vergehen — I
pasar por vorbeikommen — II
el paseo Spaziergang — II
la pastilla Tablette — I
la patata Kartoffel — I
la patera Holzboot, mit dem illegale Einwanderer aus Afrika nach Europa übersetzen — II
la pausa Pause — I
pedir bitten, bestellen — II
peinar(se) (sich) kämmen — I
la pelea Streit — 1.4 T
la película Film — I
el peligro Gefahr — II
peligroso/-a gefährlich — I
el pelo Fell, Haar — I
la Península Ibérica Iberische Halbinsel — II
pensar en denken an — I
peor schlechter, schlimmer — I
pequeño/-a klein — I
perder verlieren — I
perdón Verzeihung — I
perdonar verzeihen — II
la peregrinación Pilgerfahrt — II
perfeccionista perfektionistisch — I
perfecto/-a perfekt, tadellos — I
el periódico Zeitung — I
el/la periodista Journalist/-in — II
el permiso de residencia Aufenthaltsgenehmigung — II
permitir erlauben — I
pero aber — I

el/la perro/-a Hund/Hündin — I
perseguir verfolgen — II
la persona Person — I
personal persönlich — I
la personalidad Persönlichkeit — II
el personaje Figur — II
la perspectiva Blickwinkel — 1.3 T
pertenecer (a) gehören (zu) — 1 E1
pesar wiegen — I
la pescadería Fischladen — I
el pescado Fisch — I
pesimista pessimistisch — II
el peso Gewicht — 5.3 E3
el pie Fuß — I
la piedra Stein — I
la pierna Bein — I
picante scharf, würzig — II
la pimienta Pfeffer — II
pintar malen, anstreichen — I
el/la pintor/-a Maler/-in — I
pintoresco/-a malerisch, idyllisch — II
la pintura Malerei, Bild, Gemälde, Farbe — II
la piscina Schwimmbad/-becken, Pool — I
el piso Wohnung — I
la pista de esquí Skipiste — I
la pizza Pizza — I
el plan Plan, Vorhaben — I
el plano Plan, Bauplan — II
la planta Pflanze — II
plantar (an-)pflanzen — II
el plátano Banane — I
el plato Teller, Gericht (Essen) — I
la playa Strand — I
la plaza, la Plaza Mayor Platz, Hauptplatz — I
la población Bevölkerung — II
pobre arm, arm dran — I
la pobreza Armut — 1.1 T
poco, poco/-a/-os/-as wenig/-e, kaum — I
poco a poco nach und nach — 2.1 T1
poder können — I
el poder Macht — II
el poema Gedicht — I
el/la policía Polizist/-in — II
la policía Polizei — II
el polideportivo Sportzentrum — I
la política Politik — II

Diccionario español – alemán

político/-a politisch — II
el/la político/-a Politiker/-in — 1 E1
el pollo Hähnchen — I
la ponencia Referat, Vortrag — II
poner legen, stellen — I
ponerse algo — I
  sich etw. anziehen
por für, je, durch, wegen — I
el ... por ciento ... Prozent — II
por ejemplo zum Beispiel — I
por eso deshalb — I
por favor bitte — I
por fin endlich — II
por la mañana morgens — I
por la noche nachts, abends — I
por la tarde nachmittags — I
por lo menos wenigstens — II
por otro lado andererseits — II
¿por qué? Warum? — I
por suerte zum Glück — I
por supuesto — II
  selbstverständlich
por turnos abwechselnd — 2.4 E2
el porcentaje Prozentsatz — 1.2 E5
porque weil — I
la posibilidad Möglichkeit — II
posible möglich — I
la postal Postkarte — I
el póster Poster — II
el postre Dessert — I
la postura Haltung, — 1.1 E11
  Einstellung
practicar (aus-)üben, — I
  (Sport) treiben
el precio Preis, Kaufpreis — 1.1 E10
precolombino/-a — 2.1 T3
  präkolumbisch
el/la precolombino — 2.1 T3
  Indigene/-r
preferir bevorzugen — I
la pregunta Frage — I
preguntar fragen — I
el prejuicio Vorurteil — 2 E1
el premio Preis — I
preocuparse (por) — I
  sich Sorgen machen (um)
preparar vorbereiten — I
la presencia Anwesenheit — I
presentar vorstellen — II
el presidente Präsident — 5.3 E8
presumido/-a eingebildet — II
el/la presumido/-a — II
  Angeber/-in
prevenir vorbeugen — I

la previsión Vorhersage — I
la primavera Frühling — I
primero zuerst, erstens — I
el/la primo/-a Cousin/-e — I
principal Haupt-, — 1.2 T2
  wichtigste/-r
el principio Anfang, Beginn — II
privado/-a privat — I
probable wahrscheinlich — II
el probador Umkleide — I
probarse algo — I
  etw. anprobieren
el problema Problem — I
la profecía Prophezeiung — 2.3 E2
la profesión Beruf — II
el/la profesor/-a, — I
  el/la profe Lehrer/-in
el programa Programm, — 5.3 E17
  Sendung
prohibir verbieten — II
prometer versprechen — 3.3 E1
pronto bald — II
la propina Trinkgeld — II
propio/-a eigene/-r — II
proponer vorschlagen — II
la propuesta Vorschlag — 5.2 E5
el/la protagonista — II
  Hauptfigur,
  Hauptdarsteller/-in
la provincia Provinz — II
provocar hervorrufen, — 4.2 E3
  provozieren
próximo/-a nächste/-r, — I
  folgende/-r
el proyecto Projekt — I
psíquico/-a psychisch — II
publicar veröffentlichen — II
público/-a öffentlich — I
el público Publikum — 5.1 E7
el pueblo Volk, Stamm; Dorf — II
el puente Brücke — II
la puerta Tür — I
el puerto Hafen — I
pues also, na ja — I
el puesto Arbeitsplatz, — I
  Listenplatz, Stand
el punto de vista — 5.2 E5
  Blickwinkel

Q

que der, die, das — I
¿qué? Was? Was für? — I
  (mit Substantiv)
¡qué ...! Was für ein/-e...! — I

que aproveche — II
  Guten Appetit!
¿qué hora es? — I
  Wie spät ist es?
¿qué pasa? Was ist los? — I
qué pasada Wie großartig! — II
qué rollo Wie langweilig! — II
qué rollo de + *sust*. — II
  Was für ein/-e
  langweilige/-r ...
¿qué tal? Wie geht's? — I
que te mejores — II
  Gute Besserung!
¿qué te pongo? Was kann — I
  ich dir bringen?
quedar con alguien — I
  sich verabreden
quedarse bleiben — I
la queja Klage, Beschwerde — 4.4 E3
querer lieben, wollen — I
querido/-a Liebe/-r ... — I
  (Brief), geliebt
el queso Käse — I
¿quién/-es? Wer? (*Sg./Pl.*) — I
quizás vielleicht — I

R

la radio Radio — I
la raíz Wurzel — 2.2 T2
rápido/-a schnell — I
raro/-a seltsam, merkwürdig — II
el rascacielos — II
  Wolkenkratzer, Hochhaus
el rato Weile — I
la raza Rasse, Tierart — I
la razón Grund, Recht — II
real wirklich, tatsächlich — I
la realidad Wirklichkeit — 1.1 T
realizar durchführen — 3.2 E9
el/la recepcionista — 2 E1
  Rezeptionist/-in
la receta Rezept — I
recibir bekommen, erhalten — I
recitar aufsagen, vortragen — 5.3 E16
recoger abholen, sammeln — 2 E1
recogido/-a — 2 E1
  zusammengebunden
recomendar empfehlen — II
reconocer wiedererkennen — II
el reconocimiento — 4.4 E4
  Anerkennung
la reconquista Wieder-, — II
  Rückeroberung
recordar sich erinnern an — I

español – alemán .... **Diccionario**

recorrer durchqueren, bereisen, zurücklegen	II	
el recreo (Schul-)Pause	I	
redondo/-a rund	II	
referirse a sich beziehen auf	3.2 E8	
el refrán Sprichwort	4.3 E4	
el regalo Geschenk	I	
la región Region, Gebiet	I	
regional regional	4	
el regionalismo Regionalismus	4	
el registro Verzeichnis, Register	3.2 E9	
la regla Regel, Norm	II	
el reglamento Regelwerk, (Haus-)Ordnung	II	
regular mittelmäßig, durchschnittlich	I	
la reina Königin	II	
el reino Reich, Königreich	II	
reírse lachen	II	
reírse de alguien jdn. auslachen	II	
la relación Beziehung, Verhältnis	II	
relacionar verknüpfen	1.3 T	
el relato Kurzgeschichte, Erzählung	II	
religioso/-a religiös	II	
el remedio Medikament, (Heil-)Mittel	I	
reparar reparieren	II	
el repaso Wiederholung, Überprüfung	II	
repetir wiederholen	II	
representar aufführen, darstellen, repräsentieren	5.3 E7	
la represión Unterdrückung	4.2 E2	
represivo/-a repressiv	4.2 E2	
el reproductor de mp3 mp3-Spieler	I	
los republicanos Befürworter der Republik	II	
rescatar retten	3.2 T	
la reserva Reservat	I	
resistir widerstehen, aushalten, sich widersetzen	2.2 T2	
respecto a in Bezug auf	5.2 E5	
responsable verantwortlich, verantwortungsbewusst	5.3 T	
la respuesta Antwort	I	
el restaurante Restaurant	I	
el resto Rest, Übriges	II	
el resultado Ergebnis	II	

el resumen Zusammenfassung	2.2 T1	
el reto Herausforderung	1.4 E1	
la revista Zeitschrift	II	
la revolución Revolution	II	
el rey König	I	
rico/-a reich, lecker	II	
el río Fluss	II	
el ritmo Rhythmus	I	
el ritual Ritual	1.3 T	
la rodilla Knie	I	
rojo/-a rot	I	
el rol Rolle	5.1 E7	
el/la romano/-a Römer/-in	II	
la ropa Kleidung	I	
rosa rosa	I	
roto/-a kaputt	1.2 T2	
rubio/-a blond	I	
el ruido Lärm	I	
la ruina Ruine	II	
la ruta Route, Weg	II	

S

el sábado Samstag	I	
saber können, wissen	I	
el/la sabio/-a Gelehrte/-r	II	
sabio/-a weise	II	
sacar herausholen, wegnehmen, entfernen	II	
la sal Salz	I	
la salchicha Würstchen	I	
salir herauskommen, ausgehen, abfahren, erscheinen (Artikel)	I	
el salón Wohnzimmer	I	
la salsa Soße, Dip	II	
saltar springen	I	
la salud Gesundheit	3.1 E4	
saludar grüßen, begrüßen	3.1 E4	
salvaje wild	3.1 E8	
sano/-a gesund	I	
el secreto Geheimnis	2.2 T2	
la sed Durst	II	
seguir folgen, befolgen, weitergehen	II	
seguir + gerundio etw. immer noch tun	II	
seguir todo recto geradeaus gehen/fahren	I	
según laut, nach, gemäß	II	
el segundo Sekunde	5.3 E3	
la seguridad Sicherheit	1.1 T	
seguro/-a sicher	I	
el sello Briefmarke, Stempel	I	

la semana Woche	I	
la señal Zeichen, Hinweis	2.1 E10	
el senderismo Wandern	3.3 E2	
el/la señor/-a Herr, Frau	I	
sensible empfindlich	5.1 E3	
sentarse sich (hin-)setzen	II	
el sentimiento Gefühl	4.2 E3	
sentir(se) (sich) fühlen	I	
separar trennen	II	
el separatismo Separatismus	4	
separatista separatistisch	4	
el septiembre September	I	
ser sein	I	
ser de kommen aus	I	
ser mentira gelogen sein	II	
serio/-a ernst	I	
el servicio/los servicios Toilette, WC	II	
sí ja	I	
si falls, ob	I	
sí mismo/-a sich selbst	2 E1	
la sidra Apfelwein	I	
siempre immer	I	
el siglo Jahrhundert	II	
el significado Bedeutung	1.3 T	
significar bedeuten	II	
el signo (Stern-)Zeichen	II	
siguiente folgende/-r, nächste/-r	I	
la sílaba Silbe	I	
la silla Stuhl	I	
el sillón Sessel	I	
el símbolo Symbol	5.3 E6	
la similitud Ähnlichkeit	1.3 E2	
simpático/-a nett	I	
simple einfach	I	
sin ohne	I	
sin embargo trotzdem	II	
sino sondern	I	
el sistema System	1.1 T	
sitiar belagern	2.3 T2	
el sitio Ort, Platz	3.1 E8	
la situación Situation	I	
sobre über	I	
sobre todo vor allem	II	
el sobresaliente Sehr gut (Note)	II	
social gesellschaftlich	II	
la sociedad Gesellschaft	II	
el sol Sonne	I	
solidario/-a solidarisch	II	
solo/-a allein, einsam	I	
solo nur	I	

ciento ochenta y tres **183**

Diccionario *español – alemán*

la solución Lösung	II	
solucionar lösen	1.2 T2	
sonar klingeln, läuten	II	
soñar con träumen von	II	
el sonido Ton, Geräusch	I	
la sonrisa Lächeln	I	
la sopa Suppe	I	
sortear verlosen, auslosen	II	
el/la sospechoso/-a Verdächtige/-r	1.4 T	
sostenible nachhaltig	3.3 T1	
su sein/-e, ihr/-e, Ihr/-e	I	
subir steigen	II	
subir a ein-, aufsteigen, heraufklettern	II	
subsahariano/-a zentralafrikanisch	3.2 T	
el suelo Boden, Fußboden	II	
el sueño Traum, Schlaf, Müdigkeit	2.1 T1	
la suerte Glück	I	
suficiente ausreichend, genug	2.3 E2	
sufrir leiden, erleiden	II	
sumar addieren	I	
superar übertreffen, übersteigen	5.3 E8	
superficial oberflächlich	5.1 E3	
la superficie Oberfläche, Fläche	II	
el supermercado, el súper Supermarkt	I	
el sur Süden	I	
el surf Surfen	3.3 E2	
el suspenso Ungenügend, Mangelhaft *(Note)*	II	
suyo/-a seine/-r, ihre/-r	II	

T

tacaño/-a geizig	5.1 E3	
la talla (Konfektions-)Größe	I	
el taller Werkstatt	II	
también auch	I	
tampoco auch nicht	I	
tan, tan ... como so; genau so, ebenso (wie)	I	
tanto/-a/-os/-as so viel/-e	I	
las tapas Häppchen, Tapas	I	
tardar dauern	II	
tarde spät	I	
la tarde Nachmittag	I	
la tarea Aufgabe	2.3 E12	
la tarjeta die Karte	2 E1	
la taza Tasse	II	

el té Tee	I	
el teatro Theater	I	
la tecnología Technik	I	
el teléfono Telefon	I	
la tele(visión) Fernsehen	I	
el televisor Fernseher	I	
el tema Thema	I	
temer que fürchten, dass	3.2 E3	
la temperatura Temperatur	I	
temprano/-a früh	I	
tener haben, besitzen	I	
tener ... años ... Jahre alt sein	I	
tener calor einem heiß sein	I	
tener en cuenta beachten, berücksichtigen	4.4 E5	
tener frío frieren	I	
tener ganas de Lust haben zu	I	
tener que müssen	I	
tener razón Recht haben	II	
tener sueño müde sein	2.1 E5	
tener suerte Glück haben	I	
el tenis Tennis	I	
el/la tenista Tennisspieler/-in	I	
el Tercer Mundo Dritte Welt	3.2 E9	
el tercio Drittel	II	
terminar aufhören, beenden	I	
la terraza (Dach-)Terrasse	I	
el territorio Gebiet	2.1 E8	
el/la terrorista Terrorist/-in	4.2 E2	
terrorista terroristisch	4.2 E2	
el test Test	I	
el testigo Zeuge	II	
el tiempo Zeit, Wetter	I	
la tienda Geschäft, Laden	I	
la tienda de campaña Zelt	3.3 E2	
la tierra Erde	II	
tímido/-a schüchtern	I	
el/la tinerfeño/-a Einwohner/-in von Teneriffa	3.1 T	
el/la tío/-a Onkel/Tante	I	
típico/-a typisch	I	
el tipo Typ, Sorte	3.2 E9	
tirar un dado würfeln	I	
el titular Überschrift, Schlagzeile	1.4 E6	
el título Titel, Überschrift	II	
el tobillo Knöchel	I	
tocar *(Instrument)* spielen, berühren, anfassen	I	
todavía noch	I	

todo alles	I	
todo el/toda la/todos/-as los/las der/die/das ganze, alle, jede/-r	I	
tomar nehmen, essen, trinken	I	
tomar fotos Fotos machen, aufnehmen	II	
tomar sol sich sonnen	3.3 E2	
el tomate Tomate	I	
tonto/-a dumm	I	
torcerse algo sich etwas verstauchen	I	
la tormenta Gewitter	I	
el torneo Turnier, Wettkampf	I	
torpe tollpatschig	5.1 E3	
la tortilla Kartoffelomelette	I	
la tos Husten	I	
la tostada Toast(-brot)	I	
trabajar arbeiten	I	
el trabajo Arbeit	I	
tradicional traditionell	3.1 E4	
traducir übersetzen	II	
el/la traductor/-a Übersetzer/-in	II	
traer (hierher) bringen	I	
el tráfico Verkehr	1.2 T2	
tranquilo/-a ruhig	I	
tratar behandeln	5.2 E5	
tratar de handeln von	II	
el tren Zug	I	
el tribunal Tribunal	II	
triste traurig	II	
tropezar stolpern	I	
tú du	I	
tu dein/-e	I	
el túnel Tunnel	II	
el turismo Tourismus	II	
tuyo/-a deine/-r	II	

U

la UE EU	4	
último/-a letzte/-r/-s	I	
un/-a ein/-e	I	
un montón eine Menge	II	
un poco ein bisschen	I	
un/-o/-a por vez eine/-r auf einmal	2.4 E2	
el uniforme (Schul-)Uniform	I	
la Unión Europea Europäische Union	4	
unir verbinden	II	
la universidad Universität	I	

español – alemán **Diccionario**

usar verwenden	I	
el uso Gebrauch	4.2 E4	
usted Sie, Ihnen	I	
ustedes Sie	I	
el/la usuario/-a Nutzer/-in	4	
útil nützlich	I	

V

la vaca Kuh, Rind	II
las vacaciones Urlaub, Ferien	I
vago/-a faul	I
vale okay, einverstanden	I
el valenciano das Valencianische	I
valenciano/-a valencianisch	I
valiente mutig, tapfer	5.1 E3
valorar bewerten, wertschätzen	5.3 E5
los vaqueros Jeans	I
variado/-a abwechslungsreich	2.2 T1
varios/-as mehrere	1.1 T
vasco/-a baskisch	II
el váter Toilette, Klosett	I
el/la vecino/-a Nachbar/-in	I
vegetariano/-a vegetarisch	5.3 T
la vela Kerze, Segel	1.3 E1
vencer besiegen, schlagen	2.3 T2
vender verkaufen	II
venir kommen	I
la ventaja Vorteil	II
la ventana Fenster	I
ver sehen, treffen	I
el verano Sommer	I
la verdad, ¿verdad? Wahrheit; nicht wahr?	I
verde grün	I
la verdura Gemüse	I
la vergüenza Schande, Schmach	1.4 E6
el vestido Kleid	I
vestirse sich anziehen	I
la vez Mal	I
viajar a reisen	I
el viaje Reise	I
la víctima Opfer	1.4 T
la vida Leben	I
el videojuego Videospiel	I
viejo/-a alt	I
el viento Wind	I
el viernes Freitag	I
el vinagre Essig	II

la viñeta Einzelbild eines Comics	II
el vino Wein	I
la violencia Gewalt	1.4 E4
violeta, el violeta violett, Violett	I
la visa Visum	II
la visita Besuch	II
visitar a besuchen	I
la vista Aussicht, Ausblick	II
vivir wohnen, leben	I
volar fliegen	II
el voleibol Volleyball	I
el/la voluntario/-a Freiwillige/-r	3.2 E9
volver zurückkehren, umkehren	I
volver a + *infinitivo* etw. wieder tun	II
vosotros ihr	I
la voz Stimme	II
el vuelo Flug	3.3 E2
la vuelta Rückkehr	I
vuestro/-a euer, eure/-r	II

W

el windsurf (Wind-)Surfen	I

Y

y/e und	I
y cuarto Viertel nach	I
y media halb *(Uhrzeit)*	I
ya, ya no schon, nicht mehr	I
ya que da, weil	1.1 T
el yudo Judo	I

Z

las zapatillas Turnschuhe, Sportschuhe	I
la zona Zone, Gebiet	I
el zumo Saft	I

Diccionario
alemán – español

A

ab a partir de		II
abbiegen girar		I
abends por la noche		I
Abenteuer la aventura		II
aber pero		I
abfahren salir		I
Abfall la basura		II
abgeben entregar		I
abgemacht de acuerdo		II
abhängig adicto/-a		II
abholen recoger		II
abschließen cerrar		4.3 E3
abschließend final		4.5
Abschnitt la etapa		II
absenden mandar		II
Absicht el objetivo		II
Absicht la intención		1.1 E11
Abstand la distancia		II
absteigen bajar		II
absurd absurdo/-a		I
abwechselnd por turnos		2.4 E2
abwechslungsreich variado/-a		2.2 T1
ach herrje! ¡jolín!		I
Achtung! ¡atención!		II
addieren sumar		I
Adresse la dirección		I
Affe / Äffin el/la mono/-a		II
ähnlich parecido/-a		II
Ähnlichkeit la similitud		1.3 E2
aktiv activo/-a		II
Aktivität la actividad		I
aktuell actual		I
akzeptieren aceptar		4.5
alle todos/-as los / las		I
Allee la avenida		II
allein solo/-a		I
alles todo		I
allgemein general		I
alltäglich diario/-a		II
als Kind de pequeño/-a		II
als ob como si		2.1 E3
also pues		I
alt antiguo/-a, viejo/-a		I
Altar el altar		1.3 E1
Alter la edad		II
älter mayor		I
am Ende al final (de)		I
Amphitheater el anfiteatro		II
analysieren analizar		3.3 E1
anbauen cultivar		2.2 T1
anbieten ofrecer		II
andalusisch andaluz/-a		II
Anden los Andes		II
die anderen los demás		II
anderer otro/-a/-os/-as		I
andererseits por otro lado		II
ändern cambiar		I
anerkennen reconocer		II
Anerkennung el reconocimiento		4.4 E4
Anfang el principio		II
anfassen tocar		I
Anfrage la consulta		4.4 E3
Angaben los datos		I
Angeber/-in el/la presumido/-a		II
angeberisch fanfarrón/-ona		5.1 E3
Angebot la oferta		4.5
angenehm agradable		I
Angestellte/-r el/la empleado/-a		I
angreifen atacar		3.1 T
Angriff el ataque		1.4 T
Angst el miedo		II
ängstlich miedoso/-a		5.1 E3
anhaben (Kleidung) llevar		I
anhalten detener		II
ankommen llegar		I
Ankunft la llegada		1.1 T
anlassen (Motor) encender		I
anlocken atraer		3.3 E1
anmachen encender		I
anmelden, sich apuntarse a		I
annehmen aceptar		4.5
anprobieren probarse algo		I
Anruf la llamada telefónica		I
anrufen llamar a		I
anschauen mirar		I
anspringen (Motor) arrancar		I
ansteigen aumentar		5.3 E3
anstelle von en lugar de		1.2 T2
anstreichen pintar		II
antik antiguo/-a		I
Anthropologe/-in el/la antropólogo/-a		2.4 E5
Antwort la respuesta		I
antworten contestar		II
Anwesenheit la presencia		I
anzeigen mostrar		I
anziehen ponerse (algo)		I
anziehen atraer		3.3 E1
anziehen, sich vestirse		I
anzünden encender		I
Apfel la manzana		I
Apfelsine la naranja		I
Apfelwein la sidra		I
Apotheke la farmacia		II
April el abril		I
Aquädukt el acueducto		II
arabisch árabe		II
Arbeit el trabajo		I
arbeiten trabajar		I
arbeitslos parado/-a		II
Arbeitslosigkeit el paro		II
Arbeitsplatz el puesto		I
Architektur la arquitectura		II
argentinisch argentino/-a		I
ärgern, sich enfadarse		II
Arm el brazo		I
arm, arm dran pobre		I
Armee el ejército		5.3 E8
Armut la miseria		II
Armut la pobreza		1.1 T
Art la forma		II
Art und Weise la manera		II
Artikel el artículo		I
Arzt / Ärztin el/la doctor/-a		I
Arzt / Ärztin el/la médico/-a		II
Aspekt el aspecto		1 E1
Atlantischer Ozean el Océano Atlántico		I
Atmosphäre el ambiente		II
auch también		I
auch nicht tampoco		I
auch wenn aunque		II
auf diese Weise así		I
aufdecken descubrir		II
aufeinanderfolgend consecutivo/-a		I
Aufenthaltsgenehmigung el permiso de residencia		II

alemán – español Diccionario

auffallen llamar la atención	1.2 E2
aufführen representar	5.3 E7
Aufgabe la tarea	2.3 E12
aufgrund von a raíz de	1.4 T
aushalten resistir	2.2 T2
aufhören terminar	I
aufhören dejar de	I
aufladen cargar	3.1 T
aufmerksam atento/-a	3.1 E4
Aufmerksamkeit la atención	II
aufnehmen grabar	5.3 E17
aufpassen auf cuidar	I
aufräumen ordenar	II
aufregend emocionante	I
aufschreiben apuntar	I
Aufstand el levantamiento	II
aufstehen levantarse	I
aufsteigen montarse	I
aufsteigen subir a	II
auftauchen aparecer	3.1 T
aufwachen despertarse	I
aufwachsen crecer	II
aufwecken despertar	I
Aufzug el ascensor	II
Auge el ojo	I
Augenblick el momento	II
August el agosto	I
aus de, del	I
aus Fleisch und Blut de carne y hueso	II
Ausblick la vista	II
ausdenken inventar	3.1 E8
ausdrücken expresar	II
Ausflug la excursión	I
ausgehen salir	I
Ausgezeichnet (Note) la matrícula de honor	II
auslachen reírse de alguien	II
Ausland el extranjero	I
ausnutzen aprovechar	1.3 T
ausreichend bastante	I
Ausreichend (Note) el aprobado	II
ausreichend suficiente	2.3 E2
ausrichten organizar	II
ausschalten apagar	II
Aussehen el (aspecto) físico	1.1 E6
außerdem además	I
Aussicht la vista	II
aussteigen bajar	II
ausstellen exponer	5.3 E8
Austausch el intercambio	II
austauschen intercambiar	4.5
ausüben practicar	I
Auswahl la elección	II
Auswanderer/-in el/la emigrante	II
auswandern emigrar	II
auswendig de memoria	5.3 E16
Auto el coche	I
Autobahn la autopista	II
Autogramm el autógrafo	II
autonome Region la comunidad autónoma	I
Autor/-in el/la autor/-a	II
autoritär autoritario/-a	5.1 E3
Azteken los aztecas	1.3 T

B

Bäcker/-in el/la panadero/-a	II
Bäckerei la panadería	I
Bad el (cuarto de) baño	I
Bahnhof la estación	I
bald pronto	II
Banane el plátano	I
Band (die) el grupo	I
Bank el banco	II
Bar el bar	I
Basketball el baloncesto	I
baskisch euskera	I
baskisch vasco/-a	II
Bau la construcción	2.1 T3
Bauch la barriga	I
Baum el árbol	II
Bauplan el plano	II
beachten tener en cuenta	4.4 E5
beantworten contestar	II
bedeuten significar	II
Bedeutung el significado	1.3 T
Bedingung la condición	II
beeindrucken impresionar	II
beeindruckend impresionante	II
beeinflussen influir en	1.1 T
beenden terminar	I
Befehl la orden	I
befehlen dar una orden	I
befinden, sich encontrarse	1 E3
befolgen seguir	II
Befragung la entrevista	II
Befreiung la emancipación	2.3 E12
Befriedigend (Note) el bien	II
Befürworter der Republik los republicanos	II
begeistern encantarle algo a alguien	I
Beginn el principio	II
beginnen empezar	I
beginnen, etw. zu tun empezar por	1.2 T2
begründen justificar	3.2 E8
begrüßen saludar	3.1 E4
behandeln tratar	5.2 E5
beibringen enseñar	I
beide ambos/-as	1.3 T
Bein la pierna	I
beinhalten incluir	4.3 E3
beißen morder	I
beitragen aportar	2.2 E11
bekommen recibir	I
belagern sitiar	2.3 T2
belegtes Brötchen el bocadillo	I
bellen ladrar	I
bemerken darse cuenta de (que)	II
Berg la montaña	I
Bericht el informe	I
berichten informar	1.4 T
Beruf la profesión	II
Beruf ausüben dedicarse a + inf.	II
berühmt famoso/-a	I
berühren tocar	I
beschäftigen mit, sich dedicarse a + inf.	II
beschränken limitar	3.3 E3
beschreiben describir	1.1 T
Beschreibung la descripción	2 E1
Beschwerde la queja	4.4 E3
besiegen derrotar, vencer	2.3 T2
besitzen tener	I
Besitzer/-in el/la dueño/-a	I
besonders (en) especial	I
besonders sobre todo	II
besser mejor	I
bessern, sich mejorar	II
bestellen pedir	II
Besuch la visita	II
besuchen visitar a	I
betreten entrar en	I
Betrieb la empresa	II
Bett la cama	I
beunruhigend inquietante	II
Bevölkerung la población	II
Bevölkerungsdichte la densidad de población	4.3 E1
Bevölkerungsentwicklung el desarrollo demográfico	II
bevorzugen preferir	I
bewaffnet armado/-a	3.1 E4

ciento ochenta y siete

Diccionario *alemán – español*

Alemán	Español	Ref.
Bewegung	el movimiento	4
bewerten	valorar	5.3 E5
bewirken	causar	4.4 T1
bewohnen	habitar	3
bewölkt sein	estar nublado	I
bezahlen	pagar	I
beziehen, sich	referirse a	3.2 E8
Beziehung	la relación	II
Bibliothek	la biblioteca	II
Bild	el cuadro	II
bilden	formar	3
Bildhauer/-in	el/la escultor/-a	5.3 E9
Bildhauerei	la escultura	5.3 E8
Bildung	la educación	1.1 T
billig	barato/-a	I
Binnen-	interno/-a	II
Biographie	la biografía	II
bis	hasta	I
Bis bald!	hasta luego	I
bis jetzt	hasta ahora	I
Bis morgen!	hasta mañana	I
bitte	por favor	I
bitte sehr	de nada	I
bitten	pedir	II
blau	azul	I
bleiben	quedarse	I
Bleistift	el lápiz	I
Blick	la mirada	3.1 E2
Blickwinkel	la perspectiva	1.3 T
Blickwinkel	el punto de vista	5.3 E5
Blog	el blog	II
blond	rubio/-a	I
Blume	la flor	I
Boden	el suelo	II
Bonbon	el caramelo	I
böse werden	enfadarse	II
Brand	el incendio	II
Brauch	la costumbre	II
brauchen	necesitar	I
braun	marrón	I
brechen *(Knochen)*	fracturarse algo	I
breit	ancho/-a	II
Brief	la carta	I
Briefmarke	el sello	I
bringen	llevar	I
bringen	traer	I
Brot	el pan	I
Brücke	el puente	II
Bruder	el hermano	I
Buch	el libro	I
Buchstabe	la letra	II
Bundesstraße	la carretera	II
Bürger/-in	el/la ciudadano/-a	II
Bürgerkrieg	la guerra civil	II
Büro	la oficina	I
Bus	el autobús	I

C

Alemán	Español	Ref.
Café	el bar	I
Cafeteria	la cafetería	I
Campingplatz	el camping	3.3 E2
Cent	el céntimo	I
Chance	la oportunidad	II
Charakter	el carácter	1.1 E6
chatten	chatear	I
Chef/-in	el/la jefe/-a	II
Chor	el coro	II
Christ/-in	el/la cristiano/-a	II
christlich	cristiano/-a	II
Computer	el ordenador	I
Cousin/-e	el/la primo/-a	I
Croissant	el cruasán	II

D

Alemán	Español	Ref.
da	allí	I
da	como	3.1 E8
da	ya que	1.1 T
dadurch dass	dado que	4.1 E2
dafür	a favor	3.3 E3
dagegen	en cambio	5.1 E2
dagegen	en contra	3.3 E3
daher	así que	II
damals	entonces	II
damit möchte ich sagen, dass	es decir	II
danach	después (de)	I
dank	gracias a	I
danke	gracias	I
dann	entonces	II
darstellen	interpretar	II
darstellen	representar	5.3 E7
das	eso, que	I
das heißt	es decir	II
das hier	esto	II
Das macht doch nichts	no pasa nada	I
Das war doch gar nichts	no fue nada	II
Datum	la fecha	I
dauern	durar	I
dauern	tardar	II
Debatte	el debate	5.1 E7
definieren	definir	1 E3
deine/-r	tuyo/-a	II
denken an	pensar en	I
Denkmal	el monumento	II
dennoch	sin embargo	II
deprimiert sein	deprimirse	I
der/die/das	(Relativpronomen) que	I
der/die/das	el/la/los/las	I
der-/die-/dasselbe	lo mismo	I
deshalb	así que	II
deshalb	por eso	I
Designer/-in	el/la diseñador/-a	1.4 E1
dessen	cuyo/-a/-os/-as	2.4 E5
Dessert	el postre	I
deuten	interpretar	II
deutsch	alemán/-ana	I
Dezember	el diciembre	I
Dialekt	el dialecto	II
dick	gordo/-a	I
Dienstag	el martes	I
diese/-r	este/-a/-os/-as	I
diese/-r/-s (da)	ese/-a/-os/-as	I
diese/-r/-s (dort)	aquel/-lla/-os/-as	I
Diktatur	la dictadura	II
diktieren	dictar	II
Ding	la cosa	I
Diskothek	la discoteca	II
Diskussion	la discusión	3.3 E3
diskutieren	discutir	II
Dolmetscher	el intérprete	I
Dom	la catedral	I
Donnerstag	el jueves	I
Dorf	el pueblo	I
dort, dorthin	allí	I
draußen	al aire libre	II
drinnen	en el interior	II
Dritte Welt	el Tercer Mundo	3.2 E9
Drittel	el tercio	II
du	tú	I
dumm	tonto/-a	I
dunkel	oscuro/-a	I
dunkelhaarig, dunkelhäutig	moreno/-a	I
dünn	delgado/-a	5.3 E9
durch	por	I
Durcheinander	el lío	I
durchführen	realizar	3.2 E9
durchschnittlich	regular	I
Durst	la sed	II
duschen	ducharse	I
Dutzend	la docena	I
DVD	el DVD	I

188 *ciento ochenta y ocho*

Diccionario — alemán – español

dynamisch dinámico/-a	3.2 E8	

E

ebenso (wie) tan ... como	I	
Educación Plástica y Visual Kunstunterricht	I	
egal igual	II	
Ehemann el marido	II	
ehrlich honesto/-a	5.1 E3	
Ei el huevo	I	
eigene/-r propio/-a	II	
Eigenschaft la característica	II	
Eigenschaft la cualidad	II	
Eiland el islote	3	
ein / eine un/-a	I	
ein bisschen un poco	I	
eine/-r auf einmal un/-o/-a por vez	2.4 E2	
Eindruck la impresión	1.2 T1	
Eindruck haben parecerle algo a alguien	I	
einfach simple	I	
Einfluss la influencia	2.2	
Eingang la entrada	4.3 E4	
eingebildet presumido/-a	II	
einige algunos/-as	I	
einigen, sich llegar a un acuerdo	2.4 E7	
Einkauf la compra	I	
einkaufen gehen hacer la compra	I	
Einkaufsbummel machen ir de compras	I	
einladen invitar	I	
einladen cargar	3.1 T	
einsam solo/-a	I	
einschlafen dormirse	II	
einschreiben, sich apuntarse a	I	
einsprachig monolingüe	2 E2	
einsteigen subir a	II	
Einstellung la actitud	II	
Einstellung la postura	1.1 E11	
Eintrag la entrada	4.3 E4	
eintreten entrar en	I	
Eintrittskarte la entrada	II	
einverstanden ¡vale!	I	
einverstanden de acuerdo	II	
Einwanderer/-in el/la inmigrante	I	
einwandern inmigrar	II	
Einwanderung la inmigración	II	
Einwohner el habitante	I	
Einwohner/-in des Maghreb el/la magrebí	3.2 T	
Einwohner/-in Teneriffas el/la tinerfeño/-a	3.1 T	
eitel coqueto/-a	5.1 E3	
elegant elegante	II	
Elektrizität la electricidad	II	
Element el elemento	II	
Elend la miseria	II	
Ellenbogen el codo	I	
Eltern los padres	I	
E-Mail el e-mail	I	
Emanzipation la emancipación	2.3 E12	
Emblem la viñeta	II	
empfehlen aconsejar, recomendar	II	
empfindlich sensible	5.1 E3	
Empfindung el sentimiento	4.2 E3	
Ende el final, el fin	I	
endgültig final	4.5	
endlich por fin	II	
Engländer/-in el/la inglés/-esa	I	
englisch inglés/-esa	I	
Enkel/-in el/la nieto/-a	I	
entdecken descubrir	II	
Entdeckung el descubrimiento	1.1 T	
entfernen sacar	II	
Entfernung la distancia	II	
entlang a lo largo de	II	
entscheiden decidir	I	
entschieden decidido/-a	2.3 T2	
entschlossen decidido/-a	2.3 T2	
entschuldigen perdonar	II	
entschuldigen Sie oiga	I	
Enttäuschung la desilusión	2.1 E13	
entwerfen diseñar	1.4 E1	
entwickeln (sich) desarrollar(se)	1.1 T	
Epoche la época	II	
er / sie / sie (Plural) él / ella / ellos / ellas	I	
erbauen construir	II	
Erde la tierra	II	
erdulden sufrir	II	
ereignen, sich ocurrir	1.4 T	
Ereignis el hecho	II	
Erfahrung la experiencia	I	
erfinden inventar	3.1 E8	
Erfolg el éxito	I	
Ergebnis el resultado	II	
erhalten recibir	I	
erhitzen calentar	II	
erhöht elevado/-a	4.3 E1	
erholen, sich descansar	II	
erinnern an, sich recordar	II	
erkennen reconocer	II	
erklären explicar	I	
Erklärung la explicación	II	
erlauben permitir	I	
Erlebnis la experiencia	I	
erleiden sufrir	II	
ermorden asesinar	5.3 E8	
Ernährung la alimentación	1.1 T	
ernst serio/-a	I	
ernsthaft en serio	II	
Eroberer el conquistador	2.3 T2	
erobern conquistar	II	
Eroberung la conquista	1.1 T	
erraten adivinar	I	
errichten construir	II	
erschaffen crear	II	
erscheinen (Artikel) salir	I	
erscheinen (jdm. etw.) parecerle algo a alguien	I	
erschrecken, sich llevarse un (buen) susto	I	
erstens primero	I	
Erwachsene/-r el/la adulto/-a	II	
erwärmen calentar	II	
erzählen contar	I	
Erzähler/-in el/la narrador/-a	II	
Erzählung el relato	II	
Erziehung la educación	1.1 T	
es gibt hay	I	
es tut mir leid lo siento	I	
essen comer, tomar	I	
Essen la comida	I	
Essig el vinagre	II	
Esszimmer el comedor	I	
Etappe la etapa	II	
Etui el estuche	I	
etwas algo	I	
EU la UE	4	
euer, eure/-r vuestro/-a	II	
Euro el euro	I	
Europäische Union la Unión Europea	4	
exakt exacto/-a	II	
existieren existir	II	
extrem extremado/-a	I	

Diccionario alemán – español

F

Fähigkeit la capacidad	1.3 E9	
Fähigkeit la cualidad	II	
Fahne la bandera	II	
fahren nach ir a	I	
Fahrkarte el billete	I	
Fahrrad la bicicleta	I	
Fahrrad fahren ir en bicicleta	I	
Fahrstuhl el ascensor	II	
fallen caerse	I	
falls si	I	
falsch equivocado/-a	II	
falsch falso/-a	I	
Familie la familia	I	
familiär familiar	II	
Fantasie la imaginación	5.3 E3	
fantastisch alucinante	II	
Farbe el color, la pintura	I	
Fassade la fachada	II	
fast casi	I	
faul vago/-a	I	
Februar el febrero	I	
Federmappe el estuche	I	
fehlen faltar	I	
Fehlen la falta	1.2 T2	
Fehler la falta	1.2 T2	
feiern celebrar	I	
Feld el campo	II	
Fell el pelo	I	
Fenster la ventana	I	
Ferien las vacaciones	I	
fern (von) lejos (de)	II	
Fernsehen la tele(visión)	I	
Fernseher el televisor	I	
Fest la fiesta	I	
fest firme	3.1 T	
feste/-r Freund/-in el/la novio/-a	I	
feststellen darse cuenta	II	
Feuer el incendio	II	
Feuerwehrmann/-frau el/la bombero/-a	II	
Fieber la fiebre	I	
Figur el personaje	II	
Film la película	I	
finden encontrar	II	
Finger el dedo	I	
Firma la empresa	II	
Fisch el pescado	I	
Fischladen la pescadería	I	
Fitness la condición física	2.1 E8	
Fitnessstudio el gimnasio	I	
Fläche la superficie	II	
Flasche la botella	I	
Fleisch la carne	II	
flexibel flexible	5.1 E7	
fliegen volar	II	
Fliese el azulejo	II	
Flohmarkt el mercadillo	I	
Flug el vuelo	3.3 E2	
Flughafen el aeropuerto	II	
Flugzeug el avión	I	
Fluss el río	II	
Folge la consecuencia	1.4 T	
folgen seguir	II	
folgende/-r próximo/-a	I	
folgende/-r siguiente	I	
Form la forma	II	
formulieren expresar	II	
Forschung la investigación	I	
Fortbewegungsmittel el medio de transporte	I	
Forum el foro	II	
Foto la fotografía, la foto	I	
Fotograf/-in el/la fotógrafo/-a	II	
fotografieren tomar fotos	II	
Frage la pregunta	I	
fragen preguntar	I	
Franco- franquista	4.1 E2	
Franco-Zeit el franquismo	4.1 E2	
französisch francés/-esa	I	
Frau la señora, la mujer	I	
frei libre	I	
Freiheit la libertad	II	
Freitag el viernes	I	
Freiwillige/-r el/la voluntario/-a	3.2 E9	
Freude la alegría	5.3 E3	
Freund/-in el/la amigo/-a	I	
Freundschaft la amistad	5.3 E3	
Friedhof el cementerio	1.3 E1	
friedlich pacífico/-a	2.4 E5	
frieren tener frío	I	
frisch fresco/-a	I	
frittiert frito/-a	2.2 T2	
froh contento/-a	I	
fröhlich alegre	II	
Frucht la fruta	I	
früh temprano/-a	I	
früher antes	I	
Frühling la primavera	I	
Frühstück el desayuno	I	
frühstücken desayunar	I	
fühlen (sich) sentir(se)	I	
funktionieren funcionar	3.1 E8	
für para, por	I	
Furcht el miedo	II	
furchtbar horrible	I	
fürchten, dass temer que	3.2 E3	
Fuß el pie	I	
Fußball el fútbol	I	
Fußballspieler/-in el/la futbolista	I	
Fußboden el suelo	II	

G

galicisch gallego/-a	I	
ganz todo el / toda la	I	
Garage el garaje	I	
Garten el jardín	I	
Gebäude el edificio	II	
geben dar	I	
Gebiet la región, la zona	I	
Gebiet el ámbito	2.2 T1	
Gebiet el territorio	2.1 E8	
geboren werden nacer		
Gebrauch el uso	4.2 E4	
gebrauchen usar	I	
Geburtstag el cumpleaños	I	
Gedächtnis la memoria	5.3 E16	
Gedicht el poema	I	
Gefahr el peligro	II	
gefährlich peligroso/-a	I	
Gefallen el favor	II	
gefallen gustar	I	
Gefühl el sentimiento	4.2 E3	
Gegenstand el objeto	1.3 T	
Gegenteil el contrario	5.1 E2	
gegenüber enfrente (de)	I	
gegenseitig mutuo/-a	2.2	
Geheimnis el secreto	2.2 T2	
geheimnisvoll misterioso/-a	II	
gehen caminar, ir a	I	
gehören (zu) pertenecer (a)	1 E3	
gehorsam obediente	5.1 E3	
geizig tacaño/-a	5.1 E3	
gelangweilt sein estar aburrido/-a	I	
gelb amarillo/-a	I	
Geld el dinero	I	
Geldinstitut el banco	II	
Geldstrafe la multa	1.2 T2	
Gelegenheit la oportunidad	II	
Gelehrte/-r el/la sabio/-a	II	
geliebt querido/-a	I	
gelogen sein ser mentira	II	
Gemälde el cuadro	II	
Gemälde la pintura	II	
gemäß según	II	

Diccionario alemán – español

gemeinnützige Organisation la organización no gubernamental, la ONG	3.2 E9	
gemeinsam común	2.2 T1	
gemeinsam juntos/-as	I	
Gemüse la verdura	I	
genau exacto/-a	II	
genau jetzt ahora mismo	II	
genau so tan … como	I	
Generation la generación	II	
genial genial	II	
genießen disfrutar de	I	
genug bastante	I	
genug suficiente	2.3 E2	
gerade getan haben acabar de hacer algo	I	
geradeaus seguir todo recto	I	
Geräusch el sonido	I	
Gericht *(Essen)* el plato	I	
Gesamtheit el conjunto	1 E3	
Geschäft la tienda	I	
Geschäftsmann/-frau el/la comerciante	II	
geschehen pasar	I	
Geschenk el regalo	I	
Geschichte la historia	I	
geschichtlich histórico/-a	II	
geschickt hábil	5.1 E3	
Geschlecht el género	5.1 E1	
Geschmack el gusto	I	
geschwätzig charlatán/-ana	5.1 E3	
Geschwister los hermanos	I	
Gesellschaft la sociedad	II	
gesellschaftlich social	II	
Gesetz la ley	II	
gestern ayer	I	
gestern Abend anoche	I	
gesund sano/-a	I	
gesund sein estar bien	I	
Gesundheit la salud	3.1 E4	
Getränk la bebida	I	
Gewalt la violencia	1.4 E4	
gewaltig enorme	I	
Gewicht el peso	5.3 E3	
gewinnen ganar	II	
Gewitter la tormenta	I	
gewöhnen, sich acostumbrarse	2.4 E6	
gewöhnt acostumbrado/-a	2.4 E6	
Gewohnheit la costumbre	II	
gewöhnlich general	I	
Gitarre la guitarra	I	
Glatteis el hielo	I	
glauben, dass creer que	I	
gleich igual, mismo/-a	II	
gleichzeitig al mismo tiempo	II	
Glück la suerte	I	
Glück haben tener suerte	I	
glücklich feliz	5.3 E3	
Gold el oro	2.1 T1	
golden dorado/-a	I	
gotisch gótico/-a	II	
Gott / Göttin Dios, el/la dios/-a	1.3 T	
Grad (Celsius) el grado	I	
Grafik el gráfico	II	
Gramm el gramo	I	
gratis gratis	I	
gratulieren felicitar	I	
grau gris	I	
Grenze la frontera	II	
grenzen an limitar con	II	
grillen hacer un asado	II	
Grillfleisch el asado	II	
Grippe la gripe	I	
groß grande	I	
groß *(Körpergröße)* alto/-a	I	
Großmutter la abuela	I	
Großvater el abuelo	I	
großzügig generoso/-a	5.1 E3	
grün verde	I	
Grund el motivo, la razón	II	
Gruppe el conjunto	1 E3	
Gruppe el grupo	I	
grüßen saludar	3.1 E4	
gut bien, bueno/-a	I	
Gut *(Note)* el notable	II	
gut miteinander auskommen llevarse bien	II	
gut stehen, passen irle algo a alguien bien	I	
gut verstehen, sich llevarse bien	II	
gutaussehend guapo/-a	I	
Gute Besserung! que te mejores	II	
Gute Nacht! buenas noches	I	
Guten Abend! buenas noches, buenas tardes	I	
Guten Appetit! que aproveches	I	
Guten Morgen! buenos días	I	
Guten Tag! buenas tardes, buenos días	I	
guter Zweck la causa justa	II	
gutes / schlechtes Wetter buen / mal tiempo	I	
Gymnasium el instituto	I	

H

Haar el pelo	I	
haben tener	I	
Hafen el puerto	I	
Hähnchen el pollo	I	
halb *(Uhrzeit)* y media	I	
halbe/-s/-r medio/-a	I	
Hälfte la mitad	II	
hallo hola	I	
Hals la garganta	I	
Haltestelle la estación	I	
Haltung la postura	1.1 E11	
Hand la mano	I	
handeln von tratar de	II	
Händler/-in el/la comerciante	II	
Handlung la acción	II	
Handschrift la letra	II	
Handwerk la artesanía	1.3 T	
Handy el móvil	II	
Hängematte la hamaca	2.4 E5	
hängen colgar	2.4 E5	
Häppchen las tapas	I	
hart duro/-a	II	
hässlich feo/-a	I	
häufig común	2.2 T1	
Haupt- principal	1.2 T2	
Hauptfigur el/la protagonista	II	
Hauptplatz la Plaza Mayor	I	
Hauptstadt la capital	I	
Haus la casa	I	
Hausaufgaben los deberes	I	
Hausfrau el ama de casa	II	
Hausordnung el reglamento	II	
Heer el ejército	5.3 E8	
Heft el cuaderno	I	
Heilmittel el remedio	I	
heimlich clandestino/-a	II	
Heirat el casamiento	2.4 E5	
heiraten casarse (con)	II	
heiß sein hacer calor	I	
heißen llamarse	I	
Held/-in el héroe / la heroína	II	
helfen ayudar a	I	
hell claro/-a	I	
hellblau celeste	I	
Helm el casco	I	
Hemd la camisa	I	

Diccionario alemán – español

heraufklettern subir a	II	
Herausforderung el reto	1.4 E1	
herausholen sacar	II	
herauskommen salir	I	
Herberge el albergue	II	
Herbst el otoño	I	
hereinkommen entrar en	I	
Herkunft el origen	II	
Herr el señor	I	
herrisch autoritario/-a	5.1 E3	
herunterladen bajar	II	
hervorrufen provocar	4.2 E3	
heute hoy	I	
hier aquí	I	
Hilfe la ayuda	II	
Hinfahrt la ida	II	
hinfallen caerse	I	
hingegen en cambio	5.1 E2	
hinsetzen, sich sentarse	II	
hinter detrás de	I	
Hintern el culo	I	
Hinweg la ida	II	
Hinweis la señal	2.1 E10	
hinzufügen añadir	5.2 E5	
Hip Hop el hip hop	II	
Hispanoamerika Hispanoamérica	1 E3	
historisch histórico/-a	II	
Hitze el calor	I	
hoch alto/-a	I	
hoch elevado/-a	4.3 E1	
Hochhaus el rascacielos	II	
hochheben levantar	I	
Hochzeit el casamiento	2.4 E5	
Hoffnung la esperanza	2.1 E13	
Höhle la cueva	II	
hör mal, hör zu oye	I	
hören escuchar	I	
hören oír	2.1 E6	
Horoskop el horóscopo	II	
Hose los pantalones	I	
Hostel el hostal	II	
Hotel el hotel	I	
hübsch bonito/-a, guapo/-a	I	
Hund el perro	I	
Hunger el hambre	I	
Husten la tos	I	
hüten cuidar	I	
Hütte la choza	2.4 E5	
Hypothese la hipótesis	II	

I

Iberische Halbinsel la Península Ibérica	II
ideal ideal	I
Idealismus el idealismo	II
Idee la idea	I
identifizieren identificar	1.4 T
Identität la identidad	4
Idol el ídolo	I
idyllisch pintoresco/-a	II
Ihnen usted	I
ihr vosotros/-as	I
ihre/-r suyo/-a	II
illegal ilegal	II
im Allgemeinen en general	I
im Freien al aire libre	II
im Gegensatz zu al contrario de	5.1 E2
im Gegenzug a cambio	II
immer siempre	I
immer noch tun seguir + gerundio	II
immerhin por lo menos	II
in en	I
in Beziehung setzen relacionar a algo con algo	4.3 E1
in Bezug auf respecto a	5.2 E5
in der Öffentlichkeit en público	II
in höherem Grade más	I
in Verbindung setzen relacionar	1.3 T
in Wirklichkeit en realidad	1.1 T
inbegriffen incluido/-a	II
Indien las Indias	II
Indigene/-r el/la precolombino/-a	2.1 T3
Indio- indígena	I
Information la información	I
informieren informar	1.4 T
Inhaber/-in el/la dueño/-a	I
inklusive incluido/-a	II
innen en el interior	II
Inneres el interior	II
innerhalb von dentro de	5.3 E3
Inquisition la inquisición	II
ins Internet gehen conectarse a internet	II
insbesondere en especial	I
Insel la isla	I
Integration la integración	3.2 E9
integrieren (sich) integrar(se)	3.2 E3
intelligent inteligente	I
intensiv intenso/-a	I
interessieren interesar	I
interessieren, sich für etw. interesarse por	II
intern interno/-a	II
international internacional	II
interpretieren interpretar	II
Interview la entrevista	II
Interviewer/-in el/la entrevistador/-a	1.1 T
Invasion la invasión	2
irgendein algún/-uno/-una	1 E1
irgendein cualquier/-a	1.1 T
irren, sich equivocarse	II
irrtümlich equivocado/-a	II

J

ja sí	I
Ja, bitte? ¿dígame?	I
Jacke la chaqueta	I
Jahr el año	I
Jahre alt sein tener ... años	I
Jahreszeit la estación	I
Jahrhundert el siglo	II
Jakobsweg el Camino de Santiago	II
Januar el enero	I
je por	I
Jeans los vaqueros	I
jede/-r cada (uno/-a), todos/-as los / las	I
jeder cualquier/-a	1.1 T
jemand alguien	I
jetzt ahora	I
Journalist/-in el/la periodista	II
jüdisch judío/-a	II
Judo el yudo	I
Jugendherberge el albergue	II
Jugendliche/-r el/la joven	I
Juli el julio	I
jung joven	I
Junge el chico, el niño	I
jünger, jüngster menor	I
Juni el junio	I

K

Kaffee el café	I
kalt (sein) (hacer) frío	I
Kälte el frío	I
kämmen (sich) peinar(se)	I
Kampagne la campaña	5.2 E1
kaputt roto/-a	1.2 T2
Karte la tarjeta	2 E1
Kartoffel la patata	I
Kartoffelomelette la tortilla	I

Diccionario alemán – español

Käse el queso	I	
Kasse la caja	I	
kastilisch castellano/-a	II	
katalanisch catalán/-ana	I	
Kater el gato	I	
Kathedrale la catedral	I	
katholisch católico/-a	II	
Katze el gato	I	
kaufen comprar	I	
kaum poco	I	
Kehle la garganta	I	
kein Problem no pasa nada	I	
kein ningún/-uno/-una	I	
keine Ursache de nada	I	
Kellner/-in	I	
el / la camarero/-a		
kennen(lernen) conocer	I	
Kerze la vela	1.3 E1	
Kilo el kilo	I	
Kind el / la chico/-a,	I	
el / la niño/-a		
Kindheit la niñez	1.1 T	
Kino el cine	I	
Kiosk el estanco	I	
Kirche la iglesia	II	
Klage la queja	4.4 E3	
Klasse la clase, el curso	I	
Kleid el vestido	I	
Kleiderschrank el armario	I	
Kleidung la ropa	I	
klein pequeño/-a, bajo/-a	I	
Klima el clima	I	
klingeln sonar	II	
Klischee el estereotipo	4.1 E1	
Klosett el váter	I	
Kneipe el bar	I	
Knie la rodilla	I	
Knoblauch el ajo	I	
Knöchel el tobillo	I	
Knochen el hueso	II	
Koch el cocinero	II	
kochen cocinar	I	
Koffer (packen)	I	
(hacer) la maleta		
kohärent coherente	5.2 E2	
kommen venir	I	
kommen aus ser de	I	
Kommentar el comentario	II	
kommentieren comentar	3.1 E1	
kommunizieren	3.1 E8	
comunicarse con		
Kondition	2.1 E8	
la condición física		
Konfektionsgröße la talla	I	

König el rey	I	
Königin la reina	II	
Königreich el reino	II	
können poder, saber	I	
Konsequenz	1.4 T	
la consecuencia		
Konsument/-in	3.2 E9	
el / la consumidor/-a		
konsumieren consumir	2.2 T1	
Kontakt el contacto	2.2 T1	
Kontext el contexto	2.1 E4	
Kontinent el continente	II	
Konzert el concierto	I	
Kopf la cabeza	I	
Körper el cuerpo	I	
Korruption la corrupción	1.2 T2	
kosmopolitisch	II	
cosmopolita		
kosten costar	I	
kostenlos gratis	I	
krank enfermo/-a	I	
Krankenhaus el hospital	I	
Krankenpfleger/-in	II	
el / la enfermero/-a		
Krankenwagen	I	
la ambulancia		
Krankheit la enfermedad	2.3 T2	
Krieg la guerra	II	
Krieger/-in el/la guerrero/-a	3.1 E2	
kritisch crítico/-a	II	
Krone la corona	II	
Küche la cocina	I	
Kugelschreiber	I	
el bolígrafo, el boli		
Kuh la vaca	II	
kühl sein hacer fresco	I	
Kühlschrank la nevera	I	
Kultur la cultura	II	
kulturell cultural	II	
Kunde/-in el / la cliente	I	
Kunst el arte	II	
Künstler/-in el/la artista	1.1 E11	
Kunstwerk la obra (de arte)	II	
Kurs el curso	II	
kurz corto/-a	I	
Kurzgeschichte el relato	II	
Kuss el beso	I	
Küste la costa	I	

L

Lächeln la sonrisa	I	
lachen reírse	II	
Laden la tienda	I	
Laib (Brot) la barra	I	

Land el país	I	
Landkarte el mapa	I	
Landschaft el paisaje	I	
Landstraße la carretera	II	
Landwirt el campesino	3.1 E8	
lang largo/-a	I	
langsam lento/-a	I	
langweilen, sich aburrirse	I	
langweilig aburrido/-a	I	
Lärm el ruido	I	
lassen dejar	II	
lateinamerikanisch	II	
latino/-a		
lateinisch latín	II	
das Lateinische el latín	II	
laufen caminar, correr	I	
laut fuerte	I	
laut según	II	
läuten sonar	II	
Leben la vida	I	
leben vivir	I	
Lebensgeschichte	II	
la biografía		
Lebensstandard	3.2 T	
el nivel de vida		
lebhaft activo/-a	II	
lecker rico/-a	II	
legal legal	II	
legen poner	I	
Lehre la enseñanza	4	
Lehrer/-in el / la profesor/-a	I	
leicht fácil	I	
leiden sufrir	II	
lenken conducir	I	
lernen aprender, estudiar	I	
lesen leer	I	
letzte/-r/-s último/-a	I	
Leute la gente	I	
Licht la luz	II	
lieb bueno/-a	I	
Liebe/-r ... (Brief) querido/-a	I	
lieben querer, amar	I	
lieber mögen preferir	I	
liebevoll cariñoso/-a	5.1 E3	
Lieblings- favorito/-a	I	
Liedtext la letra	II	
linguistisch lingüístico/-a	4.1 T1	
Linie la línea	II	
links a la izquierda	I	
Liter el litro	I	
Literatur la literatura	II	
logisch lógico/-a	II	
löschen apagar	II	
lösen solucionar	1.2 T2	

ciento noventa y tres 193

Diccionario *alemán – español*

Lösung la solución — II
Lüge la mentira — II
Lust haben zu — I
  apetecerle algo a alguien, tener ganas de

M

machen hacer — I
Macht el poder — II
Mädchen la chica, la niña — I
magisch mágico/-a — II
maghrebinisch magrebí — 3.2 T
Mai el mayo — I
Mal la vez — I
mal sehen a ver — I
malen dibujar, pintar — II
Maler/-in el/la pintor/-a — II
Malerei la pintura — II
malerisch pintoresco/-a — II
Mama la mamá — I
man muss hay que — I
manchmal a veces — I
Mangelhaft *(Note)* — II
  el suspenso
Mann el hombre — II
Markt el mercado — I
März el marzo — I
Match el partido — I
Matetee el mate — II
Mathematik Matemáticas — I
Maure/-in el/la moro/-a — II
Maya los mayas — 1.3 T
Mechaniker/-in — II
  el/la mecánico/-a
Medien los medios — II
Medikament el remedio — I
Medizin la medicina — II
Meer el mar — I
Meeresfrüchte los mariscos — I
mehr más — I
mehrere varios/-as — 1.1 T
Mehrheit la mayoría — II
meine/-r mío/-a — II
Meinung la opinión — I
meistens normalmente — I
Meldung la noticia — I
Melodie la melodía — 3.2 E8
Menge el montón — II
Menge la cantidad — I
Menschheit la humanidad — 2.1 T3
merkwürdig extraño/-a — I
merkwürdig raro/-a — II
Metall el metal — 3.1 E2
Meter el metro — I

mieten alquilar — II
Migration la migración — II
Milch la leche — I
Militärangehörige — II
  los militares
militärisch militar — II
Minderheit la minoría — 1.2 E3
Mineralwasser — I
  el agua mineral
Minirock la minifalda — I
Minute el minuto — I
Mischung la mezcla — 1.1 T
mit con — I
mit dir, mir contigo, conmigo — I
Mitte el centro — I
Mittelamerika — 1 E3
  Centroamérica
mittelmäßig regular — I
Mittelmeer — I
  el Mar Mediterráneo
mitten in en medio de — 1.4 T
Mittwoch el miércoles — I
Mobiltelefon el móvil — II
Mode la moda — II
Modell el modelo — II
Moderator/-in — II
  el/la locutor/-a
modern moderno/-a — I
möglich posible — I
Möglichkeit la posibilidad — II
Moment el momento — II
Monat el mes — I
Montag el lunes — I
Monument el monumento — II
morgen mañana — I
Morgen la mañana — I
morgens por la mañana — I
Motiv el motivo — II
Motor el motor — I
Motorrad/-roller la moto, la motocicleta — I
Mp3-Spieler el mp3, — I
  el reproductor de mp3
müde cansado/-a — I
müde sein tener sueño — 2.1 E5
Müdigkeit el sueño — 2.1 T1
Mulatte/-in el/la mulato/-a — II
Müll la basura — II
Mund la boca — I
Museum el museo — II
Musik la música — I
Musikinstrument — 3.2 E8
  el instrumento

muslimisch musulmán/-ana — II
müssen deber — II
müssen tener que — I
mutig valiente — 5.1 E3
Mutter la madre, la mamá — I
mysteriös misterioso/-a — II
Mythos el mito — 2.3 E2

N

na ja bueno, pues — I
nach a, al, hacia, según — I
nach Christus d. C., — II
  después de Cristo
nach und nach — 2.1 T1
  poco a poco
Nachbar/-in el/la vecino/-a — I
nachhaltig sostenible — 3.3 T1
Nachmittag la tarde — I
nachmittags por la tarde — I
Nachname el apellido — I
Nachricht el mensaje — II
Nachricht la noticia — I
Nachspeise el postre — I
nächste/-r próximo/-a, siguiente — I
Nacht la noche — I
Nachtleben la marcha — 3.3 E2
nachts por la noche — I
Nachteil la desventaja — II
nackt desnudo/-a — 2.1 T1
nah cerca (de) — I
Nahrungsmittel el alimento — 2.2 T1
Name el nombre — I
Nase la nariz — I
national nacional — II
Nationalität la nacionalidad — II
Nationalpark — II
  el parque nacional
Natur la naturaleza — II
natürlich natural — I
Naturwissenschaften — II
  las ciencias naturales
Nebel la niebla — I
neben al lado de — I
negativ negativo/-a — I
nehmen tomar — I
nein no — I
nervös nervioso/-a — I
nett bueno/-a, simpático/-a — I
neu nuevo/-a — I
Neugierde la curiosidad — II
neutral neutral — II
nicht no — I
nicht dürfen no deber — II

Diccionario — alemán–español

Alemán	Español	Ref.
nicht mehr	ya no	I
nicht wahr?	¿verdad?	I
nichts	nada	I
nichts verstehen	no entender ni jota	4.4 T1
nie	nunca	I
niemals	jamás	2.3 T2
niedergeschlagen sein	deprimirse	I
niedrig	bajo/-a	I
niemand	nadie	I
Niveau	el nivel	3.2 T
noch	todavía	I
Norden	el norte	I
nördlich von	al norte de	I
Norm	la regla	II
normal	normal	I
normalerweise	normalmente	I
notieren	apuntar	I
nötig	necesario/-a	I
November	el noviembre	I
nur	solo	I
nutzen	aprovechar	1.3 T
Nutzer/-in	el/la usuario/-a	4
nützlich	útil	I

O

Alemán	Español	Ref.
ob	si	I
Oberfläche	la superficie	II
oberflächlich	superficial	5.1 E3
Objekt	el objeto	1.3 T
Obst	la fruta	I
obwohl	aunque	II
oder	o / u	I
öffentlich	público/-a	I
offiziell	oficial	I
öffnen	abrir	I
ohne	sin	I
Ohr	la oreja	I
ökologisch	ecológico/-a	3.3 E4
Oktober	el octubre	I
Öl	el aceite	I
Olivenbaum	el olivo	I
Onkel	el tío	I
Opfer	la víctima	1.4 T
optimistisch	optimista	I
Orange	la naranja	I
orangefarben	naranja	I
ordnen	ordenar	II
Ordnung	el orden	3.2 E4
organisieren	organizar	II
Ort	el sitio, el lugar	3.1 E8
Osten	el este	I
Ozean	el océano	I

P

Alemán	Español	Ref.
Packung	el paquete	I
Paella (Reispfanne)	la paella	I
Paket	el paquete	I
Papa	el papá	I
Papier	el papel	I
Paradies	el paraíso	2.4
Park	el parque	I
Partei	el partido (político)	II
Pass	el pasaporte	II
Pause	la pausa	I
PC-Spiel	el videojuego	I
Pech	la mala pata / suerte	I
Pension	el albergue	II
Pension	el hostal	II
perfekt	perfecto/-a	I
perfektionistisch	perfeccionista	I
Person	la persona	I
Personalausweis	el documento nacional de identidad (DNI)	I
persönlich	personal	I
Persönlichkeit	la personalidad	II
pessimistisch	pesimista	II
Pfeffer	la pimienta	II
Pferd	el caballo	II
Pfirsich	el melocotón	I
Pflanze	la planta	II
pflanzen	plantar	II
picknicken	hacer (un) picnic	II
Pilgerung	la peregrinación	II
Pistolenkugel	la bala	1.4 T
Pizza	la pizza	I
Plakat	el cartel	II
Plan	el plan, el plano	I
Platz	el puesto, la plaza	I
Platz	el sitio	3.1 E8
plaudern	charlar	I
plötzlich	de pronto, de repente	I
Politik	la política	II
Politiker/-in	el/la político/-a	1 E2
politisch	politico/-a	II
Polizei	la policía	II
Polizist/-in	el/la policía	II
Pool	la piscina	I
Popcorn	las palomitas	II
Poster	el póster	II
Postkarte	la postal	I
präsentieren	presentar	II
Präsident	el presidente	5.3 E8
Preis	el precio	1.1 E10
Preis	el premio	I
prima	guay	II
privat	privado/-a	I
Problem	el problema	I
Programm	el programa	5.3 E17
Projekt	el proyecto	I
Prophezeiung	la profecía	2.3 E2
Prospekt	el folleto	II
Provinz	la provincia	II
provozieren	provocar	4.2 E3
Prozent	el … por ciento	II
Prozentsatz	el porcentaje	1.2 E5
Prüfung	el examen	I
psychisch	psíquico/-a	II
Publikum	el público	5.1 E7
Pullover	el jersey	I
Punkt, genau	en punto	I
putzen	limpiar	I

Q

Alemán	Español	Ref.
Quelle	la fuente	1.4 T

R

Alemán	Español	Ref.
radikal	extremista	4.4 T1
Radio	la radio	I
Rasse	la raza	I
raten	aconsejar, adivinar	II
Rathaus	el Ayuntamiento	II
Ratschlag	el consejo	II
Rebellion	el levantamiento	II
Recherche	la investigación	I
Rechnung	la factura	II
Recht	el derecho	II
Recht	la razón	II
Recht haben	tener razón	II
rechtfertigen	justificar	3.2 E8
rechts	a la derecha	I
redselig	charlatán/-ana	5.1 E3
Referat	la ponencia	II
Regel	la regla	II
Regelwerk	el reglamento	II
Regen	la lluvia	I
Region	la región	I
regional	regional	4
Regionalismus	el regionalismo	4
Register	el registro	3.2 E9
regnen	llover	I
Reich	el reino	II
reich	rico/-a	II
reif	maduro/-a	I

Diccionario alemán – español

Reihenfolge el orden	3.2 E4	
Reis el arroz	I	
Reise el viaje	I	
Reisebüro	1.1 E10	
la agencia de viajes		
Reiseführer (Buch)	II	
la guía turística		
reisen viajar a	I	
reiten montar a caballo	II	
religiös religioso/-a	II	
rennen correr	I	
Rennen la carrera	I	
reparieren reparar	II	
repräsentieren representar	5.3 E7	
repressiv represivo/-a	4.2 E2	
Reservat la reserva	I	
Rest el resto	II	
Restaurant el restaurante	I	
retten rescatar	3.2 T	
Revolution la revolución	II	
Rezept la receta	I	
Rezeptionist/-in	2 E1	
el/la recepcionista		
Rhythmus el ritmo	I	
richten an, sich dirigirse a	3.3 E1	
richtig correcto/-a	I	
riesig enorme	I	
Rind la vaca	II	
Ritual el ritual	1.3 T	
Rock la falda	I	
Rolle el rol	5.1 E7	
Rollenspiel el juego de roles	I	
Roma el/la gitano/-a	II	
Roman la novela	II	
römisch romano/-a	II	
rosa rosa	I	
rot rojo/-a	I	
Route la ruta	II	
Rücken la espalda	I	
Rückkehr la vuelta	I	
Rucksack la mochila	I	
Rücksitz el asiento trasero	I	
rufen llamar a	I	
ruhig tranquilo/-a	I	
Ruine la ruina	II	
rund redondo/-a	II	

S

Sache la cosa	I	
Safran el azafrán	I	
Saft el zumo	I	
sag bloß no me digas	II	
sagen decir	I	
Sakko la chaqueta	I	
Salat la ensalada	I	
Salz la sal	I	
sammeln recoger	2 E1	
Samstag el sábado	I	
Sänger/-in el/la cantante	I	
Säule la columna	II	
Schande la vergüenza	1.4 E6	
scharf picante	II	
Schaubild el gráfico	II	
schauen mirar	I	
Schaukel la hamaca	2.4 E5	
Schauspieler/-in	1 E2	
el actor / la actriz		
scheinen parecer	I	
schicken mandar	II	
Schiff el barco	II	
Schild el cartel	II	
Schlacht la batalla	2.3 T2	
Schlaf el sueño	2.1 T1	
schlafen dormir	I	
Schlafzimmer el dormitorio	I	
schlagen vencer	2.3 T2	
Schlagzeile el titular	1.4 E6	
schlank delgado/-a	5.3 E9	
schlecht mal, malo/-a	I	
schlechter peor	I	
schließen cerrar	4.3 E3	
Schloss el palacio	II	
Schlüssel la llave	I	
Schlüsselbegriff	II	
la palabra clave		
Schlussfolgerung	1.2 E4	
la conclusión		
schmerzen doler	I	
schminken, sich maquillarse	I	
Schnee la nieve	I	
schneien nevar	I	
schnell rápido/-a	I	
schön bonito/-a	I	
schon ya	I	
Schrank el armario	I	
schrecklich horrible	I	
schreiben escribir	I	
Schreibwarengeschäft	I	
la papelería		
Schrift la escritura	2.1 T3	
Schriftsteller/-in	1 E2	
el/la escritor/-a		
schüchtern tímido/-a	I	
Schule el colegio, el cole	I	
Schule la escuela	1.1 T	
Schüler/-in el/la estudiante	I	
Schulfach la asignatura	I	
schulisch escolar	II	
Schuljahr el curso	II	
Schulnote la nota	II	
Schulpause el recreo	I	
Schultasche la mochila	I	
Schuluniform el uniforme	I	
schwarz negro/-a	I	
schwer difícil	I	
Schwester la hermana	I	
schwierig duro/-a	II	
Schwimmbad/-becken	I	
la piscina		
schwimmen nadar	I	
schwitzen tener calor	I	
See el lago	II	
Segel la vela	1.3 E1	
sehen ver	I	
Sehenswürdigkeit	II	
la atracción turística		
sehr mucho, muy	I	
Sehr gut (Note)	II	
el sobresaliente		
sehr mögen	I	
encantarle algo a alguien		
sein ser, estar	I	
seine/-r suyo/-a	II	
seit (... Uhr) desde (las ...)	I	
Seite el lado	I	
Sekunde el segundo	5.3 E3	
selbstständig independiente	4	
selbstverständlich	II	
lógico/-a, por supuesto		
seltsam extraño/-a, raro/-a	I	
Sendung el programa	5.3 E17	
Separatismus	4	
el separatismo		
separatistisch separatista	4	
September el septiembre	I	
Sessel el sillón	I	
sich selbst sí mismo	2 E1	
sicher seguro/-a	I	
Sicherheit la seguridad	1.1 T	
Sie usted, ustedes	I	
siegen ganar	II	
Silbe la sílaba	I	
singen cantar	II	
sinken bajar	II	
Sinti el/la gitano/-a	II	
Situation la situación	I	
Sitz el asiento	I	
sitzen estar sentado/-a	I	
Ski fahren esquiar	I	
Skipiste la pista de esquí	I	
Sklave/-in el/la esclavo/-a	1.1 T	

alemán – español Diccionario

Skulptur la escultura	5.3 E8	
SMS el mensaje	II	
so así, tan	I	
so viel/-e tanto/-a/-os/-as	I	
so wie como	I	
sofort enseguida	4.4 T1	
sofortig inmediato/-a	I	
sogar incluso	II	
Sohn el hijo	I	
solidarisch solidario/-a	II	
sollen deber	II	
Sommer el verano	I	
Sommerzeit el horario de verano	I	
sondern sino	I	
Sonne el sol	I	
sonnen, sich tomar sol	3.3 E2	
sonnig sein hacer sol	I	
Sonntag el domingo	I	
Sorgen machen (um) preocuparse (por)	I	
Sorte el tipo, la forma	3.2 E9	
Soße la salsa	II	
sozial social	II	
Sozialwissenschaften, Erdkunde und Geschichte Ciencias Sociales, Geografía e Historia	I	
spanisch español/-a	I	
Spanische Sprache und Literatur Lengua Castellana y Literatura	I	
Spanischsprecher/-in el/la castellanohablante	4.1 E5	
sparen ahorrar	1.2 T2	
Spaß haben divertirse	II	
spat tarde	I	
später después	I	
spazieren gehen dar un paseo	II	
Spaziergang el paseo	II	
speziell especial	I	
Spiel el juego, el partido	I	
spielen jugar, (Instrument) tocar	I	
Spielzeug el juguete	1.1 T	
Sport el deporte	I	
Sportler/-in el/la deportista	I	
Sportplatz la cancha	I	
Sportschuhe las zapatillas	I	
Sportunterricht Educación Física	I	
Sportzentrum el polideportivo	I	

Sprache el idioma	I	
Sprache la lengua	II	
Sprache el lenguaje	3.1 E8	
sprachlich lingüístico/-a	4.1 T1	
sprechen hablar	I	
Sprecher/-in el/la hablante	4.1 E2	
Sprichwort el refrán	4.3 E4	
springen saltar	I	
Staat el Estado	II	
Staatsangehörigkeit la nacionalidad	II	
Staatsbürger/-in el/la ciudadano/-a	II	
Staatsbürgerkunde Educación para la Ciudadanía y Derechos Humanos	I	
Stadion el estadio	II	
Stadt la ciudad	I	
Stadtführer/-in el/la guía	II	
Stadtplan el mapa	I	
Stadtteil el barrio	II	
stammend aus originario/-a de	2.2 T1	
Stange la barra	I	
stark fuerte	I	
Statistik la estadística	II	
Statue la estatua	5.3 E7	
steigen subir	II	
Stein la piedra	I	
stellen poner	I	
Stempel el sello	I	
sterben morir	II	
Stereotyp el estereotipo	4.1 E1	
Sternzeichen el signo	II	
Stiefel las botas	I	
Stiftung la fundación	3.3 E4	
Stil el estilo	II	
Stimme la voz	II	
stimmig coherente	5.2 E2	
Stimmung el ambiente	II	
stolpern tropezar	I	
stolz orgulloso/-a	1.1 T	
stören (jdn. etw.) molestar(le algo a alguien)	I	
Strafzahlung la multa	1.2 T2	
Strand la playa	I	
Straße la calle	I	
Straßen- callejero/-a	II	
Straßenecke la esquina	1.4 T	
Streit la pelea	1.4 T	
streiten discutir	II	
Student/-in el/la estudiante	I	
studieren estudiar	I	
Studium los estudios	II	

Stuhl la silla	I	
Stunde la hora	I	
Stundenplan el horario	I	
Sturzhelm el casco	I	
suchen buscar	I	
süchtig adicto/-a	II	
Süden el sur	I	
super genial	II	
Supermarkt el supermercado, el súper	I	
Suppe la sopa	I	
surfen (im Internet) navegar	I	
Surfen el surf	3.3 E2	
Symbol el signo	II	
Symbol el símbolo	5.3 E6	
System el sistema	1.1 T	
Szene la escena	5.3 E7	

T

Tabakwarenladen el estanco	I	
Tablette la pastilla	I	
Tag el día	I	
Tagebuch el diario	I	
täglich diario/-a	II	
Tante la tía	I	
tanzen bailar	II	
Tapas las tapas	I	
Tasse la taza	II	
Tat la acción	II	
Tatsache el hecho	II	
tatsächlich real	I	
tauchen bucear	3.3 E2	
Team el equipo	I	
Technologie la tecnología	I	
Tee el té	I	
Teil la parte	I	
teilen compartir	2.4 E5	
teilnehmen participar	II	
Teilnehmer/-in el/la participante	1.4 E7	
teilweise en parte	5.2 E5	
Telefon el teléfono	I	
Telefongespräch la llamada telefónica	I	
telefonieren hablar por teléfono	I	
Teller el plato	I	
Temperatur la temperatura	I	
Tennis el tenis	I	
Tennisspieler el tenista	I	
Terrasse la terraza	I	
Terrorist/-in el/la terrorista	4.2 E2	
terroristisch terrorista	4.2 E2	

ciento noventa y siete 197

Diccionario *alemán – español*

Alemán	Español	Ref
Test	el examen, el test	I
teuer	caro/-a	I
Textnachricht	el mensaje	II
Theater	el teatro	I
Thema	el tema	I
Tier	el animal	II
Tierart	la raza	I
Tisch	la mesa	I
Titel	el título	II
Toastbrot	la tostada	I
Tochter	la hija	I
Tod	la muerte	II
Toilette	los servicios	II
Toilette	el váter	I
toll	genial, guay, hermoso/-a	II
Tomate	el tomate	I
Ton	el sonido	I
total toll sein *(ugs.)* molar mogollón		II
töten	matar	II
Totenkopf	la calavera	1.3 E1
Tourismus	el turismo	II
traditionell	tradicional	3.1 E4
tragen	llevar	I
Trainer/-in	entrenador	I
trainieren	entrenarse	I
Traum	el sueño	2.1 T1
träumen von	soñar con	II
traurig	triste	II
treffen	encontrarse con	II
Treffen	el encuentro	2.1
trennen	separar	
treu	fiel	5.1 E3
Tribunal	el tribunal	II
trinken	beber, tomar	I
Trinkgeld	la propina	II
trotzdem	sin embargo	II
Tschüß!	¡adiós!	I
T-Shirt	la camiseta	I
Tunnel	el túnel	II
Tür	la puerta	I
Turnhalle	el gimnasio	I
Turnier	el torneo	I
Turnschuhe	las zapatillas	I
Typ	el tipo	3.2 E9
typisch	típico/-a	I

U

Alemán	Español	Ref
U-Bahn	el metro	I
üben	practicar	I
über	encima de, sobre	I
überlassen	dejar	II
Überprüfung	el repaso	II
überqueren	cruzar	I
überreichen	entregar	I
Überschrift	el titular	1.4 E6
Überschrift	el título	II
übersetzen	traducir	II
Übersetzer/-in el/la traductor/-a		II
übersteigen	superar	5.3 E8
übertreiben	exagerar	II
übertreffen	superar	5.3 E8
überzeugen	convencer	II
die übrigen	los demás	II
Übriges	el resto	II
Uhrzeit	la hora	I
Um wieviel Uhr? ¿a qué hora?		I
um zu	para	I
Umarmung	el abrazo	II
Umfrage	la encuesta	I
umgehend	inmediato/-a	I
umkehren	volver	I
Umkleidekabine	el probador	I
umstellen	cambiar	I
Umwelt	el medio ambiente	II
Umweltverschmutzung la contaminación		1.2 T2
umziehen	mudarse	5.3 E8
unabdingbar	indispensable	3.2 E3
unabhängig	independiente	4
Unabhängigkeit la independencia		4.3 E4
unbekannt	desconocido/-a	2.1 E6
und	y / e	I
unecht	irreal	II
unehrlich	deshonesto/-a	5.1 E3
unerwartet	inesperado/-a	II
Unfall	el accidente	I
Ungenügend *(Note)* el suspenso		II
ungeschickt	torpe	5.1 E3
unglaublich	alucinante	II
unglaublich	increíble	I
Unglück	la mala pata, la mala suerte	I
unheimlich	inquietante	II
Universität	la universidad	I
unparteiisch	neutral	II
unsere/-r	nuestro/-a	II
Unsicherheit	la inseguridad	1.2 T2
unsympathisch antipático/-a		5.3 E14
unter	debajo de	II
unter Null	bajo cero	I
Unterdrückung	la represión	4.2 E2
unterhalb von	debajo de	II
Unternehmen	la empresa	II
Unterricht	las clases	I
Unterricht	la enseñanza	4
Unterschied	la diferencia	I
unterschreiben	firmar	3.1 T
Unterstützung	la ayuda	II
untreu	infiel	5.1 E3
unvergesslich	inolvidable	I
unwirklich	irreal	II
Ureinwohner/-in el/la aborigen		3.1 T
Ureinwohner/-in el/la nativo/-a		2.1 T1
Urgroßvater/-mutter el/la bisabuelo/-a		II
Urlaub	las vacaciones	I
Ursache	la causa	1.4 E4
Ursprung	el origen	II
USA	los EE. UU.	II
US-amerikanisch estadounidense		II

V

Alemán	Español	Ref
valencianisch	valenciano/-a	I
Vater	el padre, el papá	I
Vegetarier/-in el/la vegetariano/-a		5.3 T
vegetarisch	vegetariano/-a	5.3 T
verabreden, sich	quedar con alguien	I
verantwortlich	responsable	5.3 T
verantwortungsbewusst responsable		5.3 T
verärgern	enfadar	I
verbessern	mejorar	II
verbieten	prohibir	II
verbinden	unir	II
verbrauchen	consumir	2.2 T1
Verbaucher/-in el/la consumidor/-a		3.2 E9
Verbrechen	el crimen	1.4 T
verbreitet	común	2.2 T1
verbringen	pasar	I
verbunden sein estar unido/-a		II
verbunden sein *(Internet)* estar conectado/-a		II
Verdächtige/-r el/la sospechoso/-a		1.4 T
verdienen *(Geld)*	ganar	II
Vereinigte Staaten von Amerika los Estados Unidos		II

alemán – español Diccionario

Alemán	Español	Ref.
Verfassung	la Constitución	II
verfolgen	perseguir	II
vergangen	pasado/-a	I
Vergangenheit	el pasado	II
vergehen	pasar	I
vergessen	olvidar	I
Vergleich	la comparación	1.1 T
verglichen mit / en comparación con		1.1 T
verhaften	detener	II
Verhältnis	la relación	II
verheiratet	casado/-a	II
verkaufen	vender	II
Verkäufer/-in	el/la dependiente/-a	I
Verkehr	el tráfico	1.2 T2
verknüpfen	relacionar	4.3 E1
verletzen	herir	1.4 T
Verletzung	la lesión	I
verlieben, sich	enamorarse	2.3 E3
verliebt	enamorado/-a	2.3 E3
verlieren	perder	I
verlosen	sortear	II
vermieten	alquilar	II
vermischen	mezclar	I
vermissen	echar de menos	I
Vermutung	la hipótesis	II
veröffentlichen	publicar	II
verrückt	loco/-a	II
verschieden	diferente	I
Verschmutzung	la contaminación	1.2 T2
verschwinden	desaparecer	II
versprechen	prometer	3.3 E1
verständigen mit, sich	comunicarse con	3.1 E8
verstauchen (Gelenk)	torcerse algo	I
verstehen	entender	I
versuchen	intentar	3.1 T
verteidigen (sich)	defender(se)	3.1 T
verteilen	distribuir	2.3 E12
vertraut	familiar	II
verursachen	causar	4.4 T1
verwählt	equivocado/-a	II
Verwandte/-r	el/la familiar	1.3 T
verwechseln	confundir	2.3 E2
verwenden	usar	I
Verwirrung	la confusión	2.3 E2
verwunderlich	extraño/-a	I
Verzeichnis	el registro	3.2 E9
verzeihen	perdonar	II
Verzeihung	perdón	I
Videospiel	el videojuego	I
viel	mucho, un montón	I
viel/-e	mucho/-a/-os/-as	I
vielleicht	quizás	I
Viertel	el cuarto	II
Viertel nach	y cuarto	I
Viertel vor	menos cuarto	I
violett	violeta	I
Visum	la visa	II
Volk	el pueblo	II
voll	lleno/-a	1.1 T
Volleyball	el voleibol	I
von	de, del	I
von ... an	a partir de	II
von ... aus (Ort)	desde	I
von ... bis ... (Uhr)	de... a ... (horas)	I
vor	delante de, hace	I
vor allem	sobre todo	II
vor Christus	a.C., antes de Cristo	II
vorbeikommen	pasar por	II
vorbereiten	preparar	I
vorbeugen	prevenir	I
Vorbild	el modelo	II
Vorgesetze/-r	el/la jefe/-a	II
vorgestern	anteayer	I
vorher	antes (de)	I
Vorhersage	la previsión	I
Vorname	el nombre	I
Vorschlag	la propuesta	5.2 E5
vorschlagen	proponer	II
vorstellen	presentar	II
vorstellen, sich etw.	imaginar(se)	II
Vorteil	la ventaja	II
Vortrag	la ponencia	II
vortragen	recitar	5.3 E16
Vorurteil	el prejuicio	2 E1

W

Alemán	Español	Ref.
wachsen	crecer	II
Waffe	el arma f.	II
Wagen	el coche	I
Wahl	la elección	II
Wahlen (politisch)	las elecciones	II
Wahnsinn (ugs.)	la pasada	II
wahr	correcto/-a	I
wahr werden	cumplirse	2.3 T2
während	durante	I
Wahrheit	la verdad	I
wahrscheinlich	probable	II
Wald	el bosque	II
Wand	la pared	2.4 E5
wandern	caminar	I
wandern	hacer senderismo	3.3 E2
Wandern	el senderismo	3.3 E2
Wann?	¿cuándo?	I
Wärme	el calor	I
warten	esperar a	I
Warum?	¿por qué?	I
Was für ein/-e langweilige/-r ...!	¡qué rollo de + sust.!	II
Was für ein/-e...!	¡qué ...!	I
Was ist los?	¿qué pasa?	I
Was kann ich dir bringen?	¿qué te pongo?	I
Was? Was für? (mit Substantiv)	¿qué?	I
waschen, sich	lavar(se)	
Wasser	el agua f.	I
WC	los servicios	II
wechseln	cambiar	I
Wecker	el despertador	I
weder ... noch ...	ni ... ni ...	II
Weg	el camino	I
Weg	la ruta	II
weg-/fortgehen	irse	I
wegen	por	I
wegnehmen	sacar	II
weh tun	doler	I
weil	como, porque	3.1 E8
weil	ya que	1.1 T
Weile	el rato	I
Wein	el vino	I
weinen	llorar	3.2 E2
weise	sabio/-a	II
weiß	blanco/-a	I
Weissagung	la profecía	2.3 E2
weit	ancho/-a	II
weit weg (von)	lejos (de)	II
weitergehen	seguir	II
weitergehen	continuar	2.3
weitermachen	continuar	2.3
Welche/-r/-s?	¿cuál/-es?	I
welcher auch immer	cualquier/-a	1.1 T
Welle	la ola	I
Welt	el mundo	I
Welt-	mundial	II
weltoffen	cosmopolita	II
wenig/-e	poco/-a/-os/-as	I
weniger	menos	I
wenigstens	por lo menos	II
wenn (temp.)	cuando	I
Wer?	¿quién/-es?	I

ciento noventa y nueve 199

Diccionario *español – alemán*

Werk la obra	II	
Werkstatt el taller	II	
wertschätzen valorar	5.3 E5	
Westen el oeste	I	
Wettbewerb la competición	I	
wetten, dass nicht a que no	II	
Wetter el tiempo	I	
Wettkampf el torneo, la competición	I	
Wettrennen la carrera	I	
wichtig importante	I	
wichtig sein importar	I	
widersetzen, sich resistir	2.2 T2	
widmen dedicar	1.3 T	
wie como	I	
Wie geht's? ¿qué tal?, ¿cómo estás?	I	
Wie großartig! ¡qué pasada!	II	
Wie heißt du? ¿cómo te llamas?	I	
Wie langweilig! ¡qué rollo!	II	
Wie spät ist es? ¿qué hora es?	I	
Wie viel/-e? ¿cuánto/-a/-os/-as?	I	
Wie? ¿cómo?	I	
wieder erkennen reconocer	II	
wieder tun volver a + inf.	II	
wiederholen repetir	II	
Widerholung el repaso	II	
wiegen pesar	I	
Wieviel kostet es? ¿cuánto es?	I	
wild salvaje	3.1 E8	
willkommen bienvenido/-a	II	
Wind el viento	I	
windig sein hacer viento	I	
windsurfen hacer windsurf	I	
Winter el invierno	I	
wir nosotros	I	
wirklich real	I	
Wirklichkeit la realidad	1.1 T	
Wirtschaft la economía	1.1 T	
wirtschaftlich económico/-a	II	
wissen saber	I	
Wissenschaftler/-in el/la científico/-a	1 E2	
witzig gracioso/-a	I	
wo donde	I	
Wo? ¿dónde?	I	
Woche la semana	I	

Wochenende el fin de semana	I
Woher? ¿de dónde?	I
Wohin? ¿adónde?	I
wohingegen mientras que	5.1 E2
wohnen vivir	I
Wohnung el piso	I
Wohnzimmer el salón	I
Wolkenkratzer el rascacielos	II
wolkenlos despejado/-a	I
wolkig nublado/-a	I
wollen querer	I
Wort la palabra	I
wunderbar maravilloso/-a	I
wunderschön hermoso/-a	I
Würfel el dado	I
würfeln tirar un dado	I
Würstchen la salchicha	I
Wurzel la raíz	2.2 T2
Wüste el desierto	II
wütend machen (jdn. etw.) enfadar(le algo a alguien)	I

Z

Zahl la cifra	1.2
Zahl el número	I
Zahnarzt/-ärztin el/la dentista	II
zärtlich cariñoso/-a	5.1 E3
zauberhaft mágico/-a	II
Zeh el dedo del pie	I
Zeichen la señal	2.1 E10
Zeichen el signo	II
zeichnen diseñar, dibujar	1.4 E1
Zeichner/-in el/la diseñador/-a	1.4 E1
zeigen enseñar, mostrar	I
Zeile la línea	II
Zeit el tiempo	I
Zeit brauchen tardar	II
zeitgleich al mismo tiempo	II
Zeitraum la época	II
Zeitschrift la revista	II
Zeitung el periódico	I
Zelt la tienda de campaña	3.3 E2
Zensur la nota	II
zentralafrikanisch subsahariano/-a	3.2 T
Zentrum el centro	I
Zeuge el testigo	II
Ziel el objetivo, el fin	II
ziemlich bastante	I

Zimmer la habitación	I
Zone la zona	I
zu a, al	I
zu ... hin hacia	II
zu Abend essen cenar	I
zu Anfang al principio	II
zu Bett gehen acostarse	I
zu Fuß a pie	I
zu Hause en casa	I
zu Pferd a caballo	II
zu, zu sehr, zu viel demasiado	I
Zucker el azúcar	2.2
zuerst al principio	II
zuerst primero	I
zufrieden contento/-a	I
Zug el tren	I
zuhören escuchar	I
Zukunft el futuro	II
zum Beispiel por ejemplo	I
zum Glück por suerte	I
zum Teil en parte	5.2 E5
zunehmen aumentar	5.3 E3
zurechtweisen llamarle la atención a alguien	II
zurück de vuelta	I
Zurückeroberung la reconquista	II
zurückgeben devolver	I
zurückkehren volver	I
zurücklassen dejar	II
zurücklegen recorrer	II
zusammen juntos/-as	I
zusammen mit junto con	II
Zusammenfassung el resumen	2.2 T1
zusammenfassend en resumen	2.2 T1
zusammengebunden recogido/-a	2 E1
Zusammenhang el contexto	2.1 E4
zusammenleben convivir	1.2 E11
Zusammentreffen el encuentro	2.1
Zustand el estado	II
Zustand la condición	II
Zweck el objetivo	II
Zweifel la duda	II
zweisprachig bilingüe	II
Zwiebel la cebolla	I
Zwillings- gemelo/-a	II
zwischen entre	I

Bildnachweis:

Archivio GBB / CONTRASTO / laif: 118; © Banco de México Diego Rivera Frida Kahlo Museums Trust / VG Bild-Kunst, Bonn 2012: 120, 121; Christie's Images / The Bridgeman Art Library: 120; Cinetext Bildarchiv: 141; © Consuelo / PIXELIO: 27; Gianni Dagli Orti / The Art Archive: 121; © Salvador Dalí, Fundació Gala-Salvador Dalí / VG Bild-Kunst, Bonn 2012: 126; ddp images / SIPA: 46; DPA picture alliance / akg-images: 41, 52, 53, 91, 121; DPA picture alliance / Arco Images GmbH / Crossland: 131; DPA picture alliance / Arco Images GmbH / Kiedrowski, R.: 129; DPA picture alliance / Albert Olivé: 9; DPA picture alliance / Augenklick / Rauchensteiner: 134; DPA picture alliance / beyond / beyond foto: 107; DPA picture alliance / beyond / Lava: 107; DPA picture alliance / Bildagentur Huber: 62, 78; DPA picture alliance / Bildagentur Huber / Gräfenhain: 96; DPA picture alliance / Bildagentur Huber / R. Schmid: 78; DPA picture alliance / Bildagentur online / PWI-McPhoto: 36; DPA picture alliance / Bildagentur-online / TIPS-Images: 8, 16, 35; DPA picture alliance / Bildarchiv Monheim / Markus Basler: 122; DPA picture alliance / CHROMEORANGE / R. Kaufung: 64; DPA picture alliance / Design Pics: 35, 36; DPA picture alliance / Design Pics / Stuart Westmorland: 128, 132; DPA picture alliance / dap-Bildarchiv / UPI: 91; DPA picture alliance / dpa-Bildarchiv / epa afp Omar Torres: 23; DPA picture alliance / dpa-Bildarchiv / Wolfgang Weihs: 81; DPA picture alliance / dpa-Fotografia / Ramon Puga Laredo: 124; DPA picture alliance / dpa-Fotoreport / epa AFP CSIRO: 65; DPA picture alliance / dpa-Fotoreport / epa efe Juan Medina: 71; DPA picture alliance / dpa-Report / DB Vogelsänger: 69; DPA picture alliance / dpa-Report / CTK Lukas Machalinek: 65; DPA picture alliance / dpa-Report / epa efe Manuel Lerida: 70; DPA picture alliance / dpaweb / epa efe Rafael Diaz: 70; DPA picture alliance / dpaweb / PA / Tate_Modern: 120; DPA picture alliance / EFE / Jesus Diges: 96; DPA picture alliance / EFE / Kiko Huesca: 89; DPA picture alliance / efe / Mario Guzman: 129; DPA picture alliance / efe / Sashenka Gutierrez: 140; DPA picture alliance / epa efe Alejandro Ernesto: 9; DPA picture alliance / epa efe Barba: 70; DPA picture alliance / epa efe Carlos De Saa: 70; DPA picture alliance / epa efe Ulises Ruiz Basurto: 23, 132; DPA picture alliance / epa / Daniel Mordzinski: 118; DPA picture alliance / epa Keystone stringer: 118; DPA picture alliance / imagestate / Spectrum / Peter Thomson: 62; DPA picture alliance / Jazz Archiv Hamburg / Isabel Schiffler: 118; DPA picture alliance / keystone: 42; DPA picture alliance / Lonely Planet Images / Dallas Stribley: 30; DPA picture alliance / Lou Avers: 38; DPA picture alliance / NASA / JPL-Caltech: 65; DPA picture alliance / Paul Kennedy / Lonely Planet Images: 20; DPA picture alliance / RIA Nowosti / Vladimir Astaphkovich: 115; DPA picture alliance / Ricardo Maldonado Rozo: 13; DPA picture alliance / Robert Harding World Imagery / Jeremy Lightfoot: 69; DPA picture alliance / Robert Harding World Imagery / Oliviero Olivieri: 128; DPA picture alliance / Robert Harding World Imagery / Robin Hanbury-Tension: 59, 60; DPA picture alliance / Robert Harding World Imagery / Wendy Connett: 133; DPA picture alliance / Rolf Wilms: 64; DPA picture alliance / SCHROEWIG / RR: 15; DPA picture alliance / Sodapix AG / Schuler Bernd: 30; DPA picture alliance / Space Images / Jeremy Woodhouse: 23; DPA picture alliance / Sven Simon: 129; DPA picture alliance / The Advertising Archives: 108; DPA picture alliance / TIPS images / Reinhard Dirscherl: 65; DPA picture alliance / Ton Koene: 8; DPA picture alliance / TPGimages: 43; DPA picture alliance / united archives / 91040: 126; DPA picture alliance / Ursula Düren: 123; DPA picture alliance / Uwe Gerig: 16; DPA picture alliance / ZB / dpa-Report / Andreas Lander: 64; DPA picture alliance / ZB Fotoreport / Peer Grimm: 33; DPA picture alliance / ZPress / Keystone Allen Sullivan: 9; DPA picture alliance / ZUMA Press / Nancy Kaszerman: 114; Mónica Duncker, San Antonio de Areco: 36, 37; fotolia.com / auremar: 77; Ron Gilling / Lineair: 9; Michaela Silvia Hoffmann, Bamberg: 8, 22 (3), 35 (2), 36 (2), 77, 78, 79, 80 (4), 85, 101, 105, 106; iStockphoto / artplay711: Einband; iStockphoto / blackred: Einband; iStockphoto / Christos Georghiou: 52; iStockphoto / Ellen Kirkpatrick: 24; iStockphoto / EpiStockMedia: 77, 78; iStockphoto / Gaby Contreras: 24; iStockphoto / Ginés Romero: 48; iStockphoto / Holger Mette: Einband; iStockphoto / Ines Koleva: 49; iStockphoto / Keith Bishop: 82; iStockphoto / Michael Cavén: 77; iStockphoto / Roberto hartasanchez Castillo: 53, 56; Laif / REA / Francois Perri: 23; Brian Lawrence / Getty Images: 97; Quim Llenas / Cover / Getty Images: 95; Marcello Menarini / Leemage: 8; © Gerhard Pliessnig / PIXELIO: 30; RAFA RIVAS / Getty Images: 100; Anke Schöttler, Altmittweida: 11; thinkstock: 106 (3), 107 (2), 111; thinkstock / Digital Vision: 132; thinkstock / Hermera: 129, 135; thinkstock / iStockphoto: 128, 133, 135, 136, 137; thinkstock / Jupiterimages: Einband; thinkstock / Stockbyte: 49; Ullstein Bild / ASIA: 26; Ullstein Bild / Lebrecht Music & Arts: 64; Ullstein Bild / The Granger Collection: 54; vario images: 77; Nina Wagner, Berlin: 16, 19, 37, 47; © Helmut Wegmann / PIXELIO: 9; wikimedia / afrank99: 80; Wikimedia / cardenasg: 65; © Zauberstab08 / PIXELIO: 98

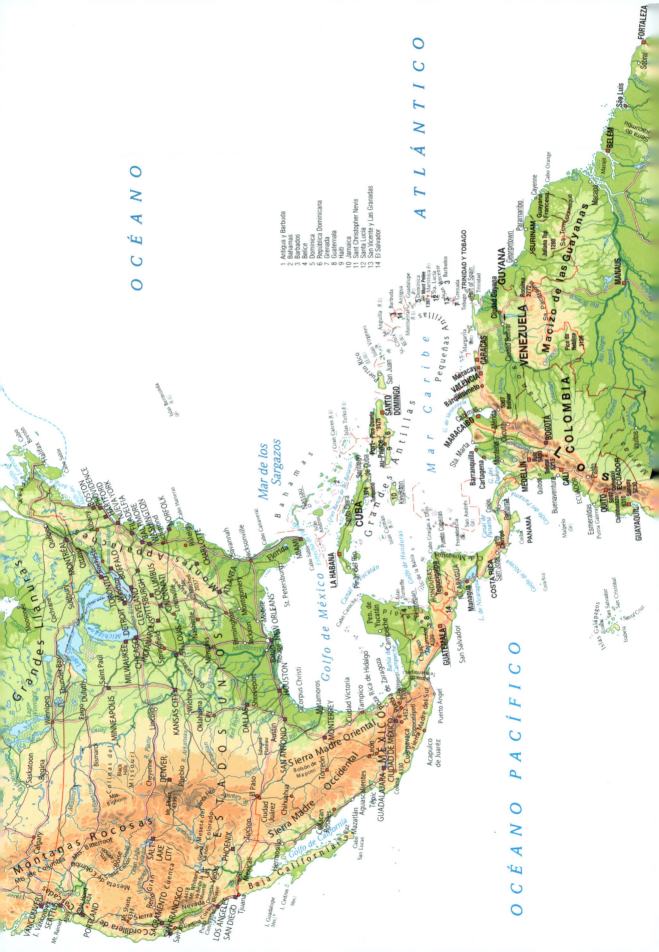